蜜拉
Emilia Borza-Yeh

世界主題之旅
113

波蘭
自助超簡單

波蘭女孩╳台灣男孩
帶你去旅行

Łotwa
拉脫維亞

波
羅
的
海

Kopenhaga
哥本哈根

Litwa
立陶宛

Dania
丹麥

Morze Bałtyckie

Obwód Kaliningradzki
加里寧格勒州

Wilno
維爾紐斯

海爾半島
索波特

Gdańsk
格但斯克

馬爾堡城堡*

Niemcy
德國

Toruń
托倫*

Białoruś
白俄羅斯

Berlin
柏林

Gniezno
格涅茲諾

Poznań
波茲南

Polska
波蘭

Warszawa
華沙*

Lublin
盧布林

Bolesławiec
博萊斯瓦維茨

Wrocław
弗羅茨瓦夫

史萊哲山

Kraków
克拉科夫*

奧斯威辛－比克瑙*
納粹集中營博物館

維利奇卡鹽礦*

Praga
布拉格

Zakopane
札科帕內

Ukraina
烏克蘭

Czechy
捷克

Słowacja
斯洛伐克

Wieden
維也納

Bratysława
布拉迪斯拉發

Austria
奧地利

Węgry
匈牙利

Rumunia
羅馬尼亞

波蘭全圖

★為 UNESCO 世界文化遺產，或是城市內含有世界文化遺產

目錄 CONTENTS

認識波蘭

波蘭遊教戰守則

入境波蘭

主題之旅

▷ 海爾半島海港遊覽 P.204

▷ 拜訪世界上最大的紅磚城
　　堡：馬爾堡城堡 P.207

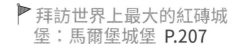

▷ 哥白尼的故鄉：托倫
　　P.238

▷ 順遊格涅茲諾，波蘭歷史
　　上第一個首都 P.234

▷ 1 日遊！訪波蘭陶首都：
　　博萊斯瓦維茨 P.270

▷ 造訪波蘭神祕之地：
　　史萊哲山之旅 P.264

▷ 發現了！小矮人尋蹤
　　P.269

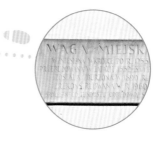

作者序

蜜拉 (Emilia Borza-Yeh)

　　我是土生土長的波蘭人，分享波蘭的美好，一直是我們長久以來的心願。希望能藉著這本波蘭旅遊書，讓大家更了解波蘭。我和士愷融合了波蘭和臺灣兩種視野，撰寫這本書，希望能讓書的內容更多元豐富。

　　除了景點資訊外，我也在書中分享了不少在地人的建議、波蘭小知識、相關影片連結。希望在旅行的途中，能帶給你更有意思的觀點。

　　很開心有機會能和太雅出版社合作，謝謝編輯和美編的大力協助，也謝謝我和士愷的父母、士愷的哥哥和大嫂、我的臺灣小姪女、我的妹妹和哥哥，有著大家的幫忙，我們的夢想才得以實現。

Emilia Borza-Yeh 蜜拉

葉士愷

　　波蘭是我造訪的第一個歐洲國家，我永遠忘不了，首次造訪華沙舊城廣場的震撼與感動。當時的我，真的想不到能有機會一再回到這塊美麗的土地。更想不到的是，自己竟然成了波蘭女婿，在波蘭生活，和老婆一起寫這本波蘭旅遊書。

　　比起西歐、南歐、北歐，波蘭的旅遊資訊相對稀少，這是相當可惜的事情。波蘭的文化，波蘭的美景，還有可愛的波蘭人，都是這麼吸引人。來波蘭玩的理由真的太多了，錯過波蘭，你一定會後悔。

葉士愷

關於作者

蜜拉 (Emilia Borza-Yeh)

波蘭華沙大學漢學系畢業，國立臺灣大學音樂學研究所碩士。

道地波蘭人，熱愛波蘭歷史和文化，精通波蘭文、中文、俄文、英文。和士愷共同經營臉書粉絲專頁「波蘭女孩 × 台灣男孩 在家環遊世界」和 IG(@milasky_love)，並透過 Youtube 頻道「波蘭女孩 × 台灣男孩聊波蘭」分享波蘭的有趣知識給大家。同時也在 YOTTA 上開設了以華語授課的《波蘭女孩 × 台灣男孩教你基礎波蘭文！》線上課程。

葉士愷

國立交通大學電子物理系畢業，國立交通大學顯示科技研究所碩士。

作家、YouTuber、旅遊領隊，與蜜拉共同在波蘭華沙生活。著有《在家環遊世界！400 沙發客住我家》，與蜜拉合著《慢聊波蘭：波蘭女孩 x 台灣男孩蜜拉士愷的實境生活》、《波蘭自助超簡單：波蘭女孩 × 台灣男孩帶你去旅行》、《信不信由你一週開口說波蘭語》、《波蘭女孩 × 台灣男孩 甜蜜愛戀全紀錄》、《別笑！用撲克牌學波蘭語》。

攝影／樂傑攝影工作室

推薦序

我很榮幸能為各位介紹第一本特別為台灣讀者設計、專門介紹波蘭的旅遊書。這本書跟其他旅遊書的不同之處，在於它的作者是一對台灣波蘭夫妻，並且是用兩種不同文化觀點的獨特方式書寫而成。

葉氏伉儷的書呈現了波蘭歷史的多元性、文化的多民族性、傳統及風俗的多樣性等，隨處可見到這個美麗國家各個角落的特性。波蘭富藏雄厚的底蘊，擁有令人驚豔的音樂、建築與藝術。因為有著蓬勃發展的經濟，波蘭無時無刻自我提升。這是一個充滿驚喜的國家，擁有精緻的飲食文化，每個城鎮的特色與氛圍獨一無二，居民個個充滿創意與活力。波蘭人十分好客而幽默，這也是他們最與眾不同的地方。

在雷薛克・莫施爵 (Leszek Możdżer) ──波蘭最傑出的爵士鋼琴音樂家與編曲家之一──的眼中，波蘭是一個特別看重人與人之間的真誠交流、充滿感情的地方。

在波蘭，每個人都能找到自己所追尋的事物，把這本旅遊書帶在手中，絕對可以讓各位事半功倍，歡迎大家跟著 Emilia Borza-Yeh(蜜拉) 小姐及葉士愷先生一起到波蘭旅遊。

前波蘭臺北辦事處代表 梅西亞 Maciej Gaca

臺灣太雅出版編輯室提醒

太雅旅遊書提供地圖讓旅行更便利

地圖採兩種形式：紙本地圖或電子地圖，若是提供紙本地圖，會直接繪製在書上，並無另附電子地圖；若採用電子地圖，則將書中介紹的景點、店家、餐廳、飯店，標示於 Google Map，並提供地圖 QR code 供讀者快速掃描、確認位置，還可結合手機上路線規畫、導航功能，安心前往目的地。

提醒您，若使用本書提供的電子地圖，出發前請先下載成離線地圖，或事先印出，避免旅途中發生網路不穩定或無網路狀態。

出發前，請記得利用書上提供的通訊方式再一次確認

每一個城市都是有生命的，會隨著時間不斷成長，「改變」於是成為不可避免的常態，雖然本書的作者與編輯已經盡力，讓書中呈現最新的資訊，但是，仍請讀者利用作者提供的通訊方式，再次確認相關訊息。因應流行性傳染病疫情，商家可能歇業或調整營業時間，出發前請先行確認。

資訊不代表對服務品質的背書

本書作者所提供的飯店、餐廳、商店等等資訊，是作者個人經歷或採訪獲得的資訊，本書作者盡力介紹有特色與價值的旅遊資訊，但是過去有讀者因為店家或機構服務態度不佳，而產生對作者的誤解。敝社申明，「服務」是一種「人為」，作者無法為所有服務生或任何機構的職員背書他們的品行，甚或是費用與服務內容也會隨時間調動，所以，因時因地因人，可能會與作者的體會不同，這也是旅行的特質。

新版與舊版

太雅旅遊書中銷售穩定的書籍，會不斷修訂再版，修訂時，還區隔紙本與網路資訊的特性，在知識性、消費性、實用性、體驗性做不同比例的調整，太雅編輯部會不斷更新我們的策略，並在此園地說明。您也可以追蹤太雅 IG 跟上我們改變的腳步。

IG taiya.travel.club

票價震盪現象

越受歡迎的觀光城市，參觀門票和交通票券的價格，越容易調漲，特別 Covid-19 疫情後全球通膨影響，若出現跟書中的價格有落差，請以平常心接受。

謝謝眾多讀者的來信

過去太雅旅遊書，透過非常多讀者的來信，得知更多的資訊，甚至幫忙修訂，非常感謝你們幫忙的熱心與愛好旅遊的熱情。歡迎讀者將你所知道的變動後訊息，善用我們提供的「線上回函」或是直接寫信來 taiya@morningstar.com.tw，讓華文旅遊者在世界成為彼此的幫助。

太雅旅遊編輯部

如何使用本書

分為 10 個篇章循序漸進介紹波蘭。〈認識波蘭〉以專題介紹波蘭的大小事，歷史人文、小檔案、建築、美食等，讓讀者對波蘭有初步的認識；〈波蘭遊教戰守則〉、〈入境波蘭〉詳細說明各種實用資訊、交通方法；〈華沙〉、〈克拉科夫〉、〈格但斯克〉、〈波茲南〉、〈弗羅茨瓦夫〉、〈盧布林〉則詳細介紹各城市的景點與美食；〈住宿情報〉提供書中各城旅宿推薦清單。

精采專題

對波蘭瞭若指掌的蜜拉，在書中詳細介紹了波蘭歷史、人文、美食、建築、伴手禮等知識，讓本書堪稱為一本波蘭教科書大全！讀完這些，你會更了解波蘭人，對波蘭有初步的認識。

實用資訊

波蘭旅遊的相關實用資訊統統有，匯兌、標誌、機場、交通……出發前記得做好功課哦！

1～2 日遊這樣走

到了各個城市後，該如何安排遊覽順序，才能在有限的時間內，走遍知名景點呢？跟著蜜拉與士愷的建議，安排玩樂路線，讓你行程不卡關！

熱門必遊景點

介紹經典的必遊景點、蜜拉推薦的私房景點等，配合詳細地圖參考路線，各景點皆附有 DATA 資訊。

主題之旅

　　拜訪蕭邦的故鄉、到奧斯威辛集中營反思歷史、一探世界上最大的紅磚城堡、在弗羅茨瓦夫城市中尋找小矮人……以特色專題介紹另類行程，帶給你更多旅遊樂趣。

推薦餐廳與住宿

　　蜜拉特別分享了幾間從小吃到大的口袋美食餐廳，與品質穩定又安全的住宿旅館，皆附上詳細聯絡資訊供讀者查詢，可依個人喜好與預算選擇。跟著波蘭女孩遊家鄉，絕對不踩雷！

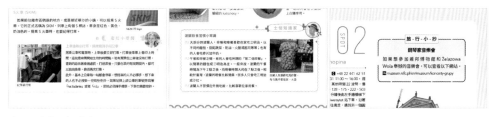

實用資訊小專欄

　　透過實用資訊專欄，可在出發前了解相關須知、波蘭小知識，還有景點、票券等重要資訊。時時謹記蜜拉和士愷的小叮嚀，就能玩得一路順暢哦！

. . . .

本書資訊符號

✉ 地址		☏ 電話	
⏲ 營業／開放時間		$ 價格／費用	
➡ 交通指引		http 網址	
⁉ 注意事項		MAP 地圖位置	

地圖資訊符號

📍 地標		📷 景點	
🏠 住宿		🍴 餐廳	
☕ 咖啡店		Ⓜ 捷運站	
🚌 巴士站		🚆 火車站	
✈ 機場		🚢 船站	

　　波蘭不但風景優美，還有著豐富的歷史文化，以及各具特色的美食。看完本章，即可快速了解波蘭的各個面向，讓你在旅遊時，能更快進入狀況。同時，也能以更深入的角度，親身體驗波蘭之美。

認識波蘭

弗羅茨瓦夫舊城

Polska

歷史簡介

✤ 建國傳說

傳說中有三位兄弟萊赫 (Lech)、切赫 (Czech) 和羅斯 (Rus)，在打獵時跟著獵物朝不同的方向走，最後建立了不同的斯拉夫國家，分別是波蘭、波希米亞 (捷克) 和羅斯 (現在的俄羅斯、白俄羅斯、烏克蘭)。

其中，建立波蘭的萊赫，在山丘的樹上看到了一隻美麗的老鷹，守護著巢穴，被眼前景象感動的他，便決定定居在此，稱呼這裡為格涅茲諾 (Gniezno)，並以老鷹作為家徽。這個圖案也流傳到現在，成為波蘭的標誌。

波蘭的老鷹標誌

✤ 為什麼叫「波蘭」

波蘭 (Polska) 的名字源自於西斯拉夫部落 (Polanie)，意思是「住在平原上的人」。早在一萬年前，斯拉夫部落便開始發展，擁有自己的文化與宗教。我們仍可以從現在的波蘭社會，找到很多保存至今的文化元素。

✤ 十分鐘讀懂波蘭歷史

透過重要歷史年表，了解波蘭與周圍國家的愛恨情仇，進而更能理解波蘭人的民族性，體會其愛國精神。出發前不妨多多研讀，增添旅行樂趣哦！

皮雅斯特王朝（966～1385年）

皮雅斯特王朝 (Piastowie) 是波蘭歷史上第一個王朝，第一位大公是梅什科一世 (Mieszko I)，他大致統一了現今波蘭的領土，並將天主教文化帶進了波蘭。

● 966年　公爵梅什科一世(Mieszko I)在格涅茲諾受洗，波蘭接受天主教為國教，也正式成立國家，加入天主教文化圈。

966 年公爵梅什科一世
在格涅茲諾受洗，將天主教引進波蘭

● 1025年　波列斯瓦夫一世(Bolesław Chrobry)成為波蘭第一個國王。格涅茲諾成為波蘭歷史上第一個首都。

● 1038年　首都遷到克拉科夫，維持超過550年的時間。

1370年 國王卡齊米日三世(Kazimierz III Wielki)去世，他是皮雅斯特王朝最後一位男性繼承人。經貴族協議後，將波蘭王位傳給卡齊米日三世的外甥，同時也是匈牙利的國王洛約什一世(Lajos I)。

波蘭第一位國王波列斯瓦夫一世

1384年 洛約什一世去世後，由女兒雅德維加(Jadwiga Andegaweńska)接任波蘭國王。

1385年 雅德維加與立陶宛大公約蓋拉(Jagiełło)結婚。為了抵抗條頓騎士團的威脅，兩國實施王朝聯合，成為聯邦的雛型。

雅蓋隆王朝時期(1385〜1572年)

約蓋拉與雅德維加結婚後，以瓦迪斯瓦夫雅蓋沃 (Władysław Jagiełło) 的名義加

冕為波蘭國王，與妻子共治波蘭。妻子去世後，他開始獨自統治波蘭。雅蓋隆王朝(Jagiellonowie) 之名，即源自於他的名字雅蓋沃 (Jagiełło)。

1410年 波蘭、立陶宛聯軍與條頓騎士團爆發戰爭，於格倫瓦德之戰中，條頓騎士團大敗，這場戰事也象徵著波蘭立陶宛強權的興起。

1525年 條頓騎士團解散，改為普魯士公國，普魯士公爵向波蘭國王稱臣。

1569年 盧布林聯合成立，波蘭和立陶宛合併，正式成立波蘭立陶宛聯邦。

波蘭中古騎士裝扮（圖片提供／ Bractwo Rycerskie Excalibur)

波蘭立陶宛聯邦時期(1569〜1795年)

波蘭立陶宛聯邦，17 世紀後通常被稱為波蘭共和國。

1573年 政府簽署保障宗教自由的文件，波蘭成為當代著名保障宗教自由的國家，也成了猶太人的避難之地。

1573年 從世襲君主制邁向選舉君主制，由貴族選出第一任經選舉決定的國王亨利三世。

1596年　國王西吉斯蒙德三世(Zygmunt III Waza)將首都從克拉科夫遷到華沙。

1605年　基爾霍姆(Kircholm)戰役，波蘭翼騎兵打敗了人數為3倍之多的瑞典軍隊，為波蘭史上最偉大的勝利之一。

1605年　波蘭與俄國發生戰爭，波蘭於1610年攻陷莫斯科，占領克里姆林宮。1612年11月，俄軍收復莫斯科。

1620年　1620～1699年間波蘭與土耳其多次交戰，波蘭最終戰勝，終結土耳其進軍西歐的可能。

1648年　被波蘭統治的哥薩克部落和農民發動獨立戰爭，史稱赫梅利尼茨基起義或波蘭哥薩克戰爭。戰爭結束後，波蘭喪失了部分地區的控制權(約於現在烏克蘭一帶)，許多土地最後落入俄國的手中。

中古戰場上的波蘭婦女（圖片提供／Andrzej Marut）

1655年　起義結束後，俄國入侵波蘭東部，發動波俄戰爭。瑞典也藉機進軍波蘭，幾乎占領了波蘭全境。在波蘭軍隊的反攻下，於1657年擊退瑞典軍隊。1667年，波蘭與俄國簽訂合約，劃定國界，戰事結束。這段時期也稱為大洪水時代，波蘭元氣大傷，國力開始衰退。

波蘭中古騎兵裝扮（圖片提供／Andrzej Marut）

1772年　俄羅斯、普魯士、奧地利同時進攻波蘭，簽署瓜分波蘭的協定，史稱第一次瓜分波蘭。波蘭失去了廣達30%的領土。

1791年　5月3日波蘭頒布了全世界第二部憲法，僅次於美國。

1793年　俄國再度進犯波蘭，最後波蘭投降。俄國與普魯士對波蘭發動第二次瓜分，波蘭國土面積僅剩全盛時期的30%。

1794年　參與美國獨立戰爭的波蘭英雄柯斯丘什科(Tadeusz Kościuszko)回國後，於1794年籌畫了全國性的起義，對抗俄羅斯，最後不幸失敗。

1795年　俄羅斯、普魯士、奧地利三國再次簽訂條約，將波蘭剩餘國土全部瓜分。波蘭正式亡國，從地圖上徹底消失。

波蘭中古婦女裝扮（圖片提供／Andrzej Marut）

外國占領時期(1795～1918年)

波蘭在地圖上消失的時期，儘管如此，波蘭文化一直沒有消失。

● 1807年　拿破崙戰勝普魯士後，要求普魯士割讓位於波蘭的部分土地。拿破崙在這裡成立了華沙公國(法國的附屬國)，但只延續到1815年，俄軍占領這裡為止。

華沙公國第七步兵團裝扮（圖片提供／Valischka Fotografia）

● 1830年　十一月起義爆發，原本受沙皇指揮的波蘭軍隊，反過來占領了華沙，成立臨時政府。1831年10月，俄國重新控制華沙，革命結束。

● 1863年　波蘭民眾組成義勇軍，於1863年1月發動革命，史稱一月起義。一直持續到1864年秋天，在俄國鎮壓下，起義宣告失敗。

● 1914年　第一次世界大戰爆發。

19世紀70年代的瓦金基公園（圖片提供／The Museum of Warsaw）

第二共和國時期(1918～1939年)

在地圖上消失了123年後，波蘭重新獨立，快速發展。

● 1918年　第一次世界大戰結束，因德國和奧匈帝國戰敗、俄國爆發十月革命、波蘭不間斷的外交活動努力下，波蘭於11月11日獨立，重建國家。消失了123年後，波蘭重返世界地圖。

● 1919年　波蘭與蘇維埃俄國，針對領土爭議發動戰爭。1920年，波蘭軍隊在華沙即將淪陷前，意外地獲得逆轉勝，史稱維斯瓦河奇蹟。1921年，雙方簽訂里加條約，劃定國界，戰爭結束。

● 1921年　頒布三月憲法，制定民主議會和內閣制統治系統。

1920年的志願女軍團裝扮（圖片提供／Katarzyna Dąbrowska）

● 1926年　在惡化的政治和經濟背景下，約瑟夫畢蘇斯基(Józef Piłsudski)發動軍事政變，推翻政府，又稱五月政變。

● 1939年　德國於9月1日襲擊波蘭，第二次世界大戰爆發。

● 1939年　與德國簽署蘇德互不侵犯條約的蘇聯，在9月17日後也入侵波蘭，波蘭領土被兩國瓜分。

第二次世界大戰時期(1939～1945年)

戰火爆發，波蘭史上最慘烈悲壯的階段。

- 1939年　波蘭地下國和波蘭家鄉軍等反抗組織成立，與盟軍在波蘭附近的戰線共同作戰。波蘭共和國流亡政府成立，這是世界上第一個流亡政府，包括國家機構、司法、教育和軍事等單位。

- 1940年　蘇聯軍隊於卡廷森林，針對波蘭戰俘、知識分子、警察和公務員等人進行有組織的大屠殺，受害者超過2萬人，史稱卡廷大屠殺。

- 1943年　猶太組織與波蘭軍人於猶太居住區內發起反抗活動，史稱華沙猶太區起義。起義失敗，超過萬人死亡，數十萬人被送到集中營。

1943～1945年的波蘭陸軍醫護兵裝扮（圖片提供／Katarzyna Dąbrowska）

- 1944年　波蘭家鄉軍發動華沙起義，攻擊華沙的德國軍隊，經過63天的戰鬥，起義失敗。希特勒下令將華沙夷為平地，整個城市的90%都被毀壞了。

- 1945年　第二次世界大戰結束。同盟國(英國首相邱吉爾和美國總統羅斯福)為了避免與蘇聯衝突，同意史達林的要求，將波蘭東部地區劃給蘇聯(包括維爾紐斯和利沃夫)，並在波蘭設立親共聯合政府。

華沙起義時對抗納粹的波蘭家鄉軍

1~2. 華沙起義軍投降的模擬場景

華沙起義（圖片提供／ Grzegorz Trynkiewicz）

波蘭人民共和國時期(1945～1989年)

迎向社會主義，蘇聯影響波蘭的時期。

- 1948年　波蘭統一工人黨成立，實行一黨專政獨裁統治。冷戰時期，波蘭政府在社會、經濟等政策上，一直追隨蘇聯模式發展。

- 1955年　歐洲社會主義陣營國家，簽署華沙條約，成立華沙公約組織。

二戰後重建華沙

- 1980年　因經濟發展的決策錯誤，全國爆發多起大規模罷工事件。團結工聯(Solidarność)成立，成為帶領波蘭走向民主的重要組織。

- 1981年　波蘭頒布戒嚴令，嚴格取締團結工聯。

- 1989年　由華勒沙為首的團結工聯代表與政府進行圓桌會議，團結工聯合法化。團結工聯出乎大家意料之外，於議會大選擊敗長期一黨專政的波蘭統一工人黨。12月議會通過修憲，改國名為波蘭共和國，波蘭正式邁向民主時代。

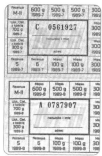

社會主義時代的食物配給卡

1989年至今

波蘭經濟快速發展，加入歐盟，前途一片看好。

- 1999年　波蘭加入北約，成為北約正式成員。

- 2004年　波蘭加入歐盟。

- 2010年　波蘭總統卡辛斯基和夫人瑪麗亞為悼念卡廷大屠殺遇難者而前往俄羅斯卡廷，飛機不幸墜毀，機上96人全數罹難。

- 2017年　波蘭加入了全世界25個發達國家的行列。

- 2018年　臺北市長柯文哲訪問波蘭，造訪華沙與格但斯克。

緬懷波蘭總統卡辛斯基的活動

波蘭小檔案

Polska

✤ 國旗｜白紅旗飄揚

　　10 世紀時，波蘭王子已經開始使用象徵性的旗子，但與現在的國旗差異甚大。

　　13 世紀末，波蘭開始正式使用國旗，底色為紅色，上面有隻白色的老鷹。1831 年 2 月 7 日，國家議會批准了白色和紅色為波蘭的代表色。白色代表純潔、忠誠和謙卑，紅色代表愛、勇氣和奉獻精神。

　　1919 年，波蘭再次獨立之後，白紅旗才正式成為國旗。政府明定每年的 5 月 2 日，為慶祝波蘭共和國國旗的日子。

波蘭舊城小巷懸掛的國旗

✤ 氣候｜六個季節的國度

　　波蘭的氣候，融合了海洋型氣候與大陸型氣候，變化多端。最冷的月分通常是 1 月，最溫暖的月分為 7 月。豔陽高照的機會相對較少，每年約只有 30 ～ 50 天，其餘大多數的日子為陰天。

　　細分起來，波蘭有六個季節。冬天過後是早春，大概持續一個月的時間，平均氣溫為攝氏 0 ～ 5 度。春季持續約兩個月，溫度為 5 ～ 15 度。從 5 月開始進入夏季，平均溫度高於 20 度，持續約四個月。夏季有時會有暴風雨，但來得快去得也快。接著秋天來臨，平均溫度為 5 ～ 15

度。秋冬之間還有個早冬，溫度會下降到 5 度以下，持續約六個星期。最後則是寒冷的冬天，平均氣溫不到 0 度，持續到 2 月底或 3 月初。

參考 YouTube 影片，看看波蘭人怎麼度過寒冬

冬天造訪波蘭，有機會看到這麼美的景色

✤ 語言 ｜ 主要語言為波蘭語

波蘭語是波蘭的主要語言，屬於西斯拉夫語族的一支，約從 10 世紀開始形成獨立的語言。波蘭語文法相當複雜，有七種格變化、五種性別結構，動詞和名詞會因為不同的人稱、時間、語氣、語態等等而改變，因此很多人認為，波蘭語是世界上最難學的語言之一。因為拉丁字母不夠用，波蘭語有一些獨特的字母：ą、ć、ę、ł、ń、ó、ś、ź、ż；還有兩個字的組合：ch、cz、dz、dż、dź、sz、rz。

波蘭語保存了波蘭歷史、價值觀和文化習俗的元素。據估計，世界上約有近 6,000 萬人的母語是波蘭語。除了波蘭之外，在立陶宛、白俄羅斯和烏克蘭，也有著為數不少的人會說波蘭語；許多各地的波蘭裔移民也都會說。

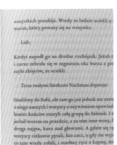

雖然很多波蘭年輕人也能用英語溝通（老一輩可能比較會用俄文），但是建議去波蘭之前，可以學些簡單的波蘭語，比如：你好、謝謝，波蘭人聽到會很開心。

參考 YouTube 影片，看看波蘭的薪水和福利

波蘭書籍　　　　　　波蘭文有很多獨特的字母

✤ 經濟 ｜ 自由市場經濟

波蘭是歐洲經濟成長快速的國家之一。1989 年之後，波蘭放棄社會主義經濟，改實行自由市場經濟，獲得了很好的成效，不論是國民所得還是 GDP，都大幅成長。過去幾十年來，波蘭一直被視為開發中國家，如今也擠進了已開發國家之列。

✤ 貨幣 ｜ 1 波幣約等於 7.3 元新台幣

　　波蘭的貨幣是波蘭茲羅提 (polski złoty)。鈔票上有古代國王的肖像，背面則有不同時代的國徽。鈔票面額及上面的人像分別為：10 茲羅提 (梅什科一世 Mieszko I)、20 茲羅提 (波列斯瓦夫一世 Bolesław Chrobry)、50 茲羅提 (卡齊米日三世 Kazimierz III Wielki)、100 茲羅提 (雅蓋沃 Władysław Jagiełło)、200 茲羅提 (齊格蒙特一世 Zygmunt Stary) 和 500 茲羅提 (揚索別斯基三世 Jan III Sobieski)。

　　硬幣又分為 1、2、5、10、20、50 格羅希，以及 1、2、5 茲羅提，而 100 格羅希等於 1 茲羅提。

　　相較於其他歐洲國家，波蘭茲羅提是相當穩定的貨幣。目前 1 塊波幣大約等於 7.3 元新台幣。

波蘭硬幣

〈歷史簡介〉章節裡介紹過的國王們，也出現在波蘭鈔票上哦

波蘭慣用插頭　　波蘭插座

✤ 電壓 ｜ 標準電壓 230V

　　波蘭電源插座為 E 型。標準電壓為 230 V，標準頻率為 50 Hz。記得千萬不要使用非 230V 電壓的電器，否則可能導致設備故障或爆炸 (筆電和手機除外)。

士愷知識家

波蘭小知識

波蘭領土面積約為 312,685 平方公里，是歐洲第九大的國家，人口約為 3,795 萬人。波蘭毗鄰波羅的海和 7 個國家：德國、捷克、斯洛伐克、烏克蘭、白俄羅斯、立陶宛和俄羅斯加里寧格勒。最長的河是維斯瓦河 (Wisła)，流入格但斯克灣 (Zatoka Gdańska)。最高峰是波蘭南部塔特拉山 (Tatry) 的 Rysy(2,499 公尺)。

♣ 時區 | 和臺灣相差 6 ～ 7 小時

夏季時間為 (UTC+2)，和臺灣差 6 小時。冬季時間為 (UTC+1)，和臺灣差 7 小時。轉換的時間點為 3 月最後一個週日，以及 10 月的最後一個週日。

♣ 宗教 | 普遍信仰天主教

超過 90% 的波蘭人信仰天主教，天主教在波蘭社會中影響層面很廣，也與波蘭文化息息相關。許多宗教節日都被定為國定假日，最重要的節日是聖誕節。

波蘭教堂內的畫作

在波蘭旅遊相當安全

♣ 治安 | 名列最安全國家

比起西歐旅遊熱門的地方，在波蘭旅行通常很安全。波蘭被列為最安全國家名單的前 20 名，恐怖主義指數也非常低，不太可能會被攻擊。除了春季的局部洪水及冬季的大雪，沒有其他的天然災害。不過在旅行期間建議還是保持警覺，特別是在旅遊景點，避免接近醉漢和怪人。

蜜拉小提醒

緊急聯絡資訊

發生緊急情況時，可聯絡警察局 (112)。如果想找中文人士協助，也可連繫臺灣駐波蘭代表處 (Biuro Przedstawicielskie Tajpej)。

臺灣駐波蘭代表處

✉ Emilii Plater 53, 00-113 Warszawa (30 樓)

☎ 旅外國人急難救助海外付費電話 (當地國際碼)：+886 800 085 095
外館緊急聯絡電話：+48 668 027 574，外館聯絡電話：+48 22 213 00 60

http www.taiwanembassy.org/pl

參考 YouTube 影片，看看波蘭的治安怎麼樣

了解波蘭人

✤ 波蘭人的個性

重視家庭

很多波蘭人把家庭排在心中的第一名，認為所有事情都沒有家庭來得重要。

對波蘭人來說家庭是最重要的

禮貌與誠實

一般來說，波蘭人善良、友好，尊重老人，也樂於協助他人，會在車上讓座給老人和孕婦。很多波蘭人也有著傳統的禮貌，例如：男生會幫忙開門，先讓女士進門。在電梯內，波蘭人也時常和陌生人打招呼、道別哦！

絕大多數的波蘭人都很友善

此外，波蘭人重視誠實的美德，喜歡直接的交流方式。通常，他們會直接表達心中的想法，想到什麼就說什麼。波蘭人對他人的感受很敏感，所以與別人溝通前，會先決定好採取的溝通方式。

重視歷史

列強瓜分時期，波蘭人努力了超過 100 年，終於成功獨立。二戰時，波蘭不但是第一個對抗納粹的國家，且不久之後，也努力反抗蘇聯的侵略。波蘭曾經遭遇過這麼多困難，卻能屢屢站起來，對他們而言，歷史是非常重要的，這也讓他們擁有很堅定的愛國精神。

波蘭軍人

二戰後重建華沙的資料照片

✤ 波蘭人的習慣

打招呼

波蘭人常以握手的方式打招呼，如果男人和女人握手，要等女人先伸出手比較有禮貌。若對方年紀比較大，可以跟對方說聲「dzień dobry」。如果對方是同輩，則可以說「cześć」。和熟人見面，波蘭人也可能會擁抱或親對方臉頰 (一般是親 3 次)，但一般來說男生和男生只會握手。

與年長者互動時，比起叫他們的名字，比較有禮的方式是稱呼他們「pan」(男性) 或「pani」(女性)。多人見面聚會時，通常會先介紹人給女方認識，再介紹給男方認識。

根據雙方關係和對方身分，有不同的打招呼方式

參考 YouTube 影片，體驗看看波蘭婚體

送禮

到別人家做客時，波蘭人通常會準備小禮物給主人，如鮮花、巧克力、糖果或酒。波蘭人也習慣在生日、名字日 (每個波蘭名字都有自己的名字日) 和聖誕節送禮物。但請不要送太貴的禮物，這會讓人尷尬；也不要送波蘭人錢，這被視為是無禮的行為。如果想送花，花朵應該是奇數的，但不要送黃菊花，因為這是葬禮時用的花。

吃飯

到波蘭朋友家吃飯，記得千萬不要遲到。用餐時，應該等主人說開動，才能開始吃；如果有人還沒拿到菜，你就開始吃了，這也很無禮。吃飯時，波蘭人常常會喝點酒，如果喝伏特加，會用小杯子裝，以便一口乾杯。乾杯時可一起說波蘭文「na zdrowie」，或者教波蘭朋友說中文「乾杯」！

波蘭人相信，要一起喝過伏特加，才會變成好朋友

記得要等大家都拿到餐點了，才能開始吃哦

波蘭人的一年

Polska

波蘭復活節有什麼好玩的？跟著蜜拉家庭一起體驗吧

復活節的籃子

✤ 重要的節日慶典

日期	節日	簡介
1 月 1 日	新年 (Nowy Rok)	跨年夜狂歡後，通常波蘭人會待在家好好休息。
1 月 6 日	主顯節（東方三博士節） (Święto Trzech Króli)	天主教節日。波蘭人習慣在門上面寫 K+M+B，代表三個博士的名字。
2～3 月 天主教大齋期前 最後一個週四	胖胖星期四 (Tłusty Czwartek)	大齋期前的狂歡日。這天到處都可以買到波蘭甜甜圈 (pączek) 和絲帶脆餅 (faworki)，每個人都一定要吃。
3～4 月 復活節前 7 天	棕枝主日 (Niedziela Palmowa)	紀念耶穌進入耶路撒冷。推薦大家去教堂參觀，可以看見很多人拿著樹根花束、小麥、葉子等 (palemka)。可買來當紀念品。
3 月 22 日～4 月 25 日間 第一個月圓後的週日	復活節 (Wielkanoc)	慶祝耶穌復活的節日。波蘭人習慣和家人團聚，一起吃早餐，彩繪雞蛋。
3～4 月 復活節後的週一	潑水星期一 (Lany Poniedziałek)	波蘭傳統相信女生這天要被潑水，否則會找不到老公，小心別被弄濕囉！
5 月 1 日	勞動節 (Święto Pracy)	很多波蘭人會多請幾天假，享受連假，這段期間許多店家會休息。
5 月 2 日	國旗節 (Święto Flagi Narodowej)	5 月 1～3 日，到處都可以看到波蘭國旗。

波蘭清明節時，墓園總是人山人海

聖誕節時，幾乎家家戶戶都會準備聖誕樹

5月3日	五三憲法節 (Święto Konstytucji Trzeciego Maja)	紀念 1791 年波蘭批准了世界上第二部憲法。
5月或6月 復活節後的第50天	聖靈降臨日 (Zielone Świątki)	波蘭於 966 年受洗。在成為天主教國家前,這天是歡迎春天來臨的節日;現在則是天主教聖靈降臨日。
6月	聖體節 (Boże Ciało)	有些波蘭人會在路邊蓋基督教的壇,壇的造型多元,上面通常有許多花,還有聖人的畫像。許多人會從教堂一起出發,沿路在每個壇邊祈禱,一邊走還會一邊撒花唱歌。
8月15日	聖母升天日 (Wniebowzięcie Najświętszej Maryi Panny) 軍人節 (Święto Wojska Polskiego)	天主教節日,同時也是感謝軍人的日子。推薦去市中心參觀軍人遊行。
11月1日	波蘭清明節 (Wszystkich Świętych)	波蘭人掃墓的日子,推薦天黑後去墓園,欣賞一整片點燃的蠟燭海。
11月11日	波蘭獨立日 (Święto Niepodległości)	波蘭歷經 1772、1793、1795 年三次列強瓜分,在地圖上消失超過 100 年後,於 1918 年 11 月 11 日重新獨立。推薦參加各城市的紀念活動。
12月24～26日	12月25日聖誕節 (Boże Narodzenie)	聖誕節是最重要的節日,也是家庭團圓的日子。習俗是在餐桌上放 12 道菜,用餐前先吃白色薄餅 (opłatek),跟每個人說祝福的話。聖誕節前推薦參觀教堂,欣賞聖誕藝術 (szopka),或於 24 日半夜 12 點去教堂聽聖誕歌合唱。

(表當日放假)

聖誕節裝飾

參考 YouTube 影片,蜜拉家是這樣過聖誕節的喔

蜜拉小提醒

波蘭的教堂和墓園

在波蘭,每個人都可以自由進出教堂,只要你尊重裡面的人,就可以坐在裡面聽彌撒和歌唱;而波蘭的墓園就像公園,是個適合散步的地方,墓園附近甚至會有賣點心的攤販。

Polska

名人集錦

✤ 哥白尼 Mikołaj Kopernik (1473~1543)

出生於托倫 (Toruń) 的天文學家、數學家、經濟學家與醫生。著有《天體運行論》，提出日心說，認為太陽是宇宙的中心，地球繞著太陽公轉，推翻過去大家深信的地心說理論。

位於托倫的
哥白尼雕像

蕭邦畫像

✤ 蕭邦 Fryderyk Chopin (1810~1849)

浪漫主義時期的鋼琴家，也是歷史上最著名、最受歡迎的作曲家之一。被譽為「鋼琴詩人」的蕭邦，許多作品的靈感，都源自波蘭民間音樂的啟發。具詩意、充滿感情的創作，讓他廣受歡迎。

✤ 瑪麗亞 ・ 斯克沃多夫斯卡─居禮
Maria Skłodowska Curie (1867~1934)

舉世聞名的波蘭科學家，曾獲得諾貝爾物理獎與化學獎 (1903 和 1911 年)，也是至今唯一二度獲獎的女性。瑪麗・居禮開創了放射性理論，發明了分離放射性同位素的技術，並發現兩種新元素釙 (Po) 和鐳 (Ra)，為醫學、物理和化學領域，帶來重要而深遠的影響。值得一提的是，釙的名字來自拉丁文 Polonia，意思為波蘭，瑪麗・居禮取了這個名字，是為了讓更多人知道，波蘭被瓜分的不公平現狀。

位於華沙舊城區的瑪麗・居禮雕像

位於維利
奇卡鹽礦
的若望保祿
二世像

✤ 若望保祿二世 Jan Paweł II (1920~2005)

原名卡羅爾沃伊蒂瓦 (Karol Wojtyła)，於 1978 ～ 2005 年擔任教宗，也是第一位波蘭裔與斯拉夫裔的教宗。作風開明的他，在位時廣受歡迎。他對當時歐洲的政局變化有很大的影響，包括推翻共產主義。

軒克維奇的
作品

✤ 軒克維奇 Henryk Sienkiewicz
(1846~1916)

　　波蘭著名小說家，於 1905 年獲得諾貝爾文學獎。因作品描述 17 世紀波蘭人反抗外國入侵的故事，被視為波蘭民族的精神領袖。著名作品為描述中世紀波蘭的衛國三部曲。

✤ 雷蒙特 Władysław Reymont (1868~1925)

　　波蘭作家和小說家，作品《農夫們》精采地描繪了農村生活、傳統習俗禮儀以及地主對農民的剝削，於 1924 年獲得諾貝爾文學獎。

雷蒙特的
作品

辛波絲卡
（圖片提供／
Fundacja
Wisławy
Szymborskiej，
攝影／ Michał
Rusinek)

✤ 辛波絲卡 Wisława Szymborska
(1923~2012)

　　波蘭著名詩人、散文家、翻譯家，於 1996 年獲得諾貝爾文學獎。創作主題多為人與歷史，靈感深受戰爭影響。

✤ 米沃什 Czesław Miłosz (1911~2004)

　　波蘭詩人、小說家、散文家、翻譯家，為波蘭最偉大的詩人之一，曾獲許多著名文學獎，於 1980 年獲得諾貝爾文學獎。

✤ 瓦伊達 Andrzej Wajda (1926~2016)

　　最偉大又最有名的波蘭導演，也是波蘭歷史上第一個獲得奧斯卡終身成就獎的電影人 (2000 年)。曾執導多部電影，著名的作品為《入侵立陶宛》和《卡廷慘案》。

✤ 華勒沙 Lech Wałęsa (1943~)

　　波蘭政治家，也是首任民選總統，於 1983 年獲得諾貝爾和平獎。1980 年時，他在格但斯克 (Gdańsk) 的造船廠領導了罷工行動，促成團結工聯 (Solidarność) 的誕生。1989 年，團結工聯領導的反對勢力，在選舉中擊敗了長期一黨專政的波蘭統一工人黨，讓波蘭開始邁向資本主義、民主政治，並促成東歐共產政權相繼垮台，間接讓蘇聯解體。

建築風情

Polska

波蘭的建築風格多元，從中古到現代，從木造到紅磚，各有各的特色。來到波蘭，除了造訪歷史文化景點，品嘗波蘭美食，欣賞不同風格的建築，也是一大享受。現在就跟著蜜拉的腳步，一起來看看波蘭有哪些建築風格吧！

✤ 羅馬式建築

著名的例子：弗羅茨瓦夫座堂島的聖吉爾斯大教堂 (Kościół Św. Idziego)

大約流行於西元 1050 ~ 1250 年，波蘭大部分保存至今的羅馬式建築為教堂、修道院與要塞。以石頭為建材，形狀簡單，並具有交叉拱頂 (sklepienie krzyżowe)，常被稱為「樂高建築」。

聖吉爾斯大教堂，建於 13 世紀初

✤ 哥德式建築

著名的例子：格旦斯克的聖瑪莉大教堂 (Bazylika Mariacka)、克拉科夫的聖母聖殿 (Bazylika Mariacka)

大約流行於西元 1250 ~ 1500 年，在波蘭主要的建築為教堂、城堡、市鎮大廳與公寓。特色為磚牆、尖拱門、彩色玻璃大窗戶和玫瑰窗，建築高聳。

克拉科夫的聖母聖殿，建於 14 世紀

聖母聖殿內部的哥德風裝飾

✣ 文藝復興式建築

著名的例子：華沙舊城區的恩典聖母教堂 (Kościół Matki Bożej Łaskawej)、格旦斯克主城市政廳 (Ratusz Głównego Miasta w Gdańsku)

大約流行於西元 1500 ～ 1650 年。特色為希臘和羅馬風格的山形牆、半圓形拱門、柱廊、長方形窗戶和平面天花板。

格旦斯克主城市政廳。建於 15 世紀，後來不幸燒毀，於 16 世紀改建

✣ 巴洛克式建築

著名的例子：波茲南的永援聖母暨瑪利亞瑪達肋納聖殿 (Fara Poznańska)、華沙的維拉諾夫宮 (Pałac w Wilanowie)

流行於西元 1650 ～ 1770 年。具有許多裝飾性的元素，強調力度和變化，壯觀、複雜且誇張。融合很多不同的建築風格，注重綜合性。

1. 永援聖母暨瑪利亞瑪達肋納聖殿
2. 聖殿內部
3. 維拉諾夫宮

✣ 新古典主義式建築

著名的例子：華沙的總統官邸 (Pałac Prezydencki)、華沙的瓦金基公園 (Łazienki Królewskie) 的水上宮殿 (Pałac Na Wyspie)

流行於西元 1770 ～ 1925 年。當建築師和藝術家厭倦了巴洛克式建築的複雜性之後，新古典主義式建築應運而生，其靈感來自於類似希臘廟宇的簡單古建築。

水上宮殿

✣ 新哥德式與折衷主義

著名的例子：克拉科夫的尤利烏什斯沃瓦茨基劇院 (Teatr im. Juliusza Słowackiego)

流行於西元 1770 ～ 1925 年。新哥德式建築師在設計建築時，一開始沒有把裝飾設計進去，到後來才將哥德式裝飾「黏」到壁上，因此品質比較差，也導致了後期媚俗的折衷主義誕生。折衷主義的特色為多餘的石膏裝飾，將不同時代的飾品裝置在建築上。

尤利烏什斯沃瓦茨基劇院 (圖片提供／ Pixabay)

✣ 新藝術風格

著名的例子：克拉科夫的地球儀之屋 (Dom pod Globusem)、華沙理工大學建築學系 (Gmach Wydziału Architektury Politechniki Warszawskiej)

流行於西元 1900 ～ 1914 年。工業革命之後，許多人對藝術抱著渴望，希望能在科學瘋狂發展的時代，也能進行藝術創作。建築師開始大膽嘗試新的建材和風格，進行建築的實驗性創作。新藝術風格建築的特色為平滑曲線、不平衡的形式，以植物、蝴蝶和蜻蜓等圖案作為裝飾。

華沙理工大學建築學系　　　　地球儀之屋　　　　　　有些波蘭人覺得這樣的裝飾很有趣，但也有些人覺得這樣沒有美感

✣ 現代主義

著名的例子：華沙的議院 (Sejm)、弗羅茨瓦夫的百年廳 (Hala Stulecia)

流行於 20 世紀。這個風格是隨著人們對現代生活的需求，例如生活空間、衛生等等不同原因而誕生的，因此相較於其他的建築較為單調簡約，裝飾較少。

百年廳

❖ 社會主義

著名的例子：華沙的文化科學宮 (Pałac Kultury i Nauki)、華沙的美居華沙大飯店 (Mercure Warszawa Grand Hotel)、華沙的憲法廣場 (Plac Konstytucji)

　　流行於 20 世紀。當時政府相信建築的重點在於呈現國家和人民的力量，至於美觀與否，就完全不重要了。特色為大而壯觀，強調對稱性，使用護欄、立柱和壁柱等等。

華沙大飯店　　　　　　憲法廣場，也是波蘭人覺得不甚
　　　　　　　　　　　美觀的區域

文化科學宮，許多波蘭人都覺得這棟建築非常醜

札科帕內風格建築 (圖片提供／ Pixabay)

❖ 札科帕內風格

著名的例子：札科帕內的塔特拉山博物館 (Muzeum Tatrzańskie)

　　流行於 20 世紀至現代。由偉大的建築師維特凱維奇 (Stanisław Witkiewicz) 所創建的風格，結合新藝術風格與民間山區風格。

❖ 木結構建築

著名的例子：比斯庫平 (Biskupin) 的城牆與城門、札科帕內的琴斯托霍瓦聖母教堂 (Kościół Matki Bożej Częstochowskiej)

　　流行於 20 世紀以前。具有波蘭傳統風格，每個地方的蓋法，都各有特色。可惜的是，大部分的木結構建築在第二次世界大戰時都被毀掉了，至今所剩不多 (主要在農村)，現在也沒人想蓋新的。

比斯庫平的城牆，原建於西元前 738 年，於 20 世紀重建 (圖片提供／ Pixabay)

美味廚房

Polska

參考 YouTube 影片,在波蘭麵包店買麵包也是很特別的體驗

波蘭人以麵包為主食,喜歡吃肉,也喜歡在用餐時喝點美酒。料理常以馬鈴薯和白菜作為食材,口味偏鹹偏酸,喜歡加上不同的香料,如胡椒和肉豆蔻等等。波蘭森林面積廣大,有許多食材都是來自於森林,像是蘑菇、堅果、水果;而因為波蘭只有北面臨海,魚和海鮮較少。

麵包

麵包對波蘭人來說,是非常重要的主食,也是波蘭文化的重要部分。從早到晚,波蘭人都喜歡吃麵包。而波蘭人如何挑選麵包呢?有個大原則,那就是麵包要夠硬夠重。太輕的,或是太過中空、太過柔軟的,都會被視為不好的麵包。

波蘭的麵包種類眾多,可大致分為小麥麵包、甜麵包、裸麥麵包以及其他麵包。

如果是小麥麵包,要挑外皮脆脆的,顏色是金色的,越深就代表品質越好。

法式長棍麵包
bagietka

全麥麵粉圓麵包
grahamka

小麥麵包
chleb
pszenny

小麥麵包
chleb pszenny

8 字啤酒麵包
precel piwny

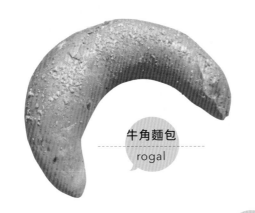

牛角麵包
rogal

甜的辮子麵包
chałka

圓麵包
kajzerka

裸麥麵包
chleb pełno-ziarnisty

　　眾多麵包之中，最健康的是裸麥麵包，又硬又黑，內部有點濕濕的，有非常獨特的口感。

古波蘭麵包
chleb staropolski

全麥裸麥麵包
pumpernikiel

腳趾麵包
paluch

裸麥麵包加蜂蜜
chleb razowy
na miodzie

甜麵包
słodkie bułki

酵母麵包
drożdżówka

內餡可選擇波蘭布丁 (z budyniem)、
罌粟膏 (z jabłkiem) 或
甜起司 (z serem)

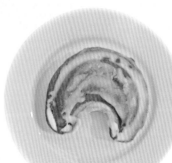

藍莓麵包
jagodzianka

甜的牛角麵包
rogalik

其他麵包
inne pieczywo

三明治
kanapka

小麵包
pasztecik

內餡可能有肉 (z mięsem)、
空心菜 (ze szpinakiem) 或
蘑菇 (z grzybami)

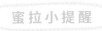

蜜拉小提醒

波蘭用餐禮儀

01 在餐廳必須給服務員小費,一般而言是帳單的 10%。

02 有的餐廳是點餐的時候付錢,有的是吃完再付,這點和臺灣一樣。若是吃完再付錢,可向服務員舉手示意,服務員會給你帳單,記得把錢包在裡面,等他回來結帳即可。

03 用餐時切勿打嗝,吃東西時也切勿發出聲音,這都是非常不禮貌的行為。

湯

　　波蘭的湯很濃，所以通常波蘭人不會說「喝湯」，而是說「吃湯」。波蘭湯大部分使用特殊的湯底 (bulion)，以雞肉或牛肉加上蔬菜熬煮而成。常用的蔬菜有紅蘿蔔、西芹根或香菜根等等。湯底完成後，再加入各式配料，就能做出不同的湯。特別的是，波蘭人習慣在湯裡加麵條和馬鈴薯。

番茄湯
zupa pomidorowa

番茄湯是波蘭最常見的湯，內含麵條、酸奶和番茄，幾乎在所有的餐廳都能夠找到，是經典的波蘭家常料理。番茄湯的作法因人而異，有的比較濃，有的比較淡，有人則偏好酸奶多一點，風格千變萬化。

甜菜根湯
barszcz czerwony

甜菜根湯是東歐常見的濃湯，呈現鮮紅或是紫紅色，味道香醇濃郁。內含馬鈴薯和波蘭小水餃「耳朵」(barszcz z uszkami)。聖誕節時，家家戶戶一定都會準備甜菜根湯，與家人一起品嘗。

牛肚湯
flaki

波蘭的料理通常都不加辣，這道菜算是例外。因為加了胡椒或辣椒的緣故，氣味非常香。在超市可以找到玻璃罐裝的 flaki zamojskie，是一款加了青豆的牛肚湯，放進鍋子裡加熱後即可享用。

雞湯
rosół z kurczaka

一般來說，內含麵條還有蔬菜 (如紅蘿蔔)。波蘭民間相信，感冒的時候只要喝雞湯，就能快速痊癒。

白濃湯
barszcz biały

這是波蘭復活節時必備的家常料理，湯裡會加馬鈴薯或麵條，通常也會有香腸和水煮蛋，有的人則會加入山葵。

酸湯
żurek

顧名思義，味道嘗起來酸酸的。料理時通常會以酸奶和野生蘑菇一起熬煮，最後再加入雞蛋和馬鈴薯。

主餐

波蘭的主餐,以馬鈴薯、肉、白菜、蘑菇的料理最為常見,常常會附上酸奶作為佐料。

炸豬排
kotlet schabowy

香噴噴的金黃色油炸豬排,鮮嫩多汁,是波蘭最常見的一道菜。

獵人燉肉
bigos

內含肉、蘑菇和白菜等等食材。食用時常常會搭配麵包一起吃。適合在波蘭的冬天享用。

波蘭餃子 (有素的選擇)
pierogi

波蘭也有餃子喔!不但有煮的,也有煎的,口味還很多樣化。常見的餡料有蘑菇、白菜、肉、馬鈴薯 (所謂的「俄羅斯餃子」ruskie)、茅屋起司、洋蔥和藍莓等等。和臺灣不同的是,波蘭人吃餃子不沾醬油,比較喜歡加洋蔥或酸奶當佐料。

菜捲
gołąbki

白菜裡面有肉餡,通常會在放滿番茄醬的鍋子裡煮,口味香甜。

薄餅 (有蛋奶素的選擇)
naleśniki

有甜的和鹹的口味,最推薦經典的茅屋起司口味。上面常常會淋上酸奶或是糖粉。

塔塔
tatar

生牛肉加生雞蛋、洋蔥、黃瓜和香料。

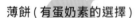

水果餃子
knedle

以水果當餡料的餃子,最常見的餡料是李子和櫻桃。

波蘭麵疙瘩
kopytka

口感像麵疙瘩的波蘭料理,常常搭配蘑菇醬一起食用。

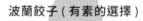

其他波蘭料理

參考 YouTube
影片，牛奶吧是
享受波蘭料理最
經濟實惠的選擇

參考 YouTube
影片，看看波蘭
餐廳供應的波蘭
水餃

豬油
smalec

外觀呈現奶油狀，遇熱會融化，
可當作油炸用油，但很多人喜歡
塗在麵包上直接吃。

波蘭血腸
kaszanka

燕麥加上豬血做成的，顏色黝黑，口味特殊，有
興趣的人可以嘗試看看。可以吃冷的，也可以吃
熱的。有的人喜歡切成小片，放在麵包上一起吃。

波蘭香腸
kiełbasa

波蘭有很多種不同的
香腸，各種顏色、粗
細的都有，推薦嘗試
細細的 kabanosy。

馬鈴薯餅
placki ziemniaczane

馬鈴薯泥和小麥麵粉製
成的圓形小餅，油煎之
後，有的人會在上面加
上白糖享用。

士愷知識家

波蘭飲食習慣小常識

01 大部分的波蘭人，早餐和晚餐喜歡在家吃三明治。以
不同的麵包，搭配蔬菜、奶油、火腿或起司等等；也有
的人會吃麥片加牛奶。

02 午餐和早餐之間，有的人會吃所謂的「第二個早餐」，
以簡單的麵包或三明治為主。一般來說，波蘭的午餐
時間為下午 2 點之後，而晚餐時間大約在 7 點之後。相
較於臺灣，波蘭的晚餐比較簡單，很多人只會吃三明治
或沙拉。

03 波蘭人不習慣在外面吃飯，比較喜歡在家用餐。

波蘭人很喜歡吃馬鈴薯，
每次幾乎都是買一大袋

甜點

波蘭甜點很甜，一般都會搭配熱紅茶一起享用。

除了這些甜點，也推薦來蜜拉最喜歡的甜點店，嘗嘗波蘭知名品牌 Wedel 的巧克力

波蘭蘋果派
szarlotka

有濃濃的酸蘋果香，可加上冰淇淋，或是加熱享用。

罌粟籽蛋糕
makowiec

使用罌粟花種子、葡萄乾和蜂蜜做成的蛋糕，口感濕潤，是波蘭人非常喜歡的蛋糕。

奶油捲
rurki z kremem

外觀有點像蛋捲，內含甜的酸奶油，是波蘭小孩相當喜歡的點心。

波蘭甜甜圈
pączki

波蘭的甜甜圈中間沒有洞，內含不同的餡料，最經典的是玫瑰口味的(różane/z nadzieniem różanym)。外面會撒上糖粉，或是淋上糖霜。

起司蛋糕
sernik

口感綿密，又香又濃。裡面常常放葡萄乾。

年輪蛋糕
sękacz

外觀看起來就像是砍掉的樹一樣，外面有無數突起，很有特色。吃起來扎實順口，富有奶油的香味。

絲帶脆餅
faworki

呈現長條狀，上面加糖粉，是波蘭復活節的必備甜點。(圖片提供／Pixabay)

水果

波蘭蘋果聞名全世界，種類多，口味多元，有甜的、酸的、甚至還有覆盆子口味的蘋果，在超市可以很輕易地買到。6、7月時，可以試試波蘭的夏季水果，如覆盆子、草莓、藍莓、櫻桃等等，價格都比臺灣便宜得多。秋天則一定要試試波蘭的李子。

參考 YouTube 影片，跟著蜜拉到波蘭傳統市場挑選蔬果

甜蘋果
słodkie jabłka

酸蘋果
kwaśne jabłka

覆盆子
maliny

草莓
truskawki

越橘
borówki

藍莓
jagody

櫻桃
czereśnie(甜的)、
wiśnie(酸的)

李子
śliwki

飲料

波蘭人喜歡喝水果製成的飲料，喜歡偏甜的口味 (連喝茶都習慣加糖)。另外，波蘭的酒也很有名，不論是啤酒或伏特加都有很多種類可供選擇。

康波特
kompot
東歐常見的飲料，以不同的水果製成，如蘋果、草莓、杏桃、李子等等。

科瓦斯
kwas
用麵包製成的發酵飲料，味道像黑麥汁，甜中帶苦。可能有些微的酒精 (濃度約 0.5%)，波蘭人認為這是健康的飲料，適合天氣熱的時候飲用。

啤酒 波蘭人最常喝的酒是啤酒,有很多品牌可選擇,朋友齊聚用餐時,通常都會喝一點啤酒。

Tyskie　Żubr　Żywiec　Tatra　Dębowe　Harnaś　LECH　Miłosław　Książęce　WOJAK

伏特加 伏特加在波蘭是非常重要的酒,波蘭人認為如果兩個人沒有一起喝過伏特加,就不算是真正的朋友。波蘭民間也認為,喝伏特加能治病強身,特別是胡椒或堅果伏特加,效果更好。其中,J. A. Baczewski是蜜拉家人公認最好的波蘭伏特加哦!

Soplica 水果口味伏特加 pigwowa　Soplica 檸檬口味伏特加 cytrynowa　野牛草 Żubrówka　J. A. Baczewski

其他的酒 如果想要喝比較特別的酒,可以找蘋果酒、熱香紅葡萄酒或蜂蜜酒,酒精濃度大概 4.5% ～ 18%。口味香醇可口,在波蘭也是很受歡迎的選擇。

未過濾盧布林蘋果酒 Cydr Lubelski Niefiltrowany　經典盧布林蘋果酒 Cydr Lubelski Klasyczny　盧布林西洋梨酒 Perry Lubelski　熱香紅葡萄酒 grzaniec　蜂蜜酒 miód pitny

波蘭語小學堂

餐廳常用單字

中文	波蘭文	中文發音	英文發音
結帳	rachunek	拉胡內克	ra-hoonek
信用卡	karta kredytowa	卡達 克萊德偷法	karta kredytova
菜單	menu	沒你	meanee
主菜	dania główne	打你呀 哥無夫納	dania gwoovne
湯	zupy	租ㄆ	zupyh
飲料	napoje	納婆耶	napoyeh
請慢用	smacznego	使罵取捏狗	smashnegho
乾杯	na zdrowie	納斯吃若比亞	nha zdhrovie
好吃	smaczne	斯罵取納	smashne
餐廳	restauracja	雷斯偷拉妻雅	restauracya
牛奶吧	bar mleczny	吧 門內雌呢	bar mleshhny
咖啡廳	kawiarnia	咖V雅娘	kaviarnia
甜點店	cukiernia	粗K娘	tsukiernia
麵包店	piekarnia	撇卡娘	phiekarnia
鹽	sól	素魯	sool
胡椒	pieprz	撇步雌	ph-ie-ph-sh
水果	owoce	歐我測	ovotse
蔬菜	warzywa	罰之哇	vasiyva
水	woda	佛達	voda
茶	herbata	喝巴塔	herbhata

如果想聽蜜拉發音示範，歡迎到我們的 Youtube 頻道觀賞「波蘭女孩教你波蘭語」系列短片

參考 YouTube 影片，看蜜拉示範 10 句旅遊常用的波蘭語

超市美食大搜查

Polska

Biedronka 是波蘭相當常見的超市，logo 是一隻瓢蟲，裡面可以買到相當多東西；Żabka 則是波蘭最常見的超商，logo 是個小青蛙，就像是波蘭版的 7-11、全家。

Biedronka　Żabka

除此之外，波蘭也有家樂福、TESCO 這類的大型量販店，都是購買點心美食的好地方。

✤ Wedel

這個牌子出了很多款點心，推薦 Ptasie Mleczko，這是波蘭非常經典的零食。內餡柔軟綿密，外面包著一層巧克力。其他 Wedel 的經典點心也很推薦，比如巧克力、芝麻酥糖棒 (chałwa)、果凍巧克力餅 (Delicje Szampańskie)。

覆盆子口味的巧克力

內餡是酒的巧克力，強力推薦

✤ Wawel

Wawel 是波蘭有名的巧克力品牌，可優先嘗試白巧克力、水果巧克力和堅果巧克力。另外特別推薦 Wawel 的 Mieszanka Krakowska 和 Michałki 巧克力糖，有多種口味，都值得試試。

牛奶巧克力

Michałki 巧克力糖

✤ Milanówek

這也是波蘭的經典牌子，生產波蘭最好吃的牛奶糖。濃濃的奶香味，甜而不膩的口感，受到波蘭人的熱愛。有的口感是軟的，有的是硬的。除了原味，還可以試試巧克力和咖啡口味。

波蘭最好吃的牛奶糖

✤ Kopernik

波蘭有名的薑餅品牌「哥白尼」，不但推出各種不同配料的薑餅 (如巧克力、糖霜、草莓內餡)，也推出了各種形狀的選擇 (如愛心、星星)。

以天文學家為名的薑餅

除了在超市，也能在專賣店購買

✤ Lajkonik

細長的餅乾條，鹹鹹的、脆脆的，口感相當不錯。除了經典的樣式，也能找到動物形狀、圓的、方的餅乾條。

內含各種形狀的餅乾

✤ Kisiel

將包裝內的粉末放進杯子裡，加熱水攪拌 1 分鐘後，就能享用這款波蘭特有的甜點「水果布丁」。雖然是粉做的，但是不含任何化學或動物成分，想嘗鮮的人一定要試試看。

口感獨特的 Kisiel

✤ Kabanosy

波蘭特有的香腸，細細的，味道很香。這也是波蘭人普遍喜歡的點心。開封後即可食用，毋須料理。

不須加熱即可直接食用

✤ 起司

波蘭牛奶的品質很好，因此推出了多款優質起司。特別推薦下面兩種經典波蘭起司：ser warmiński 和 mazurski ser salami。

mazurski ser salami 起司　　ser warmiński 起司

✤ 果汁

波蘭的果汁便宜又好喝，推薦 Kubuś 牌推出的紅蘿蔔綜合果汁 (紅蘿蔔加草莓或香蕉等等)，以及 Tymbark、Frugo 的各式果汁。

Tymbark 果汁　　Frugo 果汁

✤ 還有這些值得嘗試……

波蘭少數能找到的無糖茶飲

這款水果茶也非常經典，非常有波蘭風格

參考 YouTube 影片，看蜜拉介紹波蘭的奇怪食物，可以挑戰看看

參考 YouTube 影片，看看波蘭超市有哪些值得嘗試的零食

蜜拉小提醒

超市消費可以刷卡嗎

規模較大的超市都接受信用卡付款，有時可能需達最低消費金額才能刷。櫃檯如標示「Płatność kartą od 10 zł」，表示超過 10 波幣才能刷卡。如標示「Tylko gotówką」表示只收現金。

美妝保養品推薦

Polska

　　大家可能不知道，波蘭有相當多高品質的美妝保養品，不但成分天然安全，通過歐盟相關檢測，更重要的是，價格實在、非常划算！蜜拉每次回波蘭，都一定會買一堆，帶來臺灣使用。若想一次選購多種美妝品，除了知名的 Hebe 保養品店，也可以到 Rossmann 或 Drogeria Natura 逛逛。以下介紹蜜拉最喜歡的品牌：

✤ Nacomi

　　Nacomi 成立於 2013 年，生產高品質且價格合理的天然保養品，為顧客提供最好的護理肌膚產品。特別推薦 Nacomi Next Level 的精華液系列。可在 Hebe 保養品店購買。
http nacomi.pl

眼部精華液 (Lifting Eye Serum)

酸精華液 (Nacomi Next Level Retinol，可選 0.25 ～ 1%)

煙醯胺 15% 精華液 (Nacomi Next Level Serum Niacynamid 15%)

髮膜 (Maska do włosów)

面膜 (Maseczka do twarzy)

✤ VIANEK

　　VIANEK 也是波蘭的天然保養品品牌，專門為各個年齡層的女性，提供不同需求的護理產品。他們推出的商品不但品質好，成分也都經過嚴謹篩選。有著漂亮的包裝，散發迷人的香味。建議可在 Hebe 保養品店購買。http sylveco.pl/vianek

VIANEK 相關商品

❖ Ziaja

　　Ziaja 由兩位藥劑師成立於 1989 年，以優質的天然保養品聞名，不但在波蘭熱銷，在國外也很受歡迎。Ziaja 推出的美妝化妝品，成分天然、好用、有效又便宜。他們的產品種類相當廣，包含臉部、身體、手部、頭髮和沐浴用品等等。

　　推薦在華沙中央火車站的專賣店購買，位於地下 1 樓，靠近 4 月台和百貨公司的入口。如果在克拉科夫，可以到中央火車站附近的 Lubicz 32，也是個選購的好地點。http ziaja.co.uk

有防曬效果的助曬油，能曬黑又不會曬傷 (Sopot sun - krem do opalania)

防曬油 (Ziajka - emulsja wodoodporna)

位於華沙中央火車站的專賣店

護髮乳 (Skoncentrowana maska wygładzająca)

潤唇膏 (Balsam do ust - masło kakaowe)

❖ Stara Mydlarnia

　　Stara Mydlarnia 是另一個波蘭人喜歡的品牌，他們的產品有好幾百種，從頭到腳的保養品幾乎全部都有。採用精心挑選的成分，例如波蘭草藥、甘菊、鼠尾草、迷迭香、薄荷、蕁麻、萬壽菊等等，因此吸引了許多重視高品質，喜愛天然成分的忠實粉絲。其中有一款特別的產品，名為 Handmade soap by Stara Mydlarnia(手作肥皂)，這款肥皂安全、溫和又環保，添加了波蘭有機草藥、植物精油和營養油。如果來到分店不知道要買什麼，可優先考慮這款商品。

　　推薦在華沙中央火車站 1 樓大廳的專賣店購買。如果在克拉科夫，可以到舊城區的 ul. Karmelicka 21A 購買。http staramydlarnia.sklep.pl

位於華沙中央火車站的 Stara Mydlarnia 專賣店

紅土面膜 (Glinka czerwona)

去角質乳液 (Body scrub – raspberry)

經典伴手禮

Polska

美人魚磁鐵

西吉斯蒙德圓柱圖案明信片

瓦維爾龍玩偶

蕭邦小雕像

維利奇卡鹽礦出產的食用鹽

波蘭陶是相當受歡迎的紀念品

 華沙
蕭邦紀念品

　　蕭邦是華沙最著名的代表人物，幾乎所有的華沙人都熱愛蕭邦，以蕭邦為榮，也因此在這個城市，可以找到不少與蕭邦相關的紀念品。

 華沙
西吉斯蒙德圓柱

　　位於華沙城堡廣場的高聳圓柱，是華沙知名的地標，可在商店裡找到各式各樣的相關紀念品。

 克拉科夫
鹽

　　位於克拉科夫郊區的維利奇卡鹽礦，是歷史悠久的岩鹽產地。除了參觀鹽礦隧道，也可以買到食用鹽和各種鹽相關的紀念品。

 華沙
美人魚
(Syrenka Warszawska)

　　左手持盾牌，右手持寶劍，英勇堅毅的美人魚是華沙的市徽，也是傳說中華沙的守護者。在華沙除了可以看到她的雕像、符號標誌外，也可以找到很多相關紀念品。

 克拉科夫
龍 (Smok Wawelski)

　　龍是克拉科夫的象徵。相傳過去瓦維爾城堡內的洞穴，就住了一隻噴火惡龍喔！

 各大城市
波蘭陶

　　顏色繽紛美麗的波蘭陶，是波蘭相當有名的產品，各大城市都找得到。

山區圍巾

圖案主要以花所構成，有很多顏色和不同的大小，是很受歡迎、非常漂亮的紀念品。每個人一定都可以找到適合自己的圍巾。

琥珀 (bursztyn)

波蘭的琥珀聞名全世界，常被稱為波羅的海黃金，而格但斯克則被稱為世界琥珀首都。這裡可以找到各式琥珀飾品，建議可以買個琥珀耳環或項鍊，送禮自用都很適合。

掛鎖

弗羅茨瓦夫是橋最多的波蘭城市。許多情侶都會在浪漫的托木斯克橋上，掛上屬於彼此的鎖。這也是最受歡迎的紀念品之一，可以送給自己的另一半。

山羊

山羊是波茲南的象徵，可在紀念品店找到各式各樣的可愛產品。

娃娃

如果對波蘭傳統服飾有興趣，不妨買個波蘭娃娃，細細欣賞波蘭風格的美感。在各地區都有身著當地風格衣服的波蘭娃娃，但在克拉科夫最容易找到。

小帆船

格但斯克為波蘭最重要的海港，自古以來就一直是波羅的海地區重要的航運貿易中心。你可以在這裡買艘小帆船模型當裝飾品，也頗具風味。

小矮人

小矮人是弗羅茨瓦夫的特徵，整個地區有超過 300 個小矮人雕像，如果與他們合照還不夠過癮，可以買一個帶回家當紀念。

琥珀項鍊

帆船模型

波蘭傳統山區圍巾

穿著波蘭傳統服飾的娃娃

寫上彼此姓名的掛鎖

小矮人小雕像

山羊手工藝品

Polska 行程規畫

如果有 4、7、14、30 日的時間，該怎麼串聯波蘭各大城市遊玩才順暢呢？以下是蜜拉精心安排的行程規畫，每種天數的旅行都有兩個路線可選擇，供讀者參考。現在就選一個最適合自己的行程，馬上出發吧！

4 DAY 輕旅行

華沙

- Day1　舊城區
- Day2　布拉卡區
- Day3　市中心區
- Day4　蕭邦之旅或猶太區

華沙 ▶ 盧布林

- Day1　華沙舊城區、布拉卡區
- Day2　華沙市中心區、蕭邦之旅或猶太區
- Day3　抵達盧布林
- Day4　盧布林

克拉科夫

- Day1　舊城區
- Day2　瓦維爾區、卡齊米日地區
- Day3　奧斯威辛集中營
- Day4　維利奇卡鹽礦

7 DAY 經典之旅

華沙 ▶ 克拉科夫 ▶ 華沙

- Day1　舊城區
- Day2　市中心區
- Day3　抵達克拉科夫，舊城區
- Day4　舊城區、瓦維爾區
- Day5　奧斯威辛集中營或維利奇卡鹽礦
- Day6　卡齊米日地區，返回華沙
- Day7　布拉卡區或蕭邦之旅

克拉科夫 ▶ 華沙 ▶ 克拉科夫

- Day1　舊城區
- Day2　瓦維爾區、卡齊米日地區
- Day3　奧斯威辛集中營，抵達華沙
- Day4　舊城區
- Day5　市中心區
- Day6　布拉卡區，返回克拉科夫
- Day7　維利奇卡鹽礦

14 DAY
悠閒之旅

華沙 ▸ 克拉科夫 ▸ 弗羅茨瓦夫 ▸
波茲南、托倫、格涅茲諾 ▸ 華沙

● *Day1*   舊城區

● *Day2*   市中心區

● *Day3*   布拉卡區或蕭邦之旅

● *Day4*   抵達克拉科夫，舊城區

● *Day5*   舊城區、瓦維爾區

● *Day6*   奧斯威辛集中營

● *Day7*   維利奇卡鹽礦

● *Day8*   卡齊米日地區，
                 抵達弗羅茨瓦夫

● *Day9*   弗羅茨瓦夫

● *Day10*   抵達波茲南

● *Day11*   波茲南

● *Day12*   托倫

● *Day13*   格涅茲諾

● *Day14*   返回華沙

克拉科夫 ▸ 華沙 ▸
波茲南、托倫、格涅茲諾 ▸
弗羅茨瓦夫 ▸ 克拉科夫

● *Day1*   舊城區

● *Day2*   瓦維爾區、卡齊米日地區

● *Day3*   奧斯威辛集中營

● *Day4*   維利奇卡鹽礦

● *Day5*   抵達華沙，舊城區

● *Day6*   舊城區、猶太區或蕭邦之旅

● *Day7*   市中心區

● *Day8*   抵達波茲南

● *Day9*   托倫

● *Day10*   格涅茲諾

● *Day11*   波茲南

● *Day12*   抵達弗羅茨瓦夫

● *Day13*   弗羅茨瓦夫

● *Day14*   返回克拉科夫

30 DAY
深度之旅

華沙 ▶ 格但斯克 ▶
托倫、格涅茲諾、波茲南 ▶
弗羅茨瓦夫 ▶ 克拉科夫 ▶ 華沙

Day1	舊城區	*Day14*	抵達托倫
Day2	市中心區	*Day15*	托倫
Day3	布拉卡區	*Day16*	抵達格涅茲諾
Day4	蕭邦之旅	*Day17*	抵達波茲南
Day5	猶太區	*Day18*	波茲南
Day6	維拉諾夫宮	*Day19*	波茲南
Day7	抵達格但斯克	*Day20*	抵達弗羅茨瓦夫
Day8	格但斯克	*Day21*	弗羅茨瓦夫
Day9	格但斯克	*Day22*	博萊斯瓦維茨
Day10	格但斯克	*Day23*	史萊哲山
Day11	馬爾堡城堡	*Day24*	抵達克拉科夫，舊城區
Day12	索波特	*Day25*	舊城區
Day13	海爾半島	*Day26*	瓦維爾區
		Day27	卡齊米日地區
		Day28	奧斯威辛集中營
		Day29	維利奇卡鹽礦
		Day30	返回華沙

克拉科夫 ▶ 弗羅茨瓦夫 ▶
波茲南、格涅茲諾、托倫 ▶
格但斯克 ▶ 華沙 ▶ 克拉科夫

- *Day1*   舊城區
- *Day2*   瓦維爾區
- *Day3*   卡齊米日地區
- *Day4*   奧斯威辛集中營
- *Day5*   維利奇卡鹽礦
- *Day6*   抵達弗羅茨瓦夫
- *Day7*   弗羅茨瓦夫
- *Day8*   博萊斯瓦維茨
- *Day9*   史萊哲山
- *Day10*   抵達波茲南
- *Day11*   波茲南
- *Day12*   波茲南
- *Day13*   抵達格涅茲諾

- *Day14*   抵達托倫
- *Day15*   托倫
- *Day16*   抵達格但斯克
- *Day17*   格但斯克
- *Day18*   格但斯克
- *Day19*   格但斯克
- *Day20*   馬爾堡城堡
- *Day21*   索波特
- *Day22*   海爾半島
- *Day23*   抵達華沙，舊城區
- *Day24*   舊城區
- *Day25*   市中心區
- *Day26*   布拉卡區
- *Day27*   蕭邦之旅
- *Day28*   猶太區
- *Day29*   維拉諾夫宮
- *Day30*   返回克拉科夫

　　到波蘭旅遊，需要做好什麼準備呢？要帶哪些文件？要選什麼航空公司？到了當地，又要如何上網呢？跟著本章的指示，你會發現其實一點也不難哦！

華沙總統官邸衛兵交接

波蘭遊教戰守則

準備文件證件

✣ 護照

波蘭是歐盟成員，也是申根地區國家，持臺灣護照不用申請簽證，即可入境。與許多歐洲國家的停留天數合併計算，每6個月內總計可停留最多90天。出發前請確認護照有效期限至少還有半年，如果護照過期，請先換發新護照。

✣ 現金

建議準備歐元或美金，到波蘭再換成波幣。進出歐盟國家若攜帶超過1萬歐元現金或其他等值貨幣，必須向海關申報。

歐元

美金

✣ 旅館訂房、付款證明

移民官可能會檢查旅館訂房付款證明，記得先準備好。如果借住朋友家，也請準備好地址和朋友電話，以備移民官確認。

✣ 足夠維持旅行的財力證明

為了證明有足夠財力能在申根地區旅行，請準備好現金、信用卡、旅行支票等等備查。

✣ 駕照

想開車的旅客，請先向監理所申請國際駕照。持臺灣頒發的國際駕照，即可在波蘭開車。

✣ 保險證明

移民官可能會要求出示保險證明，確認遊客有能力負擔醫療費用。建議大家還是先買好保險，事先投保，玩起來也沒有後顧之憂。若嫌麻煩，可到臺灣機場出境大廳再購買，有多家保險公司都在機場設有櫃檯提供服務。

✣ 回程機票

請準備好回程機票以供查驗，若打算坐客運或火車離開波蘭，也請準備好相關證明。

蜜拉小提醒

請事先準備好文件證件

本頁所介紹入關需準備的文件證件，雖然身為外國人的士愷從來沒有被海關檢查過，但是建議大家還是有備無患，將資料備妥以備不時之需，以免壞了遊興哦！

polska

行前準備

✤ 選擇旅行季節

夏天

　　一般來說因為遊客比較多，景點票價和住宿費都會貴一點點。學生暑假期間 (6 月底～ 10 月初)，有很多劇院、音樂廳也會跟著公休。但是這段期間天氣比較溫暖，不需要帶太多衣服，加上白天相當長，方便戶外活動。

冬天

　　冬天到波蘭，有機會感受到聖誕節的氣氛，很多城市都會舉辦特別的活動，如聖誕市集等。不過冬天旅行，需要準備比較厚重的保暖衣物，且白天很短，可能早上 7 點以後才天亮，下午 4 點前就天黑了，規畫行程時需要留意。

春天和秋天

　　此時遊客比較少，票價和住宿費也比較便宜。這段期間天氣涼快，卻很少會到零度以下，適合旅行。

夏天時不用準備太厚重的衣物

春天和秋天的衣著示範，不像冬天那樣寒冷，但也需要準備簡易的保暖衣物

冬天旅行要特別注意保暖

預算

　　到波蘭旅行應該要準備多少錢？依據不同的玩法，會有不同的預算，範圍很大。以下是蜜拉根據經驗歸納出的價格表，供讀者參考。

類型	項目	價格
住宿預算	Hostel 單床混宿	每人 90 波幣以上／天
	Hostel 獨立雙人房	180 波幣以上／天
	Hotel 基本雙人房	500 波幣以上／天
交通預算	市區 1 ～ 3 日票	15 ～ 60 波幣
	華沙到克拉科夫客運	40 ～ 85 波幣
	華沙到克拉科夫火車	80 ～ 240 波幣（越早買越便宜，有艙等之分）
餐飲預算	經濟	每人 60 波幣內／天
	中等	每人 60 ～ 180 波幣／天
	高級	每人 180 波幣起／天
食物物價	咖啡店咖啡	12 ～ 20 波幣
	簡單的麵包	0.5 ～ 3 波幣
	1.5 公升的礦泉水	2 ～ 3 波幣
	1 公斤蘋果	4 ～ 7 波幣
參觀門票	博物館、展覽等等入場券	最貴的門票是克拉科夫的維利奇卡鹽礦，約 126 波幣，其他請參考各景點網站

1. 吃波蘭麵包，是旅行省錢的好選擇／ 2. 購買 1 ～ 3 日車票可無限次搭乘大眾交通工具，也是省錢的好方法／ 3. 博物館和展覽的入場費也是一筆開銷

蜜拉小提醒

參考日曆規畫旅遊日程

規畫旅程時記得參考日曆，看看會不會卡到節日或長週末，因為此時的景點和店家可能都不會營業，住宿費也比較貴。建議大家先想想自己最想參加什麼活動、體驗什麼氣氛、參觀什麼景點，再決定旅行的時間。可參考 P.28「重要的節日慶典」。

polska

行李清單

波蘭白天和晚上的溫差較大，即使是夏季出遊，建議還是帶件保暖衣物；也要記得準備雨具，若嫌雨傘太重，可考慮攜帶輕便雨衣。冬天需要帶大外套、適合的鞋子、帽子和手套。天氣冷的時候，電池比較快沒電，也可以準備好備用電池。

冬天的波蘭，只要在室內，其實都滿溫暖的，因為很多房子的牆壁或地板內都有安裝熱水管。一般來說，大眾交通工具內也有暖氣。進了博物館、劇院等地方，都必須將大外套脫下來，寄放在保管櫃檯。

Packing Checklist

- ☑ 有效護照
- ☐ 備用護照用照片
- ☐ 往返機票
- ☐ 旅館訂房證明
- ☐ 旅行日程表
- ☐ 海外旅行保險單
- ☐ 地圖
- ☐ 旅遊指南、書籍
- ☐ 現金 (歐元／美金)
- ☐ 提款卡
- ☐ 信用卡
- ☐ 手機和電腦
- ☐ 相機
- ☐ 記憶卡
- ☐ 充電器
- ☐ 耳機
- ☐ 轉接插頭
- ☐ 長短袖衣物 (視情況而定)

- ☐ 保暖外套／毛衣
- ☐ 輕便雨衣
- ☐ 內衣褲、睡衣、襪子
- ☐ 泳衣
- ☐ 個人藥品
- ☐ 盥洗用品
- ☐ 保養品和化妝品
- ☐ 防曬油
- ☐ 指甲刀
- ☐ 拖鞋
- ☐ 紙、筆
- ☐ 隨身小背包
- ☐ 水瓶、保溫瓶

1. 出發前可再次檢查是否帶齊了東西／2. 冬天建議的鞋子款式／3~4. 冬天必備

蜜拉小提醒

商店週日可能不營業

波蘭紀念品商店

波蘭在 2017 年年底通過了新法令，從 2020 年起，一年只有少數幾個週日商店會營業。

因為法令有些不近人情，很多商家都還在觀望中，不確定是否真的會嚴格執法。

大家到波蘭玩的時候要多多留意，週日有可能買不到東西，需預先做好準備。但有些商家例外，例如火車站和機場內的商店、餐廳、麵包店、咖啡廳、冰淇淋店等等，還是會營業。

機票與航空公司

polska

參考 YouTube 影片，從桃園機場搭乘長榮航空到華沙

參考 YouTube 影片，從桃園機場搭阿聯酋航空到華沙

✤ 選擇航空公司

從桃園國際機場飛往華沙蕭邦國際機場，目前沒有直飛班機，至少都需要轉機一次。建議搭乘同一間航空公司，或是同一航空聯盟的飛機，在其他國家轉機一次。建議不要轉機超過一次，否則必須忍受長時間等待班機之苦；如果選擇不同航空公司混搭，行李不一定能直掛，到了轉機點可能要出關拿行李重新 Check in，步驟繁複，建議考慮清楚再決定。

以轉機一次，搭乘同家航空公司為例，可選擇的航空公司有土耳其航空 (Turkish Airlines)、阿聯酋航空 (Emirates)、荷蘭皇家航空 (KLM) 等等。若偏好台灣的航空公司，也可搭乘長榮航空，從台灣直飛巴黎、慕尼黑、維也納，再轉波蘭航空到華沙 (可在長榮官網直接訂票，不需在波蘭航空官網分段購買)。這幾間航空公司的票價不一，不同的出發時間，價格變化甚大，建議先透過機票比價網站 Skyscanner，或直接到航空公司官網查詢，找出符合自己預算的選擇。

至於搭乘的舒適度，這幾間蜜拉與士愷都搭過，以經濟艙來說都還算不錯。想省錢的朋友可以大膽地選最便宜的航空公司，不必太過擔心。

✤ 預訂機票

查完 Skyscanner，確認好日期和航空公司後，到該航空公司的官網購票。Skyscanner 可能會告訴你，透過其他平台購買機票比較便宜，但如果事後有什麼問題，例如要改時間、換位置，手續可能會比較繁瑣。購買前要多加思考，看看自己是否可以接受。

買機票前，記得先加入該航空公司的會員，蒐集會員里程。付款刷卡時，也可以使用能蒐集里程數的信用卡，為下一趟旅行做準備。

1. 可上 Skyscanner 官網比價，有中文介面，使用上相當直覺方便／ 2. 選好出發地、目的地、時間之後，按下搜尋航班，即可看到各種不同選項的比較／ 3. 點選其中一個選項，可以查詢航班的詳細資訊。若可接受，建議接下來就直接到該航空公司購買。(透過航空公司購買，萬一未來班機有狀況，比較容易找到客服處理)

polska

通關管制物品須知

✤ 從臺灣去波蘭

從臺灣飛到波蘭，請注意以下的入境限制規定：

☞ 可攜帶物品：煙草製品，最多200支香煙或50支雪茄；1公升酒精度超過22%的蒸餾酒和烈酒，或80%(含)以上的非變性酒精(如伏特加)；2公升酒精濃度不超過22%的蒸餾酒和烈酒(如利口酒)；4公升葡萄酒和16公升啤酒。

☞ 外幣、黃金、白銀等貴重金屬，若價值超過1萬歐元，必須向海關申報。

☞ 肉製品、乳製品(含起司)及其他動物源製品，禁止攜帶入境。

☞ 藥物受到特定限制，醫療用藥不能超過個人需要。

http 波蘭外交部：poland.travel/en/plan-your-trip

華沙蕭邦國際機場提醒，從非歐盟國家來波蘭的旅客，禁止攜帶動物源製品入境

✤ 從波蘭回臺灣

如果從波蘭飛回臺灣，打算送菸草或酒給親友，請記得免稅數量為酒類 1 公升，捲菸 200 支或雪茄 25 支或菸絲 1 磅。若超過免稅額度，應主動向海關申報繳稅，最多可帶酒 5 公升，捲菸 1,000 支、雪茄 125 支或菸絲 5 磅。不能攜帶入臺的東西有新鮮蔬果、植物種子、乳製品 (有包裝之保久乳、奶粉、乳酪可以)、肉品 (無論什麼包裝都禁止攜帶)。其他物品、相關申報與裁罰規定請參考以下網頁。

http 財政部關務署臺北關：taipei.customs.gov.tw

1. 華沙機場行李轉盤／ 2. 肉製品禁止帶進波蘭／ 3. 千萬別把波蘭好吃的蔬果帶回臺灣囉

匯兌與信用卡

polska

✤ 兌換波幣

可以在銀行或 KANTOR 換錢，但週末時可能很多地方都不會營業，這點必須注意。雖然機場的匯率比較差，還是建議在機場先換一點點波幣，用來買車票，再到市中心換剩下的錢。波蘭沒辦法用臺幣換波幣，建議帶歐元或美金來換。目前 1 美金約為 4.15 波幣，1 歐元約為 4.57 波幣。如果待在大城市，很多地方都可以刷卡，因此不用換太多；但準備一些波幣還是必須的，有些店家只收現金，有些售票機也不接受信用卡付款，而且大多數的廁所都需要現金付費。

華沙中央火車站附近的 KANTOR

可以在 KANTOR 換錢，在熱鬧的景點附近可以找到

上廁所是要付費的，記得身上隨時準備零錢

✤ 信用卡

商店、旅館和大部分的餐廳都可以使用信用卡，而且可選擇使用哪一種貨幣付款。最常見的信用卡是 MasterCard、Visa、Europay International 和 American Express，JCB 較少人使用。出國前，可先通知發卡銀行預定的旅行計畫，避免銀行懷疑信用卡被盜刷了。

有時店家門上會貼著他們接受的信用卡種類

✤ATM 跨國提款

如果打算在波蘭使用臺灣的提款卡領錢，記得要先跟發卡銀行開通跨國提款功能。每家銀行推出的提款卡種類不同，出發前可致電銀行確認清楚。因為每筆交易都會收一筆手續費，建議不要常常提款，否則很不划算。絕大部分的 ATM 提供波蘭文和英文的服務，操作上還算容易。

波蘭提款機

華沙中央火車站的提款機

使用網路 SIM 卡

polska

PLUS 的 SIM 卡

✤ 購買

可在台灣購買歐洲通用 SIM 卡，到波蘭插卡即可使用。若是在波蘭購買，機場、電信公司、書報攤或加油站等都買得到。儲值型 SIM 卡 (波蘭文：na kartę)，占波蘭總市場的 50% 左右。可選擇的公司有 Play、Orange、Plus、T-Mobile 和 Nju Mobile。首次買 SIM 卡大概需要 5 波幣，也可多儲值一些，請店家幫忙處理。(建議購買時直接儲值 30 波幣，比較省事。)

通常，販賣 SIM 卡的商店外面都會貼相關廣告

✤ 註冊

因為新的反恐政策，從 2016 年開始每個在波蘭購買 SIM 卡的人，都必須在買卡時提供證件 (當地身分證或國外護照)，讓店家幫忙進行註冊。註冊過程很快，不必擔心會花太多時間。另外要注意，有些地方只出售 SIM 卡，但不能在那裡註冊，購買前最好先詢問櫃檯人員。

這類的小攤販也可能會賣 SIM 卡，可以詢問看看

✤ 使用 SIM 卡

SIM 卡的使用方法很簡單，只需打開包裝，取出 SIM 卡 (分成 Standard、Micro、Nano 不同大小)，插入手機裡就好。開啟手機後，就會自動連接到網路。建議不要丟掉包裝，因為上面會寫這個 SIM 卡的電話號碼，可供日後確認。

可依據手機型號，拆下適合的 SIM 卡大小，有 Standard、Micro、Nano 之分

✤ 儲值

可以去電信公司儲值，或使用當地的儲值網站，以下是在網站上儲值的步驟：
Step1 選擇公司→Step2 輸入電話號碼(Numer telefonu) 和Email(Adres email)，並點選「Oświadczam, że zapoznałem……」，按下DALEJ→Step3 於Kwota doładowania欄位輸入價錢，按下DALEJ→Step4 選擇付款方式，然後按「Kupuję i płacę」→Step5 儲值後會收到簡訊通知，確認儲值成功

建議不要把外包裝丟棄，方便日後確認號碼用

可上網儲值，操作步驟很簡單

www.doladowania.pl

看懂標誌

polska

波蘭的標誌，一般來說都很清楚易懂，即使不會波蘭文，依然可以猜到大概的意思。這裡我們列出一些最常見的例子，供大家參考。

電車站

POLICJA

警察局

PL. TRZECH KRZYŻY 04

公車站

Ul. Wiejska

13 →

Śródmieście Pd.

路名

捷運入口

⚠ Uwaga!
ŚLISKIE SCHODY

小心／注意！

KANTOR CHANGE

換錢

WYJŚCIE EWAKUACYJNE

緊急出口

WINDA lift

電梯

男廁

廁所

女廁

醫院

藥房

郵局

商店打折告示

蜜拉小提醒

沙發衝浪認識的各國好友來參加我們的波蘭婚禮

嘗試沙發衝浪和搭便車

推薦可嘗試沙發衝浪，不但能免費住在當地人家裡，如果你們合得來，屋主甚至還會當你的導遊，帶你去逛景點，下廚做飯給你吃哦！

此外，波蘭也是相當容易搭到便車的國家，推薦給想體驗的朋友，不過高速公路上車速很快，攔車可就太危險啦！

http 沙發衝浪：www.couchsurfing.com

要怎麼去波蘭呢？搭飛機抵達機場後，又要怎麼入境呢？如何運用波蘭境內的交通工具？可能會遇到什麼問題呢？跟著本章的腳步，一起做好準備，完全不必擔心！

弗羅茨瓦夫舊城區的漢賽爾與葛麗特

入境波蘭

如何前往波蘭

polska

✣ 飛機

波蘭境內有 10 個國際機場，比較熱門的為華沙蕭邦國際機場 (Lotnisko Chopina)、克拉科夫若望保祿二世機場 (Międzynarodowy Port Lotniczy im. Jana Pawła II)、格但斯克華勒沙機場 (Port Lotniczy Gdańsk im. Lecha Wałęsy)。從亞洲出發，因為距離較遠，建議搭乘較為舒適的一般航空。如果從歐洲出發，可以選擇廉價航空，價格較為便宜，但託運行李需要另外付費。歐洲有很多普及的廉價航空，比如 WizzAir、EasyJet、Norwegian 或 Ryanair 等等。

克拉科夫若望保祿
二世機場

歐洲有許多廉價航空

✣ 客運

從歐洲其他國家搭客運到波蘭，雖然時間比較長，但普遍來說是最便宜的選擇。以 FlixBus 為例，從德國柏林到華沙，約 100 ～ 150 波幣左右，車程約 8.5 小時。

http FlixBus：www.flixbus.pl
Eurolines：www.eurolines.eu

等車的旅客　　客運到站後，大家持票依序上車

✣ 火車

除了客運，也可以選擇從其他國家搭火車到波蘭，但這類火車票沒辦法在波蘭的網頁購買，建議在出發地的相關網站或是火車站購買。

若是從波蘭搭火車到他國，可先上網查詢，某些跨國火車只能在車站現場購買。票價還算合理，從華沙到柏林的普通車票，大概 250 波幣左右，車程約 7 小時；從華沙到莫斯科的普通票約 510 波幣，車程約 21 小時。

http 國家鐵路公司 PKP：www.intercity.pl (網頁上方可轉換語言)

長途火車通常
都還算舒適

華沙中央火車站月台

polska

認識華沙蕭邦國際機場

✤ 華沙蕭邦國際機場

華沙蕭邦國際機場位於距離華沙市中心約 8 公里的西南方，不論搭乘火車或客運前往市區都相當方便，這座機場的命名就是為了紀念波蘭偉大的鋼琴詩人蕭邦。機場不大，標示清楚，不太容易迷路。只要好好跟著指示牌，很容易就可以找到方向。

機場有提供限時的免費 Wi-Fi，讓旅客可以即時確認旅遊資訊。機場內也很容易就能找到換錢的櫃檯和 ATM，安檢區內外也有各式餐廳可供選擇，但價格較市區高上不少。

華沙蕭邦國際機場是許多人造訪波蘭的第一站

蜜拉小提醒

了解自己是否需要查驗護照

如果班機來自適用「歐盟免申根簽證待遇」的國家及地區，飛抵波蘭後，可直接領行李，不需要查驗護照；如果班機來自其他地區，則必須查驗護照。請參考表格資料確認自己是否要查驗護照哦！

歐盟免申根簽證待遇適用國家及地區：

申根公約國	奧地利、比利時、捷克、丹麥、愛沙尼亞、芬蘭、法國、德國、希臘、匈牙利、冰島、義大利、拉脫維亞、列支敦斯登、立陶宛、盧森堡、馬爾他、荷蘭、挪威、波蘭、葡萄牙、斯洛伐克、斯洛維尼亞、西班牙、瑞典、瑞士
申根公約候選國	保加利亞、克羅埃西亞、賽普勒斯、羅馬尼亞
非歐盟／非申根公約國家及地區	安道爾、摩納哥、聖馬利諾、教廷、丹麥格陵蘭島、丹麥法羅群島

＊以上資料時有異動，請以官方公告的最新資訊為準

✤ 入境步驟

以下以華沙蕭邦國際機場為例，介紹入境波蘭的步驟。

STEP 01 下飛機沿指標走

下飛機後，可參照機場標示，朝護照查驗區前進。標示非常清楚，加上機場並不大，不容易迷路。如果沒把握，朝著人多的地方走就對了。

朝著 Baggage claim and Exit 的方向走

STEP 02 查驗護照

護照查驗區分成兩個區塊，右手邊是歐盟國家區，左手邊是其他國家區。持臺灣護照的旅客，記得要排在左手邊。如果排錯了，官員不會受理，會叫你換區重新排隊。查驗前，可先將回程機票資訊、保險資料、旅館訂房證明等資料準備好，官員通常不會看這些資料，但有備無患。旅客不需要寫入境卡，直接排隊就好了。查驗護照的速度不一，若是旅客比較多，有可能要排 1 個小時。

請依照標示排隊，如果人潮眾多，可能就要排隊等很久，這就看運氣了

STEP 03 領取行李

檢查完護照之後，就可以到行李轉盤區領取行李了。可參考螢幕上顯示的行李資訊，和其他機場沒什麼差別。

行李轉盤資訊　　　　耐心等待行李

STEP 04 通關

領完行李之後，就可以準備入境了。出海關時，如果有需要申報的東西，記得要主動提出申報。

如沒有要申報東西，請走綠色通道

✤ 出境步驟

以下以華沙蕭邦國際機場為例，介紹出境波蘭的步驟。

STEP 01｜進閘門後排隊

辦完行李託運，拿到登機證之後。請手持登機證，掃描上面的條碼進入閘門，排隊接受安全檢查。

掃描後即可進入自動閘門

STEP 02｜安全檢查

檢查行李時，記得將電子用品從包包中拿出來，另外放置在其他籃子內。皮帶記得卸下，口袋的東西記得清空。有時候官員會請你脫鞋子，將鞋子放上 X 光機輸送帶即可；也可能會掃描你的雙手，確認手上沒有可疑的化學物質，這時只要伸出雙手受檢即可。

波蘭機場安檢較為嚴格，請耐心等待

STEP 03｜護照查驗

接下來請跟著指示牌，往班機的登機口走，此時會經過許多餐廳和紀念品店。到登機口前，會經過查驗護照的海關。持臺灣護照者，請排在 ALL PASSPORTS 那幾道。

請注意標示，不要排錯隊伍了

蜜拉小提醒

安全檢查區和護照查驗區是分開的

華沙蕭邦國際機場和亞洲的機場不太一樣，檢查完行李後，不會直接進入檢查護照的區域，反倒會先經過餐廳和免稅商店。從商店到護照查驗區，大概需要走 2 分鐘。請小心不要在這一區逗留太久，必須預留時間檢查護照，以免錯過登機時間。

✤ 從其他國家轉機至波蘭

目前臺灣沒有直飛波蘭的航班，從臺灣飛到波蘭，勢必得轉機。不同的航班，會有不同的轉機點。以下介紹轉機步驟，以北京首都國際機場為例。

STEP 01 確認班機資訊

下飛機後，會先查驗護照、臺胞證（如果在中國轉機）和登機證，並檢查隨身行李。跑完流程之後，便可根據電子看板上的班機資訊，確認登機口號碼。

確認前往華沙的班機資訊

STEP 02 前往登機口

依據機場內的指示牌，步行前往登機口。有些機場需要去其他的航廈登機，通常會有接駁電車或巴士，也同樣可依據指示牌前往搭乘。

依據指示前往登機口

STEP 03 抵達登機口

抵達登機口後，確認電子看板上的資訊，看登機口是否更換，班機時間是否有延誤。確認沒問題之後，便耐心等待登機，或是逛逛機場，到餐廳吃飯。

於登機口耐心等待

蜜拉小提醒

使用自助 Check-in 節省時間

有些航空公司提供自助 Check-in，直接操作機器就可以拿到登機證，可節省不少時間。但假如有行李要託運，還是必須去該航空公司的櫃檯辦理。

波蘭境內交通

polska

✤ 飛機

　　往返波蘭不同的城市，可選擇搭飛機，是最快的旅行方式。國內幾個大城市如克拉科夫、華沙、格但斯克等，機場都離市中心不會太遠，大概只需要 30 ～ 40 分鐘左右的車程。如果提前購票，有機會買到相當便宜的機票。唯一的缺點是需要提早到機場 Check-in，可自己衡量看看是否划算。以下提供預訂機票的網站給讀者參考。

http LOT：www.lot.com
　　 Ryanair：www.ryanair.com
　　 Skyscanner：www.skyscanner.net

從華沙飛抵格但斯克的飛機

FlixBus

✤ 客運

　　相較之下，客運是最便宜的交通工具，舒適度也不會太差。但請注意，如果是下午 3 ～ 5 點、週五下午或週日下午搭車，可能會塞車，也可能會延誤抵達目的地的時間。

　　常見的客運公司有：

http FlixBus：www.flixbus.pl
　　 Eurobus：www.eurobus.pl
　　 Sindbad：www.sindbad.pl/home

✤ 租車

在波蘭如有租車需求，建議可先上網預約，可選擇租車地點，租車和還車的日期。也可在機場或中央火車站，於租車公司的櫃檯現場租。從華沙出發，租小型車，一個星期約 1,000～4,000 元波幣左右。也可以租大一點的車，如 9 人座。

推薦公司如下：

📶 AVIS：www.avis.pl/en
　　Kayak：www.tw.kayak.com(繁中)
　　Rentalcars：www.rentalcars.com/zh/country/pl(繁中)

位於華沙中央火車站的租車公司

✤ 火車

搭火車不但價格合理，乘坐環境較為寬敞舒適，也能事先上網購票，非常方便。沿途能欣賞波蘭的鄉村景色，也是很棒的體驗。雖然可以到火車站買票，但還是建議在網路先買好，方便確認時間、價格，還有電子車票，毋須列印出來即可使用。

長途列車由國家鐵路公司 PKP 運營，短程火車則由波蘭各地區的鐵路公司經營，舉例來說，從波茲南到格涅茲諾可能就會搭到地區性鐵路公司的火車。長途火車可以選頭等艙 (pierwsza klasa) 或普通票 (druga klasa)，而短程的只會有一種票。

1. 在波蘭旅行，搭火車是非常不錯的選擇／2. 波茲南火車站

華沙中央火車站

蜜拉小提醒

驗票注意事項

進月台前不需驗票或經過閘門，要等上了火車才會有人來檢查車票；但由於火車上可能不提供網路，建議搭車前先下載電子車票到手機裡，供工作人員驗票。另外，請記得隨身攜帶護照，驗票時可能需要出示。

建議用國家鐵路公司 PKP 網站購買長途火車票，可選擇不同列車，如最貴的 EIC(Express InterCity)、IC(InterCity) 和最便宜的 TLK(Twoje Linie Kolejowe)，可比較價格和時間，選擇靠走道或靠窗座位，非常方便。短程火車則不建議買 PKP 票，因為票價比較高。

🌐 國家鐵路公司 PKP：www.intercity.pl
　　KOLEO (地區性鐵路公司)：koleo.pl/en

❓ 使用 KOLEO 網頁查詢時，也會顯示出 PKP 票 (如 TLK、IC、EIC)，但無法在此網頁購買這些票，一定要到 PKP 的網頁買

PKP 公司的火車

波蘭火車怎麼搭？車廂裡長什麼樣？看這部 YouTube 影片就知道囉

✤ 上網購買火車票步驟解析

如何上網購買火車票呢？以下是國家鐵路公司 PKP 的購票步驟：

STEP 01　連至訂票網站 www.intercity.pl/en，在左邊的欄位填上出發站、到達站、日期、時間等資訊，按下 Search 按鈕。

STEP 02　網站會秀出來所有可供選擇的車次，確認車程時間和出發時間後，選一個最適合自己的，按下 CHOOSE 按鈕。

STEP 03　填寫各類座位資訊 (部分車種可選擇座位)，完成後請按下 Continue 按鈕。

STEP 04　確認車票資訊和金額，在中間的欄位填入自己的名字後，按下最底下的 Choose 按鈕。

STEP
05

登入會員資訊，如果還不是會員，請按 Create an account 按鈕。

STEP
06

填入各類會員資訊，其中 E-mail 的欄位很重要，請務必要填對，也建議勾選 I agree to sending me invoice at the given e-mail address，可索取線上收據。填完所有資料後按 Continue 按鈕。

STEP
07

接著到 E-mail 信箱收信，點選認證連結。

STEP
08

按完認證連結後，回到這個頁面，登入會員。

STEP
09

確認資訊，選擇付款方式（可選信用卡），按下 Buy and Pay 按鈕。

STEP
10

選擇 Enter card details。

STEP 11　　輸入你的信用卡資料，按下 Pay，即可完成購票。

STEP 12　　到 E-mail 信箱收信，若購票成功會收到一封通知信，夾帶的 PDF 檔裡面有個 QR code，坐火車被查票時，只要給車長看這個就好了。

✤ 圖解火車票　★部分車種在上網購票時可選擇座位。

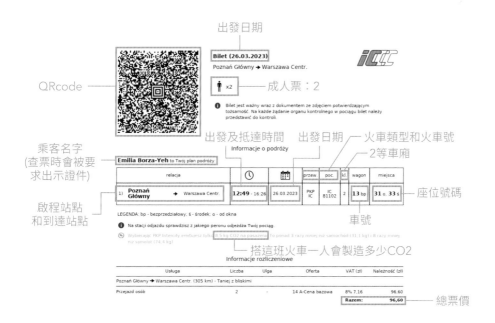

QRcode

出發日期

成人票：2

乘客名字
（查票時會被要求出示證件）

出發及抵達時間　出發日期　火車類型和火車號

2 等車廂

啟程站點和到達站點

座位號碼

車號

搭這班火車一人會製造多少CO2

總票價

　　貫穿整座城市的維斯瓦 (Wisła) 河，將華沙一分為二，分成左右兩區。市中心和舊城區位於左區，融合了現代城市及歷史古都兩種氛圍。布拉卡區則位於右區，呈現了華沙特有的草根文化。

　　傳說在很久很久以前，有條美人魚生活在維斯瓦河內，她有著非常悅耳的歌聲。後來美人魚離開了，但她承諾華沙人，只要這裡有危險，就會立刻回來，手持長劍和盾牌，保衛華沙。美人魚也因此被視為是城市的守護者與精神象徵。

華沙舊城

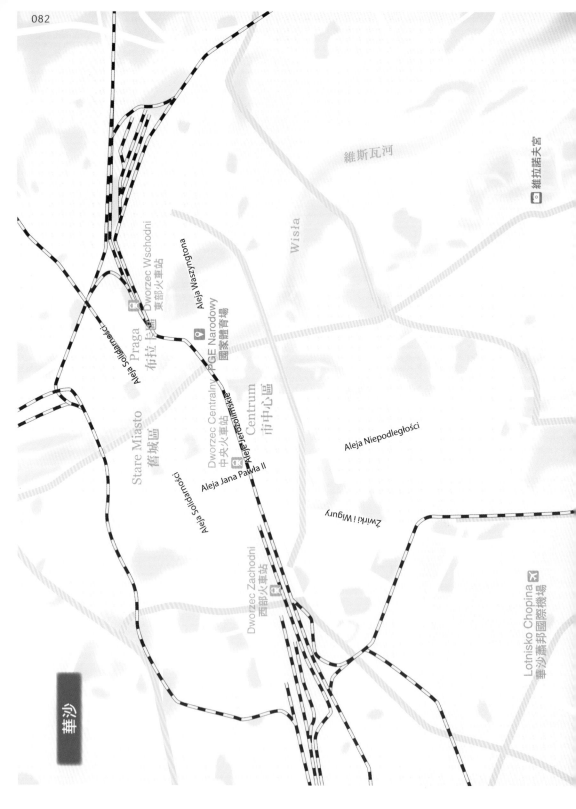

華沙

維斯瓦河

維拉諾夫宮

Wisła

Dworzec Wschodni
東部火車站

Aleja Praga
布拉昆區

Aleja Waszyngtona

PGE Narodowy
國家體育場

Solidarności

Stare Miasto
舊城區

Dworzec Centralny
中央火車站

Centrum
市中心區

Aleja Jerozolimskie

Aleja Niepodległości

Aleja Solidarności

Aleja Jana Pawła II

Żwirki i Wigury

Dworzec Zachodni
西部火車站

Lotnisko Chopina
華沙蕭邦國際機場

城市印象

1. 舊城街景／2. 美人魚是華沙的象徵／3. 位於皇家城堡內的經典畫作《Konstytucja Trzeciego Maja》(5 月 3 號憲法)，作者 Jan Matejko，敘述波蘭於 1791 年簽署了全世界第二部憲法

華沙是波蘭的首都，承載著波蘭重要的歷史記憶。來到華沙，你不但可以看到現代化的一面，也能欣賞到傳統的一面。華沙的景點眾多，交通方便，非常適合第一次來波蘭的遊客造訪。

西元 1609 年，波蘭國王西吉斯蒙德三世 (Zygmunt III Waza) 將首都遷到華沙。17 世紀開始，華沙的經濟、文化、政治、藝術快速發展，許多美麗而著名的建築紛紛在此時興建。1791 年 5 月 3 日，波蘭在華沙的聖約翰主教座堂通過了全世界的第二部憲法。

20 世紀初的華沙，因為兼容並蓄的文化，被稱為「北方巴黎」。二戰期間，華沙被納粹德國占領。

1944 年，英勇的華沙人，策動了反納粹的華沙起義。盛怒的希特勒，下令砲轟華沙，超過九成的地區都被破壞了，包含許多古蹟在內。戰爭結束後，華沙人以堅毅的精神，參照戰前的樣子，一磚一瓦地將城市重建。1980 年，舊城區被聯合國教育科學文化組織列入世界遺產名錄。

進入社會主義時代後，華沙一直是重要的反對派中心，這裡曾發生過多起反抗蘇聯集團的運動。波蘭民主時代來臨後，華沙的經濟持續成長，更在加入歐盟後，吸引了許多國外的投資者，並陸續舉辦重要的國際活動(如歐洲杯足球賽)。如今華沙已經成為了歐洲的主要都市，前景一片看好。

士愷知識家

華沙名稱的由來

相傳很久以前，這裡住了一對友善的夫妻 Wars 和 Sawa，他們救了一位迷路的王子，王子心存感激，便將這塊土地稱為 Warszawa(華沙的波蘭文名字)，這也是傳說中華沙的由來。

慶典活動

聖誕節
布置

時間	慶典活動	簡介
5月	博物館之夜 (Noc Muzeów)	華沙大部分的博物館,在這時候可以免費入場,可以趁機會參加館內的特殊活動(如民族舞蹈表演),活動時間大概是晚上7點到半夜。 http www.facebook.com/Noc.Muzeow.w.Warszawie
5月底或 6月初	華沙學生節 (Ursynalia–Warsaw Student Festival)	每年,華沙生命科學大學的學生都會舉辦大型音樂祭,邀請許多國際知名的樂團前來演出。 http ursynalia.pl
6月初	Orange Warsaw Festival	華沙最重要的音樂和文化盛會,可欣賞許多國內外的音樂表演。http orangewarsawfestival.pl/en
6月	同志遊行 (Parada Równości)	是波蘭最大的同志祭典,可以在市中心的街上,體驗熱鬧的氣氛。http www.paradarownosci.eu/en/homepage
7～8月	舊城爵士節 (Jazz na Starówce)	可在舊城欣賞許多免費戶外爵士表演。 http www.jazznastarowce.pl
8月1日	華沙起義紀念日 (Rocznica Powstania Warszawskiego)	紀念二戰時華沙人發動起義,抵抗納粹政權。下午5點時,街上所有的汽車和行人都會暫停活動,向英勇的華沙祖先致敬,到處都能聽到警報響(類似空襲警報的聲音)。
8月底	猶太文化節 (Festiwal Warszawa Singera)	有一系列猶太相關的藝術展覽、音樂表演及演講等等活動。 http shalom.org.pl/en
8月底	蕭邦與他的歐洲 (Chopin i jego Europa)	可欣賞蕭邦和其他作曲家相關的音樂表演。 http nifc.pl
9月	華沙國際當代音樂節 (Warszawska Jesień)	這是世界知名的現代古典音樂活動,可欣賞許多有意思的表演。http www.warszawska-jesien.art.pl

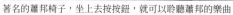

著名的蕭邦椅子,坐上去按按鈕,就可以聆聽蕭邦的樂曲

華沙起義相關畫作

交通資訊

✤ 怎麼到華沙

從蕭邦機場出發

華沙附近有兩個機場。大部分的飛機會降落在蕭邦國際機場 (Lotnisko Chopina)，出關後請跟著地板上的標記走，前往搭乘公車或火車。

175 號公車　　　　　　S 火車

175 號公車可直接到達市中心或舊城，到華沙中央火車站的車程約 25 分鐘，到舊城約 40 分鐘，因此購買 75 分鐘的 ZTM 票就很夠用。★華沙中央火車站有行李置物櫃，可多加利用。

另外一個選擇是下樓搭乘 S3 到 Warszawa Centralna(中央火車站)，車程約 22 分鐘，同樣買 75 分鐘的 ZTM 票就夠用了。

從莫德林機場出發

極少數的航班會在莫德林機場 (Port Lotniczy Warszawa-Modlin) 降落。出海關後，可選擇搭乘客運 (比如 Flixbus) 到華沙市中心，只要約 40 分鐘就能抵達，票價約為 30 ～ 40 波幣。

另外一個選擇，是搭乘 Koleje Mazowieckie 火車 (車身為綠色、黃色、白色) 到華沙中央火車站。需要先在機場搭接駁車前往車站，每 20 ～ 30 分鐘一班。搭火車車程約 1 個小時，票價大概是 19 波幣。

http Koleje Mazowieckie：www.mazowieckie.com.pl/en

1. FlixBus 客運／ 2. 搭乘 ModlinBus 前往莫德林機場／ 3. 波蘭國家鐵路火車

從其他城市出發

從其他城市前往華沙，可搭乘波蘭國家鐵路 (PKP) 火車到華沙中央火車站；或搭乘客運，上下車地點大部分都靠近捷運站，交通方便又便宜。詳細資訊請見〈波蘭境內交通〉。

✤ 華沙市區交通

華沙市區常見的交通工具有電車、公車、捷運及 S 火車，皆可使用 ZTM 票。

電車、公車

一般公車和電車的營運時間，約為 05:00 ～ 23:00，其餘的時間有 N 夜間公車。華沙市區內的公車電車交通網相當綿密，班次多，坐起來也舒適，是旅客的好選擇。

電車

捷運

捷運的營運時間約為 05:00 ～ 01:00，週五、六的晚上營運時間延長至 03:00。進捷運時，必須將票放進機器內 (不管有沒有打過票)，才能進入閘門，並且要記得把票拿走。出捷運站時，直接出去就好，不需要再將票放進機器內。

捷運

捷運標誌與入口

S火車 (SKM)

如果前往離市區稍遠的地方，或是鄰近華沙的小鎮，可以搭乘 S 火車。它的正式名稱為 SKM，列車上有個 S 標誌，車身是紅色、黃色、奶油色的。搭乘 S 火車時，也要記得打票。

SKM 的 logo

蜜拉小提醒

上車後務必打票，偶爾需揮手招公車

搭乘公車和電車時，上車後要立即打票。打票後車票上會印上時間，這就是車票開始生效的時間點。若有買票但上車後沒有打票，查到的話依舊會被處罰。打過票後，只要在票的有效期間內，都可以自由換車，毋須再次打票。

此外，基本上公車每一站都會停車，想搭車的人不必揮手，想下車的人也不必按鈴。但有些例外，如果站牌上該公車的車號旁寫著「na żądanie」或者「n/ż」，那就必須揮手攔車，下車也需要按鈴。

記得要打票

✤ 划算好用的 ZTM 票

　無論搭公車、N 夜間公車、電車、S 火車或捷運，都可以使用 ZTM 票。ZTM 票可以在遊客服務中心、郵局、書報攤和售票機購買。購買時間票及短期票，會是一張小紙票；長期票則是需要特別申請的卡片，上面會有乘客的姓名和照片，不適合短期旅行的遊客。

　值得注意的是，ZTM 分為兩個區域，分別是第一區和第二區。華沙地區是第一區 (1)，華沙以外的地區是第二區 (2)。在區域 1 內可以使用所有的 ZTM 票，在區域 2 僅能使用 1+2 區的票 (strefa 1 i 2)。

http ZTM Warszawa(交通工具時刻表)：www.wtp.waw.pl

ZTM 票

時間票

　以下車票皆可在時間內無限次搭乘大眾交通工具 (但不適用於 L 公車)。

種類	全票票價	半票票價	使用區域
20 分鐘 (Bilet 20-minutowy/20 minute ticket)	3.4 波幣	1.7 波幣	1+2 區
75 分鐘 (Bilet jednorazowy przesiadkowy 75-minutowy/ Single fare transfer ticket)	4.4 波幣	2.2 波幣	1 區
90 分鐘 (Bilet jednorazowy przesiadkowy 90-minutowy/ Single fare transfer ticket)	7 波幣	3.5 波幣	1+2 區

短期票

種類	全票票價	半票票價	使用區域
24 小時票 (Bilet dobowy/One-day ticket)	15 波幣	7.5 波幣	1 區
	26 波幣	13 波幣	1+2 區
3 天票 (Bilet 3-dniowy/3-day ticket)	36 波幣	18 波幣	1 區
	57 波幣	28.5 波幣	1+2 區
週末票 (Bilet weekendowy/Weekend ticket)	24 波幣	12 波幣	1+2 區
週末團票 (Bilet weekendowy grupowy/ Group weekend ticket)	5 個人以內的團體可無限次共同使用，時間是週五 19:00 ～週一 08:00，40 波幣		1+2 區

✤ 操作 ZTM 購票機步驟解析

以購買週末票為例:

STEP 01 找到購票機

STEP 02 先點選右上角的英國國旗,切換成英文版。再點選 BUY PAPER TICKET ZTM

STEP 03 點選 Short-term 後,會出現各票種供選擇

STEP 04 點選 Weekend,會跳出說明視窗,提醒你要打票,按 Next

STEP 05 預設為 Zone 1 and 2,點選 standard,選擇張數,再按 Next

STEP 06 秀出總金額後,選擇付款方式

STEP 07 付款

旅 - 行 - 小 - 抄

用 Warsaw Pass 暢遊華沙

到華沙旅行,可以考慮購買華沙通行證 Warsaw Pass,憑證便可免費參觀許多景點和博物館,去特定餐廳和旅館還能打折。依據有效期間的不同,通行證分為 24、48、72 小時三種;也分成包含大眾交通運輸,或是不包的。價格約為 149 ~ 239 波幣。

http www.warsawpass.com

舊城區

　　華沙起義後，希特勒為了報復，下令將華沙夷為平地，這場浩劫中，90% 的舊城區都被破壞了。戰爭結束後，堅毅的華沙人根據歷史文件和照片，以及名畫家加納萊托 (Canaletto) 的作品，將舊城一磚一瓦地重建起來，將它還原成 18 世紀的原始樣貌。

　　舊城最具代表性的部分，是建於 1818 年的城堡廣場，廣場旁邊即是著名的皇家城堡。皇家城堡建於 15 世紀，西吉斯蒙德三世 (Zygmunt III Waza) 國王將首都遷到華沙後，皇家城堡也成為了波蘭國王住所。

　　另外，舊城廣場是古代華沙主要的廣場，從前的市政廳也位於此處，但已於 1817 年被拆除。廣場中間有個華沙美人魚紀念碑，

美人魚是華沙的象徵，相傳她是這裡永遠的守護者。

　　在舊城廣場附近的 Krzywe Koło 街角，傳說某間房子的地窖內之前住了一隻名為巴西利斯克 (Bazyliszek) 的怪獸。怪獸守護著珍貴的寶藏，但因為它的眼神能讓人變成石頭，所以大家都不敢靠近這裡。後來有位聰明的鞋匠，拿著鏡子防身，下樓殺死了怪獸，得到了寶藏。來到這一帶，也可以找找紀念這件事的巴西利斯克招牌。

　　華沙舊城區有著許多充滿歷史氛圍、具有文化特色的景點。如果你在華沙的時間不多，至少一定要來舊城區逛逛。

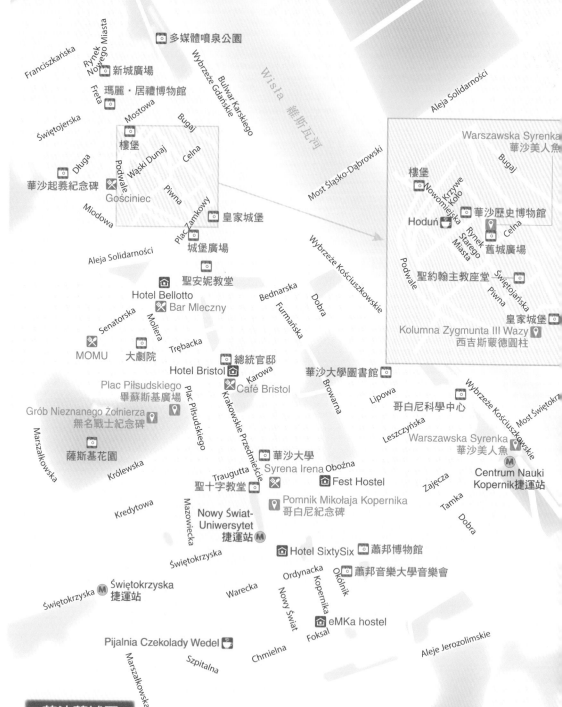

多媒體噴泉公園

Rynek
Nowego Miasta
新城廣場

瑪麗・居禮博物館

樓堡

Wąski Dunaj

Podwale
Gościniec

Długa
華沙起義紀念碑

Franciszkańska
Świętojerska
Freta
Mostowa
Bugaj
Celna
Wybrzeże Gdańskie
Bulwar Karskiego
Piwna
Plac Zamkowy
皇家城堡
城堡廣場
Miodowa

Wisła
維斯瓦河

Aleja Solidarności

Most Śląsko-Dąbrowski

Warszawska Syrenka
華沙美人魚

樓堡

Nowomiejska
Krzywe Koło

Hoduń

Podwale
聖約翰主教座堂

華沙歷史博物館

Rynek
Starego
Miasta
舊城廣場

Celna
Świętojańska
Piwna

皇家城堡

Kolumna Zygmunta III Wazy
西吉斯蒙德圓柱

Aleja Solidarności

聖安妮教堂

Hotel Bellotto
Bar Mleczny

Senatorska
Moliera
Trębacka

MOMU
大劇院

Bednarska
Furmańska
Dobra

Wybrzeże Kościuszkowskie

總統官邸
Hotel Bristol
Karowa
Café Bristol

Plac Piłsudskiego
畢蘇斯基廣場
Grób Nieznanego Żołnierza
無名戰士紀念碑

Marszałkowska

薩斯基花園

Królewska

Kredytowa

Plac Piłsudskiego
Krakowskie Przedmieście

Mazowiecka

華沙大學圖書館

Browarna
Lipowa
哥白尼科學中心
Leszczyńska

Warszawska Syrenka
華沙美人魚

Centrum Nauki
Kopernik捷運站

Wybrzeże Kościuszkowskie
Most Świętokrzyski

華沙大學
Syrena Irena
Oboźna
Fest Hostel

聖十字教堂
Traugutta
Pomnik Mikołaja Kopernika
哥白尼紀念碑

Nowy Świat-
Uniwersytet
捷運站

Hotel SixtySix
蕭邦博物館

Ordynacka
Okólnik
蕭邦音樂大學音樂會

Zajęcza
Tamka
Dobra

Świętokrzyska
捷運站
Świętokrzyska

Warecka

Nowy Świat
Kopernika
Foksal
eMKa hostel

Pijalnia Czekolady Wedel

Szpitalna
Chmielna
Aleje Jerozolimskie

Marszałkowska

華沙舊城區

舊城區 1 日遊這樣走

　　如果想要深度遊覽舊城區，建議至少預留 10 個小時。將行程安排在 1 日之內跑完，時間會很緊湊，若有充足的時間，不妨多待幾天，在各景點慢慢逛。另外必須注意，4～10 月中旬的每個週末，公車都不會開進舊城區內，不要白白地在舊城區的站牌等車哦！以下是 1 日遊景點遊玩順序，括號內為建議停留時間。

> 聖十字教堂(30分) ▶ 華沙大學(30分) ▶ 總統官邸(5分) ▶
> 聖安妮教堂(10分，音樂會30分) ▶ 城堡廣場(30分) ▶ 皇家城堡(1小時) ▶
> 聖約翰主教座堂(30分，音樂會45分) ▶ 舊城廣場(30分) ▶ 華沙歷史博物館(1小時) ▶
> 居里夫人博物館(1小時) ▶ 新城廣場(30分) ▶ 多媒體噴泉公園(30分) ▶
> 華沙大學圖書館(30分) ▶ 哥白尼科學中心(1.5小時)

旅-行-小-抄

多媒體噴泉公園順遊行程

如果逛到了噴泉公園還不想休息，建議到河岸邊 2015 年維修好的 Bulwary Karskiego，坐下欣賞風景；也可以走路過橋到對面的布拉卡沙灘 (可參考 P.112)，大概需要 30 分鐘的路程。

1. 城堡廣場
2. 國家圖書館
3. 舊城後的新城區

熱門必遊景點

聖十字教堂

聖十字教堂
Bazylika Świętego Krzyża
柱子內封有蕭邦的心臟

✉ Krakowskie Przedmieście 3, 00-047 Warszawa ➡ 可搭乘 106、111、116、128、175、178、180、222、503、518 號公車於 Uniwersytet 站下車，教堂就在附近；或搭乘捷運，於 Nowy Świat-Uniwersytet 站下車，往北邊步行約 2 分鐘即可抵達 ⏱ 30 分鐘 🌐 www.swkrzyz.pl 🗺 P.90

這棟巴洛克式的教堂，也是華沙相當知名的景點。興建於 1682 年，於 1757 年完工，因為戰爭的關係，經歷過多次的修建。蕭邦去世之前許了願望，希望他的心臟可以被運回波蘭，封在聖十字教堂的柱子裡。

柱子上能看到兩句著名的話：「給蕭邦，同胞」(Fryderykowi Chopinowi, rodacy)、「你的財寶在哪裡，你的心也在哪裡」(Gdzie skarb twój, tam serce twoje)。

1. 參考 YouTube 影片，看看聖十字教堂內的蕭邦心臟／
2. 蕭邦的心臟就封在聖十字教堂的柱子內

薩斯基花園
Ogród Saski
漫步市區花園賞雕像、噴泉

花園內的大噴泉

✉ Marszałkowska, 00-001 Warszawa 📞 +48 22 826 89 10 ➡ 從市中心或舊城搭 175 公車，直接到最後一站 Plac Piłsudskiego；或沿著 Krakowskie Przedmieście 路，經過華沙大學之後，左轉沿著 Królewska 路往西邊走即可抵達 ⏱ 1 小時 🗺 P.90

很少歐洲城市能像華沙，在市中心有個像薩斯基花園一樣又大又美麗的公園。

直到 16 世紀末，這裡還是莊園的田野，後來才改建成了花園。國王奧古斯特二世 (August II) 進一步擴大花園的面積，到了 1723 年，這裡已經成了法國式的大花園。1727 年 5 月之後，首次開放給一般民眾參觀，大家稱呼這裡為薩斯基 (Saski)。後來在 1810 年，整個花園又被改建成英國式的。

1923 年，於花園內的薩斯基宮前方，蓋了一尊波蘭英雄約澤夫波尼亞托夫斯基 (Józef Poniatowski) 雕像。1925 年，在中央拱廊下設立了無名戰士紀念碑，紀念在獨立鬥爭中喪生的人。

1942 年 5 月，公園被關閉。不久之後，於華沙起義期間，花園被戰火摧毀。花園內的所有建築也被徹底破壞。雖然戰後重建了薩斯基花園，但都無法恢復到之前的樣子，薩斯基宮和英雄雕像都不復存在。

除了造訪無名戰士紀念碑之外，遊客可以漫步在花園內，欣賞噴泉，以及代表音樂、科學與四個季節的雕像。

花園與廣場的交界處有無名戰士紀念碑

1. 華沙大學舊圖書館／2. 華沙大學正門

華沙大學
Uniwersytet Warszawski
抗爭運動的搖籃

✉ Krakowskie Przedmieście 26/28, 00-001 Warszawa ☎
+48 22 552 04 15 ➡ 在 Nowy Świat-Uniwersytet 捷運站
下車，沿著 Krakowskie Przedmieście 路往北邊走，3 分鐘
後即可看到大學正門 ⌚ 1 小時 🌐 en.uw.edu.pl 🗺 P.90

1808 年華沙公國時代在這裡成立了法學
院，一年後又成立了醫學院，1816 年俄羅
斯統治時期，沙皇正式宣布成立綜合大學，
並於 1818 年正式命名為皇家華沙大學。

華沙大學的校徽是老鷹，有五個星星環
繞，象徵創校時期的五個學院。分別是法
律、醫學、哲學、神學和美術。

十一月起義和一月起義時，華沙大學的
學生積極參與國家的獨立抗爭，大學因此關

閉；後來大學竟被改名成帝國大學，造成學
生很大的反彈。從這段期間起一直到波蘭獨
立，抗議俄羅斯的活動從來都沒少過。1915
年，婦女開始得以在華沙大學念書，這在當
時的世界，還是很少見的事。

1918 年波蘭獨立，也是華沙大學有史以
來第一次能在不受政治影響下發展學術研
究。二次大戰時，納粹占領了華沙，華沙大
學被關閉。雖然如此，華沙大學卻轉型成了
世界上唯一的地下大學，教學活動仍祕密進
行著。戰爭期間，大學內的建築被毀掉大半，
校園成為華沙義士和納粹的激烈戰場。

1968 年，為了抗議波蘭的政治環境，學生
發起了示威活動，這件事也對波蘭的自由化
貢獻良多。到了現代，華沙大學依舊在波蘭
扮演著重要的角色，也是波蘭最好的大學。

1. 劇院正門／ 2. 波蘭劇院之
父沃伊切赫伯哥斯拉夫斯基
／ 3. 劇院外的雕像／ 4. 阿
波羅戰車雕塑

大劇院
Teatr Wielki

阿波羅戰車雕塑值得一觀

📧 Plac Teatralny 1, 00-950 Warszawa 📞 +48 22 826 50 19 🕐 表演時間請參考網頁 💲 各齣戲劇、音樂、舞蹈表演票價皆不同，依座位的不同也有票價之分，請參考網頁 🚇 出 Nowy Świat-Uniwersytet 捷運站後，沿著 Krakowskie Przedmieście 路往北走，於 Trębacka 路左轉，走一小段路即可抵達；也可以搭乘 175、128 公車，在最後一站 Plac Piłsudskiego 下車 ⌛ 30 分鐘 🌐 teatrwielki.pl/en 🗺 P.90

大劇院建於 1825 ～ 1833 年。1833 年 2 月 24 日開幕時，演出羅西尼的塞爾維亞的理髮師歌劇，為劇院揭開序幕。

1939 年，納粹入侵華沙，大劇院幾乎全部被炸彈摧毀了，唯一剩下的部分是古典主義的外牆。華沙起義期間，納粹德軍在劇院廢墟中，殺了不少平民百姓。

戰爭之後，經歷了 20 年的重建，1965 年 11 月 19 日，劇院重新開幕，規模比起從前擴大了不少。劇院前有兩尊重建的雕像，分別是波蘭有名的作曲兼指揮家斯坦尼斯拉夫莫紐什科 (Stanisław Moniuszko)，以及波蘭劇院之父沃伊切赫伯哥斯拉夫斯基 (Wojciech Bogusławski)。

2002 年，大門上安置了阿波羅戰車的雕塑。大劇院在建造初期就想這麼做了，但因為沙皇尼古拉一世反對，不允許大劇院比俄羅斯的建築更漂亮，因此這件事到現代才實現。

總統官邸
Pałac Prezydencki
歷經許多重大歷史活動的場所

✉ Krakowskie Przedmieście 48/50, 00-071 Warszawa ➡
在 Nowy Świat-Uniwersytet 捷運站下車，沿著 Krakowskie
Przedmieście 路往北邊走一小段路即可抵達；也可以搭
175、116、128、178、180 或 222 號公車，於 Hotel Bristol
站下車 ⏱ 5 分鐘 🗺 P.90

　這個漂亮的宮殿是由一位蓋特曼 (波蘭古代的軍隊指揮官) 於 1643 年建造的，當時也是他的住所。1674 年宮殿易主，由其他貴族擁有，這裡成了經常舉辦宴會和其他活動的場所。

　19 世紀時宮殿進行大規模的重建工作，大致建成了現在的樣子。在宮殿的前方，也放置了石獅雕像。1918 年這裡由波蘭當局接管，成了總理和政府的總部。二戰時，很幸運地，宮殿沒有受到嚴重的損害，而在這段期間，它也被改作豪華酒店和賭場使用。

　1955 年，歐洲社會主義陣營國家在這裡簽署了華沙條約，成立華沙公約組織。1965 年，波蘭英雄波尼亞托夫斯基的雕像被放置在宮殿前面。1989 年，團結工聯代表與政府在這裡舉行了圓桌會議，間接促成波蘭的民主化。自 1994 年 7 月以來，宮殿成為總統官邸，有時總統也會在這裡宴請重要貴賓。

總統官邸

1. 教堂內部／ 2. 管風琴音樂會開始前，表演者會和大家說些話

聖安妮教堂
Kościół św. Anny
華沙歷史最古老的建築之一

✉ Krakowskie Przedmieście 68, 00-322 Warszawa
➡ 在 Nowy Świat-Uniwersytet 捷運站下車，沿著
Krakowskie Przedmieście 路往北直走，約 5 分鐘即可抵
達；或者搭 175、116、128、178、180、222 公車，於
Plac Zamkowy 站下車 ⏱ 30 分鐘 🌐 swanna.waw.pl
⚠ 彌撒時不能參觀 🗺 P.90

　教堂是以新古典主義風格建成的，最早的歷史可以追溯自 1454 年，經歷多次重建修護，現在的教堂外觀和內部，都受了羅馬式建築的影響。教堂的外牆上有四座石雕，分別描繪聖徒彼得、保羅、約翰和安德魯。特別值得欣賞的是，位於主壇上的 17 世紀聖母領報畫作。大門內部的上方有管風琴，非常美麗。

城堡廣場
Plac Zamkowy
舊城區最熱鬧的地點

✉ Plac Zamkowy, 00-277 Warszawa　➡ 在 Nowy Świat-Uniwersytet 捷運站下車，沿著 Krakowskie Przedmieście 路往北直走，約 5 分鐘即可抵達；或搭乘 175、116、128、178、180、222 公車於 Plac Zamkowy 站下車　⏱ 30 分鐘　🚻 城堡廣場旁邊的樓梯建築有免費的廁所，可多加利用　🗺 P.90

城堡廣場是舊城區最具吸引力，也最熱鬧的地區。很多人來華沙玩，都會和朋友約在這裡集合見面。這一帶有許多街頭藝人，和絡繹不絕的遊客，非常有活力。廣場附近的聖安妮教堂鐘樓，是個俯瞰城堡廣場的好地方。

城堡廣場建於國王西吉斯蒙德三世統治的期間，他決定將首都從克拉科夫遷到華沙，因此頗受華沙人愛戴。隨著城堡的擴建，這幾個世紀以來，廣場的面積被調整過很多次。在城堡廣場的中間，有個建立於 1643 ～ 1644 年的西吉斯蒙德圓柱，非常經典醒目，總高度為 22 公尺，上面的國王雕像高 2.75 公尺。一直到今天，西吉斯蒙德圓柱都是華沙的象徵之一。

皇家城堡
Zamek Królewski
舊城區最搶眼地標

✉ Plac Zamkowy 4, 00-277 Warszawa　☎ +48 22 355 51 70　🕐 開放時間因季節而異，行前請查詢官網　➡ 在 Nowy Świat-Uniwersytet 捷運站下車，沿著 Krakowskie Przedmieście 路往北直走，約 5 分鐘即可抵達；或搭乘 175、116、128、178、180、222 公車於 Plac Zamkowy 站下車　⏱ 1 ～ 1.5 小時　🌐 www.zamek-krolewski.pl/en　🗺 P.90

城堡廣場的東側有間壯麗的城堡，名為皇家城堡，也是舊城區最搶眼的地標。現在的建築，其實是二戰後於 1971 ～ 1984 年間重建的，戰爭當時德國人把原有的城堡徹底炸毀了。重建城堡的期間，也使用了原有的建築碎片，帶有傳承的意味。

皇家城堡原本為馬索維亞公爵所有，後來波蘭從克拉科夫遷都到華沙之後，這裡成為了國王和政府的所在地。來到這裡，可以了解過去國王的生活環境，欣賞相關的藝術作品，遊客可進入國王的房間、會議室，看看國王的王座，以及各式家具用品。

城堡內的展覽品還包括繪畫、雕像和手工藝品。可以欣賞加納萊托 (Canaletto) 和林布蘭 (Rembrandt) 的繪畫，從畫中的世界，欣賞過去華沙的景色，以及各個重大的歷史事件。

人來人往的城堡廣場與皇家城堡

聖約翰主教座堂
Bazylika archikatedralna św. Jana Chrzciciela

建於 14 世紀初的歷史悠久教堂

✉ Kanonia 6, 00-278 Warszawa　☎ +48 22 831 02 89
🕐 開放時間因季節而異，行前請查詢官網開放時間因
季節而異，行前請查詢官網　➡ 從城堡廣場出發，沿著
Świętojańska 路往西北邊走，大概 1 分鐘即達　⏱ 0.5 ～
1 小時　🌐 katedra.mkw.pl　🗺 P.90

　　聖約翰主教座堂是波蘭重要的教堂，許多知
名政治、文化和宗教人物都被埋葬在這裡 (可
進入地下室參觀)。

　　教堂的歷史悠久，興建於 14 世紀初，經歷
過多次的修建。國王從克拉克夫搬遷到華沙之
後，從 17 世紀初開始，這裡成了國王的教堂。
原本哥德式的建築風格，改以巴洛克風格呈
現。1791 年，波蘭在這裡批准了全世界第二
部憲法「五三憲法」。

　　19 世紀，教堂以英國新哥德式風格重建，
但後來在華沙起義時，被德國人摧毀。戰
爭結束後，大教堂以馬索維亞哥德式風格
(mazowiecki gotyk) 重建。

　　正門上方設有管風琴。除了週日和節日外，
5 月中～ 10 月每天 12:00 都可以在這裡聆聽
管風琴音樂會。

教堂內部

不論夏天還是冬天來，
舊城廣場都非常熱鬧

美人魚是華沙的象徵

舊城廣場
Rynek Starego Miasta

美人魚雕像是華沙精神象徵

✉ Rynek Starego Miasta, 00-001 Warszawa　➡ 從城堡廣
場出發，沿著 Świętojańska 路往西北邊走，約 2 分鐘即達
⏱ 30 分鐘　🗺 P.90

　　舊城廣場成立於 13 世紀末，直到 18 世
紀都是華沙的主要廣場。廣場是市民交易的
地方，也是舉行政治集會、示威遊行的熱門
場所。

　　廣場附近有很多紀念品店，可在這裡享用
好吃的冰淇淋，或在餐廳吃飯，還可以在歷
史悠久的街道上看到四輪馬車。夏天時，除
了可以欣賞藝術家的畫作，還能參加爵士音
樂會；冬天則有聖誕樹和聖誕市集。

　　廣場中間有個美人魚雕像，二戰期間遭到
破壞，直到 1951 年，美人魚才以新的樣貌，
手持劍與盾牌，重新回到廣場。由於歷經多
次破壞，雕像後來被移到華沙歷史博物館附
近的庭院，現在在廣場上的美人魚是它的複
製品。

華沙歷史博物館
Muzeum Historii Warszawy

探索華沙歷史故事

✉ Rynek Starego Miasta 28-42, 00-272 Warszawa
☎ +48 22 277 43 00　💲 英文導覽需提前寫信預約，費用請查詢官網　🚩 位於舊城廣場的西北角　⏱ 1 小時
🌐 muzeumwarszawy.pl/en　🗺 P.90

　　華沙歷史博物館成立於 1936 年，原為國家博物館的分支，稱為古代華沙博物館。博物館收集了超過 23 萬件物品和紀念品，且不斷增加中。這些物品包括與華沙歷史有關的東西，比如繪畫、雕像、考古物品、手工藝術品、獎牌、錢幣、建築圖畫、照片、明信片及藏書等等。來到這裡，可以了解華沙從 1,300 年至今的發展歷程，和華沙名人的故事。

1.博物館門牌／2.位於舊城廣場角落的華沙歷史博物館

樓堡
Barbakan

舊城防禦牆建築之一

✉ Nowomiejska 15/17, 00-272 Warszawa　➡ 從舊城廣場出發，沿著 Nowomiejska 路往西北邊走，大概 1 分鐘即可抵達　⏱ 30 分鐘　🗺 P.90

　　樓堡建於 1548 年，同時具有馬索維亞哥德式與文藝復興的風格。壯麗的半圓型牆面，有數個為了攻擊敵人而開鑿的圓孔。樓堡實際上只在瑞典攻擊波蘭時，發揮了一次防禦功用，建築內也可以看到相關的紀念區額。Podwale 路旁的防禦牆，有個小型的紀念碑，這是緬懷所有參與華沙起義的孩子，他們在很小的年紀便拿起槍，英勇地與納粹德軍戰鬥。

樓堡

華沙起義紀念碑
Pomnik Powstania Warszawskiego

緬懷參與華沙起義的數萬名英雄

✉ Długa 22, 00-263 Warszawa　➡ 從舊城廣場出發，沿著 Nowomiejska 路往西北走，過了樓堡之後，於 Długa 路左轉，大概走 4 分鐘即可抵達　⏱ 30 分鐘　🗺 P.90

　　華沙起義是華沙歷史上，同時也是波蘭歷史上英勇而悲慘的故事，為了紀念這起重要的歷史事件，華沙起義紀念碑於 1989 年設立。參與起義的英雄們以有限的武器和納粹德軍纏鬥了 63 天，許多人因此犧牲了自己的生命。附近法院的柱子上，還可以看到參加華沙起義作戰部隊所有人的名字。

從下水道爬出來的波蘭軍人

華沙起義紀念碑

多媒體噴泉公園
Multimedialny Park Fontann

不可錯過迷人絢麗的噴泉秀

✉ Skwer I Dywizji Pancernej, 00-221 Warszawa ☎ +48 22 849 32 86 ◎ 公園隨時都可以進去。噴泉秀：5～7月21:30，8月21:00，9月20:30，表演時間約為30分鐘 ➡ 從新城廣場出發，往東北角沿著 Rynek Nowego Miasta 路走，到了 Kościelna 路右轉，走下階梯即可抵達 ⏱ 30分鐘 🌐 parkfontann.pl MAP P.90

公園位於維斯瓦河附近，過去這個地方有個水池。市政府為了慶祝自來水公司成立125週年，把這裡建為噴泉公園，於2011年5月7日開幕。5～9月每個週五、六的晚上，公園會上演噴泉秀，利用 LED 和雷射，搭配水舞，給大家視覺上的享受。噴泉旁有威廉林德利 (William Lindley) 的雕像，他設計了華沙的污水處理系統，並於1886年成立了自來水公司。

多媒體噴泉公園

瑪麗居禮博物館
Muzeum Marii Skłodowskiej-Curie

紀念科學家瑪麗亞・斯克沃多夫斯卡―居禮

✉ Freta 16, 00-227 Warszawa ☎ +48 22 831 80 92 ◎ 開放時間因季節而異，行前請查詢官網 ➡ 從舊城廣場出發，沿著 Nowomiejska 路往西北邊走，過了樓堡後，繼續沿著 Freta 路走，大約再3分鐘即可抵達 ⏱ 1小時 🌐 mmsc.waw.pl/en MAP P.90

瑪麗・居禮 (1867～1934) 是唯一二度獲得諾貝爾獎的女性，也是唯一獲得兩個不同科學領域諾貝爾獎的人。她發明了分離放射性同位素的技術，並發現兩種新元素釙 (Po) 和鐳 (Ra)，為科學領域帶來深遠的影響。

博物館建於1967年，位在當年瑪麗・居禮誕生的地方。遊客可以看到她的研究相關物品，以及她與家人朋友的照片、文件和書籍報紙等等資料。

瑪麗居禮博物館

新城廣場
Rynek Nowego Miasta

獨特的「女孩與獨角獸」標誌

✉ Rynek Nowego Miasta 1, 00-001 Warszawa ➡ 從舊城廣場出發，沿著 Nowomiejska 路往西北邊走，過了樓堡後，繼續沿著 Freta 路走，大約再5分鐘即可抵達 ⏱ 30分鐘 MAP P.90

這一帶於14世紀末開始發展，稍晚於樓堡內的舊城區，因此被稱為新城。從前廣場有個木製市政廳，於18世紀被磚瓦建築取代。1818年，新城被併入華沙，沒有實質作用的市政廳也被拆除。1944年，廣場被戰火摧毀，戰後政府進行了重建工作。廣場上除了有巴洛克式的聖卡齊米教堂，西南邊還有19世紀下半葉折衷主義風格的鐵井，上面有著新城的象徵「女孩與獨角獸」(基督教藝術常出現的圖象)。

新城廣場

華沙大學圖書館
Biblioteka Uniwersytecka
參觀歐洲最大空中花園

✉ Dobra 56/66, 00-312 Warszawa　📞 +48 22 552 51 78
🕐 開放時間較不固定，需參考網頁　➡ 從舊城經過哥白尼雕像後，右轉沿著 Oboźna 和 Leszczyńska 路直走，到了 Dobra 路左轉直走即可抵達，全程約 15 分鐘；也可以搭乘 106、118、127 號公車，在 Biblioteka Uniwersytecka 站下車即可　⏱ 30 分鐘　🌐 www.buw.uw.edu.pl/en
🅼 P.90

　　華沙大學圖書館成立於 1816 年，原先位於主校區，二戰爆發時圖書館裡收藏了大約 100 萬冊書籍。納粹占領期間，圖書館非法地提供藏書給在華沙經營地下大學的教授和學生使用，也頗為後人稱道。

　　因為戰爭破壞了圖書館原本的建築，所以校方最後決定將圖書館搬到維斯瓦河邊的新建築。1999 年，經過了 5 個月的搬家作業後，圖書館終於重新開放，供所有讀者使用。特別值得參觀的是圖書館屋頂上的花園，這個花園建於 2002 年，是歐洲最大也最美麗的屋頂花園之一，相當夢幻，值得一遊。

與圖書館屋頂花園接壤的公園

圖書館內部

哥白尼科學中心
Centrum Nauki Kopernik
兼具知識性與娛樂性的闔家旅遊好去處

✉ Wybrzeże Kościuszkowskie 20, 00-390 Warszawa
📞 +48 22 596 41 00　🕐 開放時間因季節而異，行前請查詢官網　➡ 從舊城經過哥白尼雕像右轉沿著 Oboźna 和 Leszczyńska 路一直走到底即可抵達，全程約 15 分鐘；也可以搭乘 106、118、127 號公車，在 Biblioteka Uniwersytecka 站下車，沿著 Lipowa 路直走約 5 分鐘後可達　⏱ 1.5 小時　🌐 www.kopernik.org.pl/en/visit-us(可事先上網購票)　🅼 P.90

　　哥白尼科學中心自 2010 年 11 月開幕以來，廣受波蘭人的歡迎。該中心是一個現代實驗室，結合科學知識與娛樂，以有趣的方法來解釋我們周圍的現象。遊客可以看到超過 450 件大大小小的展覽品，每一個都能激發我們的好奇心，讓我們了解世界，也自我提醒，每個人都可以是終生的探險家。

　　這裡是個適合大人和小孩一同前往的地方，不但有趣，而且深具知識性。除了展覽以外，科學中心也會舉辦研討會、電影放映或音樂會等活動。另外，這裡也有一個天文館可以造訪。

巨大鐘擺

門口的機器人

市中心區

　　華沙是波蘭的首都，也是波蘭的文化和商業中心，從 14 世紀開始便開始蓬勃發展。16 世紀末，波蘭正式遷都華沙，華沙的邊界不斷地擴張。19 世紀時，維也納火車站的設立，更是帶動了華沙市中心南部的發展。

　　波蘭重獲獨立後，華沙市中心快速發展。但不久後就爆發了二戰，部分重要的建設都還沒完工，就遭到戰火的摧殘。1940 年，市中心的一部分被德國人劃為猶太區，成為納粹管控猶太人的地方。之後猶太區發動起義，反對德國人的控制，德軍一氣之下便把這一區全部燒毀了。後來華沙起義的衝突，造成了市中心更重大的損傷。

　　戰爭結束後，河岸左側的建築物，大概有 85% 以上都變成了廢墟。甚至有人提出放棄華沙，直接將首都遷到羅茲的想法。但最後新成立的社會主義政府，還是決定要一磚一瓦，將華沙重建起來。

　　1952～1955 年間，充滿爭議性、著名的文化科學宮完工；1975 年現代化的中央火車站開通；20 世紀 80 年代，社會劇烈變遷，那時在市中心也蓋了波蘭的第一棟玻璃摩天大樓。

　　直到今天，華沙市中心都是一個生氣蓬勃的區域，世界各地的人紛紛來到這裡求學、旅行、生活，寫下自己的華沙故事。

Arkadia百貨公司

Powązkowska

Okopowa

波瓦茲基墓園

Aleja Jana Pawła II

Stawki

Andersa

Bonifraterska

猶太人區英雄紀念碑

POLIN波蘭
猶太人歷史博物館

Anielewicza

Plac Piłsudskiego
畢蘇斯基廣場

皇家城堡

Wybrzeże Gdańskie

Wisła

維斯瓦河

Aleja Solidarności

Most Śląsko-
Dąbrowski

Wybrzeże Kościuszkowskie

哥白尼科學中心

Most Świętokrzyski

Okopowa

Aleja Solidarności

Biuro Gospodarcze
i Kulturalne Tajpej
駐波蘭代表處

Królewska

Banjaluka

Marszałkowska

Świętokrzyska

Poczta Główna
中央郵局

Nożyk
猶太教堂

Aleja Jana Pawła II

Twarda

Zgoda

Relax Café Bar

Aleje Jerozolimskie

Grzybowska

Prosta

Emilii Plater

BeKeF

華沙起義博物館

Złote Tarasy百貨公司

文化科學宮

Mleczarnia
Jerozolimska

華沙國家博物館

Towarowa

Prosta

U Sióstr

Dworzec Centralny
中央火車站

Aleje Jerozolimskie

Książęca

Wspólna

Poznańska

Coffeedesk

Hoża

Raszyńska

Hoża

Koszykowa

Wilcza

Południk Zero

Piękna

Plac Konstytucji
憲法廣場

Chillout Hostel

Noakowskiego

Lwowska

La Petite

Politechnika Warszawska
華沙理工大學

Hala Koszyki

Aleje Ujazdowskie

Kaczyńskiego

Grójecka

Wawelska

Aleja Niepodległości

Kaczyńskiego

Waryńskiego

瓦金基公園

蕭邦紀念碑

水上宮殿

Banacha

Żwirki i Wigury

Batorego

Puławska

往維拉諾夫宮 ↓

市中心 1 日遊這樣走

　　想要深度遊覽市中心區，建議預留至少 8 小時的時間，且因為市中心的景點距離比較遠，建議搭電車或公車，購買 1 天票最為划算。如果白天遊玩意猶未盡，晚上可以到華沙的時尚酒吧，喝杯葡萄酒。夜店愛好者可以從眾多 club 中選擇，而不喜歡這種娛樂的人，則可以選擇華沙的爵士酒吧。以下是 1 日遊景點遊玩順序，括號內為建議停留時間。

波瓦茲基墓園(30分) ▶ 華沙起義博物館(2小時) ▶ 文化科學宮(1小時) ▶
華沙國家博物館(2小時) ▶ 瓦金基公園(2小時)

1. 夜晚的文化科學宮　　3. 中央火車站旁邊的購物中心
2. 文化科學宮一角　　　4. 波瓦茲基墓園

熱門必遊景點

1. 墓園門口／
2. 各具特色的墓
碑／3. 家庭式
墳墓／4. 墓園
旁的教堂

波瓦茲基墓園
Cmentarz Powązkowski

葬有許多名人和集中營受害者的古老墓地

✉ Powązkowska 14, 01-797 Warszawa　📞 + 48 22 838 55 25　🕐 開放時間因季節而異，行前請查詢官網　➡ 從舊城區搭乘 180 號公車，於 Powązki-IV Brama 站下車；或是從中央火車站搭 22 號電車，於 Rondo Radosława 站下車　🚶 30 分鐘　🗺 P.102

華沙波瓦茲基墓園是位於首都的一個古老墓地，成立於 1790 年 11 月 4 日。1792 年，由華沙神職人員贊助的聖卡洛博羅梅奧教堂也蓋在這裡。公墓被多次擴建，現在占地有 43 公頃之多。

第二次世界大戰期間，公園沒有受太大的損害，不過戰爭結束前，教堂和墓園的辦公室被燒毀了。在華沙被納粹占領的時期，墓園被當作波蘭家鄉軍的基地，這裡有武器庫、軍事講座，大家也從這裡偷偷運食物到華沙猶太區，幫助被迫害的猶太人。

據估計，有大概 10 萬人被葬在波瓦茲基墓園裡，包含許多參與起義的英雄 (柯斯丘什科起義和華沙起義)、著名作家、詩人、學者、藝術家、思想家、醫生、律師以及神職人員等等。獲得諾貝爾文學獎的雷蒙特 (Reymont) 和莫紐什科 (Moniuszko)，則被葬在 1925 年成立的功勳大道 (Aleja Zasłużonych)。1945 年後，地下墓穴裡甚至放置了集中營受害者的骨灰。

華沙起義博物館

Muzeum Powstania Warszawskiego

藉博物館的心跳聲感受華沙生命力

✉ Grzybowska 79, 00-844 Warszawa　📞 + 48 22 539 79 05　🕐 開放時間因季節而異，行前請查詢官網　💲 有英文導覽，可租用中文語音導覽耳機（需押證件），費用請查詢官網　➡ 可搭乘 106 號公車，從 Nowy Świat 路或華沙大學上車，於 Muzeum Powstania Warszawskiego 站下車；也可以搭乘 22、24 號電車，從市中心或中央火車站上車，於 Muzeum Powstania Warszawskiego 站下車。搭乘捷運，可至 Rondo Daszyńskiego 站下車，出站後沿著 Towarowa 路往北邊直走，即可於左邊看到博物館　⏳ 2 小時　🌐 www.1944.pl/en　🗺 P.102

波蘭於二戰時被納粹德國占領，受到壓迫的華沙人為了爭取自由，於 1944 年 8 月 1 日 17:00 左右發動華沙起義。原本以為雙方的武力差距懸殊，頂多只能抵抗納粹幾天，但沒想到最後竟持續了 63 天之久。這場起義中，約有 16,000 名起義分子和 15 萬名平民，因此壯烈犧牲。

華沙起義爆發後的 60 週年，博物館正式成立並對外開放，希望藉著展覽向那些為自由波蘭而戰死的人表達敬意。博物館現在也是華沙很受歡迎的地點。

在這裡你可以了解二戰時納粹占領華沙的恐怖狀況、複雜的國際情勢、波蘭人的抗爭經過和日常生活。博物館內使用了許多照片和音效，來模擬起義爆發前後的經過。

巨大而寬敞的博物館內，放著許多展覽品，塔樓上也能欣賞華沙全景。博物館最特別的地方就是貫穿建築的鋼體結構，其牆上刻有起義的歷程，而它所發出的心跳聲（內有特殊音響），彷彿象徵著華沙在 1944 年的生命力。可在內部的小型電影院裡觀賞 3D 紀錄片《廢墟之城》，透過空拍視野呈現出 1945 年被摧毀的華沙。

1. 博物館門口／ 2. 波蘭家鄉軍的符號／
3. 諷刺史達林的畫作／ 4~5. 博物館內展示的宣傳海報

文化科學宮
Pałac Kultury i Nauki
史達林的禮物

📧 Plac Defilad 1, 00-901 Warszawa ☎ + 48 22 656 76 00 🕐 全景台開放時間因季節而異，行前請查詢官網 💲 上樓看全景的票價請查詢官網；夏天需排隊一段時間才能買到票，建議提前上網買票 ➡ 搭乘捷運到 Centrum 捷運站；或是搭乘火車、公車到中央火車站 ⏱ 1 小時 🌐 pkin.pl/en/home ❓ 文化科學宮裡面還有娃娃屋博物館，也值得去逛逛。開放時間為每天 09:00～19:00，票價為 20 波幣 🗺 P.102

　　文化科學宮於 1955 年 1 月 21 日興建完工，由蘇聯建築師設計，被波蘭人戲稱為「史達林的禮物」，曾經是蘇聯和波蘭友好的象徵。雖然許多人認為文化科學宮不夠美觀，甚至被許多華沙人討厭，但這裡已經成了首都的象徵之一。文化科學宮是波蘭最高的建築，高 237 公尺，全景台位於 30 樓，高約 114 公尺，可在此俯瞰華沙市景。2000 年跨年時，文化科學宮安裝了全歐洲第二大的時鐘，直徑大於 6 公尺。

1. 參考 YouTube 影片，和我們一起登上文化科學宮／2. 高聳的文化科學宮／3. 來這裡看夜景也是不錯的選擇／4. 觀景台售票處

1. 博物館正門／2. 博物館外的雕像／3. 博物館大廳

華沙國家博物館
Muzeum Narodowe
超過 83 萬件珍貴展品

📧 Aleje Jerozolimskie 3, 00-495 Warszawa ☎ + 48 22 621 10 31 🕐 開放時間因季節而異，行前請查詢官網 ➡ 從舊城區搭乘 111 號公車，於 Muzeum Narodowe 站下車；或搭乘 116、128、175、180、222、503 號公車，在 Foksal 站下車，過馬路抵達博物館。從市中心或中央火車站，可搭乘 158 號、507 號公車，或 7、9、22、24、25 號電車，於 Muzeum Narodowe 站下車 ⏱ 2 小時 🌐 www.mnw.art.pl 🗺 P.102

　　華沙國家博物館是波蘭最古老、珍藏品最多，同時也最現代化的藝術博物館之一。博物館的歷史可以追溯到 1862 年，但於 1916 年時才正式被稱為國家博物館。館內收藏了超過 83 萬件展品，包括波蘭和世界各地的藝術作品，從古代到現代的展品都有。

　　最獨特的展覽是尼羅河沿岸的早期基督教文化藝術品，這也是全歐洲相關展覽中最大的一個。館內最有價值的作品，同時也是最大的波蘭繪畫作品 (426 X 987 公分)，則是揚馬泰伊科 (Jan Matejko) 的《格倫瓦德之戰》。

瓦金基公園
Łazienki Królewskie

漫步華沙最大公園，參觀人氣建築

✉ Aleje Ujazdowskie, Warszawa ☎ + 48 22 506 00 24
🕐 公園每天開放到 20:00，其他建築開放時間經常更改，
請查詢官網：www.lazienki-krolewskie.pl/en/zwiedzanie/
godziny-otwarcia ➡ 在舊城或 Nowy Świat 路搭乘公車
116 號或 180 號，在 Łazienki Królewskie 站下車即可抵達
⏱ 2 小時 🌐 www.lazienki-krolewskie.pl/en 🗺 P.102

　　瓦金基公園於 17 世紀由波蘭貴族盧博米爾斯基 (Stanisław Lubomirski) 所建立，但現在的樣貌是 18 世紀時，由國王斯坦尼斯瓦夫奧古斯特 (波蘭立陶宛聯邦末代國王) 所決定的。

　　公園呈現出當時的美感，也反映出國王的個人品味。它由三個花園所組成，分別為皇家花園、美景花園和現代主義花園。其中皇家花園結合了法式花園和英國公園的元素，相當漂亮。

　　華沙市民和遊客都喜歡在這裡散步，因此公園裡總有許多人。在公園內部還能參觀不少著名的建築，包括水上宮殿、水上劇院、小白宮、蕭邦雕像、華沙美景宮、露天劇場、埃及神廟以及黛安娜神廟等等，這也是為什麼值得多花時間待在這裡的原因。

　　有趣的是，瓦金基公園的蕭邦雕像附近，夏天時每個週末都會舉辦免費的蕭邦音樂會，非常受歡迎。

水上宮殿
Pałac na Wodzie

澡堂改建的華美宮殿

✉ Aleje Ujazdowskie, 00-460 Warszawa ☎ + 48 22 506 00
28 🕐 開放時間經常更改，建議出發前查詢官網：www.
lazienki-krolewskie.pl/en/architektura/palac-na-wyspie ➡ 位
於瓦金基公園內，經過蕭邦雕像後，一直沿著大道走就會抵
達水上宮殿 ⏱ 1 小時 🌐 同瓦金基公園 🗺 P.102

　　1764 年國王買下了瓦金基公園的澡堂，打算將其改建成夏季宮殿，於是壯麗的古典風格宮殿「水上宮殿」就這樣完工了，它也是整個公園裡最美麗的建築。宮殿內有國王蒐集的 17、18 世紀繪畫和雕像，都很有價值。精美的內部空間在二戰期間遭到嚴重破壞，不過大部分已經被重建。

美麗的水上宮殿

公園內有廣闊的綠地

公園內著名的燈籠路

公園內的雕像

布拉卡區

　　布拉卡 (Praga) 位於華沙右岸，有自己的文化和方言，和左岸的市中心區有著很大的差異。這裡節奏較慢，較具人情味，有許多特色店家。

　　很久以前，布拉卡是森林和田野，直到 17 世紀才發展成小鎮。後來國王瓦迪斯瓦夫四世 (Władysław IV) 將布拉卡設立為城市。1791 年，布拉卡成為華沙的一部分。1794 年柯斯丘什科起義失敗，俄羅斯下令屠殺布拉卡居民，史稱「布拉卡屠殺」。在一天之內，有多達超過 2 萬個市民受害，這也是布拉卡史上最悲慘的事件。

　　19 世紀布拉卡蓬勃發展，建了橋梁和車站後，該地區的地位變得越來越重要。二戰期間，布拉卡於 1944 年 9 月被俄羅斯人占領，躲過了納粹於華沙起義後的報復性攻擊，也因此，絕大多數老建築得以保存至今。在現代，許多店家將古早建築重新裝修，改建成酒吧、俱樂部、畫廊、劇院以及藝術家工作室，使得這一帶洋溢著濃濃的文藝風格。

　　因為布拉卡獨具特色，也吸引了許多電影來這裡取景，如《戰地琴人》等等。

Grochowska

Park Skaryszewski
斯卡伊茨維斯基公園

Aleja Waszyngtona

Francuska

Ruza Roza Restauracja

Aleja Zieleniecka

Dworzec Wschodni
東部火車站

Aleja Solidarności

Wileński 火車站
Galeria Wileńska 百貨公司
Skamiejka

Ząbkowska
Brzeska
Kijowska
Targowa

Pyzy, flaki gorące!

Kępna

Marcinko-wskiego
Zamość

Stadion Narodowy 捷運站

國家體育場

Aleja Poniatowskiego

Most Poniatowskiego

Wybrzeże Szczecińskie

Inżynierska

Targowa

Jagiellońska

Proces Kawki

Okrzei

Aleja Solidarności

聖瑪利亞東正教堂

聖彌額爾聖福里安聖殿主教座堂

Dworzec Wileński 捷運站

Jagiellońska

Park Praski
布拉卡公園

Raruszowa

華沙動物園

Most Świętokrzyski

Wybrzeże Szczecińskie

維斯瓦河

Wybrzeże Kościuszkowskie

Aleje Jerozolimskie

Wybrzeże Kościuszkowskie

Tamka

Zajęcza

哥白尼科學中心

Wybrzeże Helskie

布拉卡沙灘

Most Śląsko-Dąbrowski

Wisła

Bulwar Karskiego

Wybrzeże Gdańskie

皇家城堡

Aleja Solidarności

多媒體噴泉公園

華沙布拉卡區

布拉卡區 1 日遊這樣走

如果想要深度遊覽布拉卡，建議預留至少 7 小時的時間 (加上交通和用餐)。若晚上還不累，可以沿著 Aleja Solidarności 走路過橋，直接散步到舊城看夜景 (約 20 ～ 30 分鐘)。以下是 1 日遊景點遊玩順序，括號內為建議停留時間。

> 華沙動物園(2～3小時) ▶ 布拉卡沙灘(30分) ▶ 聖瑪利亞東正教堂(30分) ▶ 聖彌額爾聖福里安聖殿主教座堂(30分) ▶ 國家體育場(1小時)

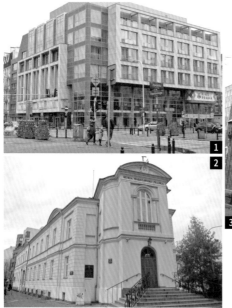

1. 布拉卡街景／ 2. 布拉卡建築／ 3. 布拉卡紅磚建築

波蘭的小費禮儀

在波蘭用餐，一般來說帳單不會含服務費，但給服務員一些小費是比較有禮貌的。如果用現金支付，通常可以多給 3 ～ 5 波幣。服務員來餐桌收錢時，如果你跟他說「謝謝」，他會以為不用找錢，零錢是他的小費。可以等他找完零錢，回到餐桌遞給你後，將他的小費留在桌上即可。如果是自己去櫃檯結帳，就不用給小費，除非櫃檯上有寫著「tips」或波蘭文「napiwek」的小杯子。

熱門必遊景點

1. 動物園門口／ 2. 在動物園中還可以看到巨嘴鳥／ 3. 姜恩和安東尼娜在動物園內的住所／ 4. 動物園中可愛的綿羊／ 5. 躲在園長家中的猶太人可以從這個通道逃跑

華沙動物園
Warszawskie Zoo

《園長夫人：動物園的奇蹟》真實故事

✉ Ratuszowa 1/3, 03-461 Warszawa　📞 + 48 22 619 40 41　🕒 開放時間因季節而異，行前請查詢官網　💲 購買家庭票另有優惠，詳情請查詢官網　➡ 從市中心或舊城（從皇家城堡後面的階梯下去）搭 4、23、26 號電車，於 Park Praski 站下車後繼續直走，於 Jagiellońska 路左轉，走 5 分鐘後於 Ratuszowa 路左轉繼續直走，幾分鐘後即可抵達動物園正門；也可以搭乘捷運，於 Dworzec Wileński 站下車後往西南走，於 Jagiellońska 路右轉走 5 分鐘後，於 Ratuszowa 路左轉繼續直走，幾分鐘後即可抵達　⏳ 2 ～ 3 小時　🌐 zoo.waw.pl/en　🗺 P.109

華沙動物園成立於 1927 年，1929 年 6 月由才華洋溢的動物學家姜恩 (Jan Żabiński) 接手擔任園長，從此之後，動物園快速發展。蓋了許多設施，不斷引進新的動物，無數的動物寶寶在這裡誕生。華沙動物園越來越受到遊客的歡迎，但不幸的是，這段美好的時光，被戰爭打斷了。

納粹占領華沙後屠殺了許多動物，有的動物被殺來當食物，有的被炸彈殺死，有的則逃去城市。最有價值的動物，被運往德國的動物園。

在動物園最黑暗的時期，姜恩利用機會，將猶太區的猶太人偷偷救出來。他和妻子安東尼娜 (Antonina) 一起努力，將猶太人藏在園內的家中地下室，使他們得以躲過納粹的迫害。這個勇敢的行為，讓安東尼娜和姜恩於 1965 年獲得「國際義人」的稱號。他們的故居，至今依舊在動物園內。

華沙起義時，姜恩也加入了波蘭家鄉軍，一同對抗納粹。起義失敗後，他受了重傷，被關在戰俘營，而安東尼娜則被迫離開動物園。1945 年 11 月，姜恩奇蹟似地從戰俘營歸來，一開始，他在廣播電台工作餬口，1949 年華沙動物園重建後，姜恩再度被選為園長，帶領華沙動物園進入新的世代。

來到華沙動物園，除了緬懷歷史，也能和動物互動。許多教育和娛樂活動，都會在這裡舉辦，是個闔家同樂的好地方。

布拉卡沙灘
Praska Plaża

名列全球最美的六大海灘

✉ Wybrzeże Helskie, 03-459 Warszawa　➡ 從市中心或舊城 (從皇家城堡後面的階梯下去) 搭 4、23、26 號電車，於 Park Praski 站下車後繼續直走，於 Jagiellońska 路左轉走 5 分鐘後，於 Ratuszowa 路左轉繼續直走，幾分鐘後即可抵達動物園正門。繼續往前走，到 Wybrzeże Helskie 過馬路右轉就會到　⏱ 30 分鐘　MAP P.109

　　位於維斯瓦河邊的布拉卡沙灘，被國家地理雜誌評選為世界上六個最美麗的海灘之一。雖然在城市內部，但卻擁有天然的沙子，沙灘上還可以欣賞對岸舊城區的美景。這裡常常可以見到休息、玩耍、野餐和泡腳的人。海灘有淋浴區、碼頭、自行車架及飲料點心攤販，夏天來這裡玩的人，可以租陽傘和椅子，還可以在特定區域內烤肉！布拉卡沙灘也是當地人近年來非常喜歡的地方，對道地景點有興趣的你一定不能錯過。

可以看到對岸的舊城區

布拉卡沙灘

聖瑪利亞東正教堂
二戰紀念物大鐘

聖瑪利亞東正教堂
Cerkiew św. Marii Magdaleny

波蘭東正教會最重要的教堂

✉ Aleja Solidarności 52, 00-001 Warszawa　📞 +48 22 619 84 67　➡ 從市中心或舊城 (從皇家城堡旁邊的階梯下去) 搭 4、23、26 號電車，於 Dw.Wileński 站下車後即可看到教堂　⏱ 30 分鐘　http katedra.org.pl　ⓘ 必須穿長褲或及膝的裙子　MAP P.109

　　聖瑪利亞東正教堂成立於 1867～1869 年，是波蘭東正教會最重要的教堂。原本是建給布拉卡區的俄羅斯人用的，因為當時有許多俄羅斯人住在這邊。教堂的靈感來自於基輔的宗教建築，有兩層樓，主要以拜占庭風格呈現。

　　教堂上面有五個漂亮的圓頂，象徵著耶穌基督和四個福音書的作者：馬太福音、馬可福音、路加福音和約翰福音。建築上有顏色鮮豔的裝飾，牆上有花卉圖案及圓形浮雕，教堂內部的裝飾也很豐富。

　　1944 年納粹要求教堂交出塔上的大鐘，讓他們熔化做成子彈。因為大鐘實在太重，為了避免破壞教堂，鐘被切成了許多小塊，分段取下來。德國人後來發現大鐘其實不適合做成子彈，於是將鐘的碎塊被焊接起來，放置在教堂入口左邊，成了戰爭的紀念物。

斯科魯普卡雕像

布拉卡大教堂

聖彌額爾聖福里安
聖殿主教座堂
Bazylika Świętych Michała i Floriana

波蘭反抗俄羅斯統治的象徵

✉ Floriańska 3, 00-001 Warszawa ☎ +48 22 619 09 60 ➡ 從市中心搭 4 號電車於 Park Praski 站下車，過馬路即可抵達；也可以從舊城區皇家城堡旁邊階梯下去，搭乘 4、13、20、23、26、160、190 號過橋的公車或電車，在 Park Praski 站下車即可抵達 ⏱ 30 分鐘 🌐 www.katedra-floriana.waw.pl 🗺 P.109

　　聖彌額爾聖福里安聖殿主教座堂常常被布拉卡人稱為「布拉卡大教堂」，建於 19 世紀末，有著高 75 公尺的高塔，相當壯麗。教堂的窗戶也有漂亮的彩色玻璃，內部則有新哥德風格的祭壇。

　　1939 年二戰初期，布拉卡大教堂遭受的損害相對較小，但 1944 年撤退的德國人卻把教堂徹底炸毀。唯一剩下的部分，是教堂前面的聖彌額爾和聖福里安兩個雕像。1947 年布拉卡居民一起同心協力，將教堂重建起來。

　　1994 年教堂前面放置了一座紀念 1794 年布拉卡屠殺事件的石頭；2005 年放置了英雄神父斯科魯普卡 (Ignacy Skorupka) 的雕像，他在 1920 年抵抗蘇俄侵略的戰爭中，以隨軍神父的身分戰死沙場。

國家體育場
Stadion Narodowy

乘高空溜索鳥瞰體育場

✉ Aleja Poniatowskiego 1, 03-901 Warszawa ☎ +48 22 295 95 95 🕐 參加導覽團、玩高空溜索、看足球賽，請先上網預約 ➡ 在市中心或中央火車站搭 7、9、22、24、25 號電車或 111、158 號公車於 Rondo Waszyngtona 站下車即可抵達；或搭捷運到 Stadion Narodowy 站即可抵達 ⏱ 1 小時 🌐 www.pgenarodowy.pl，活動日曆及購票：sklep.pgenarodowy.pl/index.html?lang=en ⁉ 冬天可在室內滑冰，詳見網站資訊：zimowynarodowy.pl 🗺 P.109

　　體育場的歷史始於 20 世紀 50 年代。1955 年，這裡建了「10 週年體育場」，提供華沙人將近 30 年的運動空間。1983 年後因為設備老舊，且政府覺得維修不划算，大家便不再使用這個體育場了。1989 年體育場成了所謂的「歐洲市場」(Jarmark Europa)，當時也是歐洲最大的市場。

　　2007 年政府決定在這裡興建國家體育場；2008 年第一期工程開工；2010 年歐洲市場消失；2011 年體育場正式完工，成了波蘭國家足球隊的主場。2012 年，波蘭與烏克蘭共同主辦的歐洲國家盃，也順利在這裡舉行。

　　國家體育場不只用來舉辦運動賽事，也常有音樂和娛樂活動。來到這裡，你可以選擇定點參觀或參加導覽團，甚至是以高空溜索的方式，鳥瞰體育場。冬天這裡還有溜冰場，場內有一個卡丁車賽道，是個相當好玩的地方。

國家體育場

✦ 猶太歷史巡禮 ✦

如果你穿越時空，來到戰爭前的華沙，你會體會到非常特別的氣氛。整個城市有將近三分之一的人是猶太人，他們在這裡發展出了獨特的文化，現代依舊能捕捉到從那時遺留至今的文化遺跡。

✤ 與華沙息息相關的猶太文化

二戰前，波蘭一共有 350 萬個猶太人，占了波蘭人口的 10%；而華沙則有超過 38 萬個猶太居民，占了華沙人口的 31%，是當時歐洲最大的猶太人集中地，在世界上僅次於美國。

波蘭人和猶太人一起在此生活，共同營造出華沙文化，市中心的 Muranów 地區，便是著名的猶太區。相較之下，這個地區的氣氛，讓人覺得彷彿是中東世界。繁忙熱鬧的街頭上，常常可以聽到意第緒文、希伯來文和俄文。

戰爭前，每個人都在此生活得很好；但二戰爆發之後，Muranów 地區就成了地獄，納粹軍隊封閉了這裡，將猶太人送進來集中管理。

後來許多猶太人被運到集中營迫害屠殺，倖存的猶太人也大多在戰後移民到其他地方，華沙人口組成徹底改變，幾乎只剩下波蘭人。但現在在華沙的某些地方，依然能感受到過去的猶太氣氛。

位於市中心的 Grzybowski 廣場，每年都會舉辦許多活動，如介紹猶太文化的 Singer 節，以及克萊茲默 (東歐猶太傳統樂器) 音樂會，參加者可以學習意第緒語、品嘗猶太美食。在波蘭也有幾個推廣猶太音樂的樂團。

現在依舊有少數猶太人居住在華沙，他們在猶太教堂祈禱，有自己的組織，其中最重要的是猶太歷史學會、Shalom 基金會和猶太歷史博物館等等。

猶太壁畫

01

POLIN 波蘭猶太人歷史博物館
Muzeum Historii Żydów Polskich POLIN

✉ Anielewicza 6, 00-157 Warszawa ☎ +48 22 471 03 00 🕐 開放時間因季節而異，行前請查詢官網 ➡ 從市中心搭 4、15、35、78 號電車，於 Muranów 站下車，左轉過馬路沿著 Anielewicza 路直走，幾分鐘後即可抵達；或是搭捷運到 Ratusz Arsenał 站下車，繼續沿著 Andersa 路往北直走，到了 Anielewicza 路左轉直走，幾分鐘後即可抵達 ⏱ 2～3 小時 http www.polin.pl/en MAP P.102

POLIN 波蘭猶太人歷史博物館，坐落的地方正是過去的 Muranów 地區。中世紀時，波蘭是全歐洲最不排外的國家，也因此，16 世紀時全世界 80% 的猶太人都居住在波蘭。博物館設立的目的，即是希望能夠還原幾百年來波蘭人和猶太人的共同歷史。

博物館由芬蘭建築師設計，建築中隱藏著許多象徵符號。玻璃面板上可以看到由希伯來語和拉丁文字母，一起組成的「POLIN」。希伯來語中，這個詞的意思是波蘭，但也可以解讀成「在這裡你可以休息」。建築玻璃外牆，刻意做出破裂分離的架構，象徵以色列人過紅海的聖經故事。

博物館由八個空間組成，介紹波蘭猶太社區歷史演進。此外，博物館還舉辦各種音樂會和表演等活動。

象徵以色列人過紅海的分離玻璃外牆

附近的雕像是華沙猶太區起義的領導人 Mordecai Anielewicz

博物館內部走道

歷史博物館外觀

猶太人區英雄紀念碑
Pomnik Bohaterów Getta

✉ Zamenhofa, 00-001 Warszawa　➡ 從市中心搭 15、18、35 號電車到 Muranów 站下車，左轉過馬路沿著 Anielewicza 路直走，幾分鐘後即可抵達；或是搭捷運到 Ratusz Arsenał 站下車，繼續沿著 Andersa 路往北直走，到了 Anielewicza 路左轉直走，幾分鐘後即可抵達　⏱ 30 分鐘　🗺 P.102

1943 年 4 月 19 日，納粹管控的華沙猶太區爆發了起義，後來納粹摧毀了猶太區，原本熱鬧的地方，頓時變成了一片廢墟。

起義的 5 週年後，波蘭政府設立了高 11 公尺的紀念碑。東牆的「滅絕之路」雕像，象徵無法抵抗納粹暴力的人，如孩子、老人等等。西牆的「戰鬥」雕像，象徵對抗納粹的起義人士，英勇中帶著一絲絕望。特別的是，紀念碑的建材，就是原本納粹經濟部長準備用來蓋希特勒勝利紀念碑的石材。

1970 年，德國總理維利勃蘭特 (William Brandt) 在紀念碑前跪下，象徵德國對大屠殺罪行的道歉。

東牆的「滅絕之路」

西牆的「戰鬥」

SPOT 02

Nożyk 猶太教堂
Synagoga im. Nożyków

✉ Twarda 6, 00-001 Warszawa　☎ +48 502 400 849　➡ 從中央火車站或者文化科學宮西邊，沿著 Emilii Plater 路往北走一直到 Świętokrzyska 路，過馬路後繼續沿著 Emilii Plater 路往北走，到了 Twarda 路進去院子就可以看到教堂　⏱ 1 小時　🌐 warszawa.jewish.org.pl/en　❓ 入場時會進行安全檢查，請勿攜帶大行李，並記得攜帶證件　🗺 P.102

這裡是華沙唯一戰前興建的猶太教堂 (建於 1898 ～ 1902 年)，是猶太文化的重要中心，融合新羅馬、拜占庭和摩爾式風格。二戰期間，德國人把它當作馬廄和倉庫使用，因此才免於被摧毀的命運。直到現在，教堂都是波蘭猶太教信仰的重要據點。

Nożyk 猶太教堂

猶太教的官方象徵大衛之星

SPOT 03

國王莊園遊

來到這個離華沙市中心不遠的地方，可以欣賞過去波蘭國王的夏季宮殿。這裡有美麗的建築、精緻的藝術品、不同風格的公園，絕對值得你花時間造訪。

公園內的雕像

公園湖泊旁的紅磚建築

維拉諾夫宮
Pałac w Wilanowie

✉ Potockiego 10/16, 02-958 Warszawa ☎ +48 22 544 27 00 ◷ 開放時間因季節而異，行前請查詢官網 ➡ 從中央火車站搭 519 公車（站牌位於 1 樓，到了火車站大廳後，往百貨公司的方向走）；於 Wilanów 站下車；或是從舊城區搭 116、180 號公車前往，搭到底，於最後一站 Wilanów 站下車 ⏱ 3 小時 http www.wilanow-palac.pl，購票：www.bilety.wilanow-palac.pl/?lang=en ❓ 開放時間經常更改，請查詢官網 MP P.82

維拉諾夫宮的歷史可追溯至 17 世紀末，這個波蘭著名的宮殿建築，由當時的國王索別斯基三世所建。融合了傳統波蘭貴族建築、義大利鄉村別墅及法國宮殿的空間概念。宮殿內部，包括藝術品和裝飾擺設在內，分別有代表三個時代的風格元素：巴洛克式、18 世紀風格及 19 世紀的風格。

除了古蹟與宮殿內的博物館，遊客還能欣賞畫廊裡的作品，包含非常有特色的棺木肖像。宮殿周圍另有占地 43 公頃的公園，可在這裡看到其他漂亮的建築物、噴泉和雕像。公園建於 17 世紀下半葉，當時是國王索別斯基三世的宮殿花園，結合巴洛克、英國公園以及新文藝復興花園這幾個風格，是個值得一訪的美麗景點。

1. 莊園大門／2. 冬天的維拉諾夫宮／3. 公園

✦ 「鋼琴詩人」故鄉尋藝之旅 ✦

♣ 認識蕭邦

身為華沙人的蕭邦 (1810～1849)，被大家稱為「鋼琴詩人」，是世界上最有名、最受歡迎，也最有影響力的鋼琴作曲家之一。他出生於華沙郊區熱拉佐瓦沃拉，死於法國巴黎。

蕭邦從小就開始彈鋼琴，7 歲就作了第一首曲子，被視為天才音樂家。這一生之中，蕭邦創作了無數的鋼琴曲，許多作品都呈現出他對波蘭民間文化的感情。

1830 年蕭邦搬到了巴黎，就再也沒有回過波蘭。雖然他死後被葬在巴黎，但他要求將他的心臟運回華沙，封在舊城區聖十字教堂的柱子裡。

著名的 Henryk Dobrzycki 曾經說過：「蕭邦的曲子具有波蘭精神，即使蕭邦存在的證據都消失了，我們還是可以知道，作曲家百分之百是波蘭人。」

既然來到了華沙，就一定不能錯過造訪蕭邦相關景點的機會。蜜拉也特別規畫了蕭邦主題之旅，讓大家能好好認識蕭邦，享受豐富的文化饗宴！

關於蕭邦的旅遊資訊，可以參考以下網頁，提供中文簡體字的版本哦！

 pl.chopin.warsawtour.pl

1. 在華沙蕭邦機場和許多景點都有蕭邦音樂椅，按下按鈕，就可以聆聽蕭邦的樂曲／ 2. 在華沙處處可以看到蕭邦的影子

蕭邦音樂大學音樂會
Uniwersytet Fryderyka Chopina

✉ Okólnik 2, 00-368 Warszawa ☎ +48 22 827 72 41
➡ 搭乘 111、116、128、175、222、503 號公車抵達 Ordynacka 站，直走 3 分鐘後可看到音樂大學在右手邊；或是搭乘捷運於 Nowy Świat-Uniwersytet 站下車，沿著 Świętokrzyska 站往東走，到圓環後往南走，走到 Ordynacka 路左轉，直走約 3 分鐘後即可抵達音樂大學
⏱ 30 分鐘 🌐 音樂會節目表：chopin.edu.pl/events，售票音樂會：umfc.bilety24.pl ℹ 夏天正值暑假所以沒有音樂會，但還是可以到 1 樓的音樂紀念品店逛逛 🗺 P.90

蕭邦音樂大學是波蘭最古老，也是最大的音樂大學，建於 1810 年，是歐洲歷史最悠久的音樂學校之一。蕭邦也曾在這裡就讀，這也是校名的由來。除了波蘭的學生之外，這裡也有許多外國學生，他們的音樂演奏技巧都有一定的水準。學生會定時舉辦音樂演奏會，有免費也有收費的表演，值得花時間來欣賞。

音樂大學的圍牆相當有特色

SPOT
01

蕭邦音樂大學

蕭邦博物館
Muzeum Fryderyka Chopina

✉ Okólnik 1, 00-368 Warszawa ☎ +48 22 441 62 51
🕐 開放時間因季節而異，行前請查詢官網 ➡ 搭乘 111、
116、128、175、222、503 號公車抵達 Ordynacka 站，
直走 5 分鐘後由左手邊樓梯下樓；或搭乘捷運於 Nowy
Świat-Uniwersytet 站下車，沿著 Świętokrzyska 站往東走，
到圓環後往南走，遇到另一個圓環後再沿著 Tamka 路往東
走，直走約 2 分鐘後再從右手邊的階梯下去，即可抵達博
物館 ⏱ 2 小時 http muzeum.nifc.pl/en MAP P.90

　　建於 1954 年的蕭邦博物館，是熱愛蕭邦
的遊客，一定要造訪的景點。館內不但有許
多蕭邦相關的資訊，還能免費欣賞專業的音
樂表演。據報導指出，這裡甚至也是身
為超級蕭邦迷的日本遊客，來華沙時
絕對會拜訪的地方呢！

外牆的浮雕

┌─── 旅-行-小-抄 ───┐
鋼琴家音樂會

如果想參加蕭邦博物館和 Żelazowa
Wola 舉辦的音樂會，可以查看以下網站。
http muzeum.nifc.pl/en/muzeum/koncerty-grupy
└─────────────────┘

蕭邦博物館

蕭邦紀念碑
Pomnik Fryderyka Chopina

✉ Aleje Ujazdowskie, Warszawa（紀念碑在瓦金基公園內，
從這條路進去公園）💲 免費 ➡ 搭乘公車 116、166、
180 抵達 Łazienki Królewskie，從 Ujazdowskie 路這一側
進入公園步行約 3 分鐘即可抵達 ⏱ 1 小時 http chopin.
museum/en ❓ 每年 5 月中～9 月底的週日，在蕭邦紀
念碑前有免費戶外音樂會，詳細時間每年不同，請查詢官
網 MAP P.102

　　波蘭著名藝術家 Wacław Szymanowski 曾
於 1926 年打造了一尊蕭邦銅像，坐落在瓦
金基公園內；但 1940 年時，銅像被納粹德
國毀掉了，現在的銅像是在 1958 年重製的。
紀念碑中，蕭邦坐在隨風飄逸的柳樹下，他
瞇著眼睛，聽著大自然的聲音；而他的右手，
彷彿在無形的鋼琴上，尋找理想的樂音。

這裡在夏天每個週末都會舉辦蕭邦音樂會

美食指南

舊城區 Bar Mleczny
乾淨整潔的家常菜餐廳

✉ Moliera 8, 00-401 Warszawa ⏰ 週一～五 08:00～20:00，週末 09:00～19:00 ➡ 位於舊城區附近，從城堡廣場出發，沿著 Senatorska 路往西南走，在 Moliera 路左轉即可抵達 🗺 P.90

這間牛奶吧餐廳，內部乾淨明亮，是舊城一帶價錢相對合理的選擇。你可以以划算的金額，吃到在地的食物，而且分量也都很足夠，能讓你好好填飽肚子。這裡也是舊城人相對常來光顧的餐廳。如果你想體驗和波蘭人一起用餐的感覺，如果你想試試看基本的波蘭家常料理，這裡非常適合。

1. 嶄新而明亮的店面，空間舒適／2. 這裡相當受到當地人的喜愛／3. 參考 YouTube 影片，看看波蘭式的壽司有什麼特別之處

1. 在這裡用餐非常有氣氛／2. 蒸麵包、煙烤甜菜根、波蘭起司和雞蛋，加上烤羊起司馬鈴薯 (vege pamp)

舊城區 MOMU
大劇院附近的餐廳

✉ Wierzbowa 9/11, 00-094 Warszawa 📞 + 48 506 100 001 ⏰ 週日～四 13:00～23:00，週五、六 13:00～00:00 ➡ 位於大劇院附近，從舊城廣場往西南走，沿著 Senatorska 路一直走，在左手邊會看到大劇院，繼續往前走，會看到餐廳在左側，過馬路即抵達 🌐 www.momu.pl 🗺 P.90

這間位於大劇院附近的餐廳，不但有流行感，又充滿藝術氛圍。他們為客人提供早餐料理、午餐料理和一般料理。你也可以在這裡享受現場的音樂表演。這裡的料理深受波蘭傳統菜肴的啟發，你一定會喜歡。特別推薦肉類餐點，因為餐廳有個特別的烤箱，融入了木頭香、草本味和煙燻味，使這裡的菜具有獨特的風味。

Syrena Irena

舊城區的 pierogi 餐廳

✉ Krakowskie Przedmieście 4/6, 00-333 Warszawa
☎ +48 53 585 1991 ⏰ 週日～三 12:00 ～ 20:00，週四
～六 12:00 ～ 22:00 ➡ 從捷運 Nowy Świat-Uniwersytet
站，沿著 Krakowskie Przedmieście 約 3 分鐘可到；餐廳在
哥白尼雕像附近 http Facebook 搜尋 Syrena Irena

Syrena Irena 的 syrena 指的是華沙的象
徵美人魚。這裡最有名的是波蘭人最喜歡的
美食之一，波蘭水餃 pierogi。選擇你喜歡
的 pierogi 口味，然後再搭配 okrasa(也就是
加在上面的配料，最經典的是酸奶 kwaśna
śmietana)。吃飽之後，也不要錯過嘗試華沙
經典蛋糕 wuzetka 的機會！餐廳的氣氛和裝
潢也很特別，推薦去試試看。

1. 室內裝潢很有特色／ 2. 華沙經典
的 wuzetka 蛋糕／ 3. 波蘭人最喜歡
的美食之一 pierogi (以上圖片提供／
facebook.com/SyrenaIrena)

波蘭的麵疙瘩
(kopytka)

Gościniec

價格合理的美味舊城餐廳

✉ Podwale 19, 00-252 Warszawa ☎ + 48 22 400 79 23
⏰ 週五、六 11:00 ～ 23:00，週日～四 11:00 ～ 22:00
➡ 位於舊城區，從城堡廣場沿著 Podwale 路直走，幾分
鐘後會在左手邊看到餐廳 http gosciniec.waw.pl/menu
MAP P.90

這家小餐廳的氣氛很舒服，有著白色的牆
壁和木頭家具，加上許多波蘭民間藝術的裝飾
品。如果你想一次嘗試多種口味的波蘭水餃
(pierogi)，這裡是很適合的地方。你可以每個
口味各點一顆，可選擇煮的或是煎的，素的水
餃和葷的水餃都有。另外，推薦波蘭的麵疙瘩
(kopytka) 和巨大肉餡餃子 (pyzy)。

甜菜根湯加波蘭的白
菜蘑菇餛飩 (barszcz
z uszkami)

肉餡馬鈴薯餃子
(pyzy z mięsem)

Hoduń

手工天然冰淇淋

✉ Nowomiejska 7/9, 00-271 Warszawa ☎ + 48 22 635 73 46 ⏰ 每日 10:00 ～ 20:00 ➡ 從皇家城堡出發，步行約 5 分鐘可到。沿著 Świętojańska 路向西北走，通過舊城廣場之後，沿著 Nowomiejska 路走一小段即可抵達 MAP P.90

位於舊城區的 Hoduń 冰淇淋店，是蜜拉從小吃到大的店，至今蜜拉依舊認為，這裡是華沙最棒的冰淇淋店。純手工天然製造的冰淇淋，深受許多波蘭人的喜愛。如果你喜歡冰淇淋，請一定要來這邊試試看。這間店的門口較為低調，加上這附近有不少冰淇淋店，小心不要找錯間囉！

深受波蘭人喜歡的冰淇淋店，有時候甚至需要排隊到門口外

蜜拉和家人從小吃到大的冰淇淋在地名店

有多種口味，可以一次點 2 球或 3 球

Pijalnia Czekolady Wedel 是個和朋友聚會的好地方

Pijalnia Czekolady Wedel

精緻優雅 Wedel 咖啡廳

✉ Szpitalna 8, 00-031 Warszawa ☎ + 48 22 827 29 16 ⏰ 週一～六 09:00 ～ 22:00 ➡ 從捷運 Nowy Świat-Uniwersytet 站出來，沿著 Świętokrzyska 往西走，到了 Plac Powstańców Warszawy 左轉直走，大概 5 分鐘後就會看到咖啡廳 http www.wedelpijalnie.pl/pl/lokale MAP P.90

Pijalnia Czekolady Wedel 位於 Emil Wedel 於 1893 年設計的建築內。這裡有精緻的桌椅，散發著讓人印象深刻的優雅氣氛。一個多世紀以前，大名鼎鼎的波蘭巧克力商 Wedel，在這裡開了巧克力工廠和商店。多年來 Wedel 一直維持傳統，製作品質優良的波蘭巧克力。每家 Wedel 咖啡廳，都可以找到特殊的巧克力飲料及許多甜點，推薦點杯 Wedel 熱巧克力試試（特別是白巧克力），冰淇淋和熱的波蘭蘋果派，也都非常經典。除此之外，還可以在這裡選購 Wedel 精選的伴手禮，例如巧克力、手工糖果等等。

Café Bristol

舊城區

奢華咖啡廳

✉ Krakowskie Przedmieście 42/44, 00-325 Warszawa
☎ +48 22　551 1828　🕐 每日 09:00 ～ 19:00　➡ 從位於 Krakowskie Przedmieście 路，華沙大學和舊城廣場中間
http cafebristol.pl

　　位於舊城的 Bristol 旅館是波蘭最奢華的旅館之一。於 1901 年開始營業，一直都是眾多名人最喜歡的住宿選擇。瑪格麗特 · 撒切爾、約翰娜 · 肯尼迪和波蘭化學家斯克洛多夫斯卡 · 居里都曾住過這裡。就算你不打算住在這裡，還是推薦進去看看，享受旅館咖啡廳戰前的優雅氣氛。可以喝杯咖啡配蛋糕，或者吃一些點心或湯。

1. 咖啡廳的氣氛非常優雅／ 2. 不但有氣氛，餐點也很美味 (以上圖片提供／ cafebristol.pl)

Banjaluka

市中心

華沙的巴爾幹餐廳

✉ Szkolna 2/4, 00-006 Warszawa　　☎ +48 22 828 1060
🕐 週一 14:00 ～ 23:00，週二～三 14:00 ～ 24:00，週四 12:00 ～ 24:00，週五 14:00 ～ 02:00，週六 12:00 ～ 01:00，週日 12:00 ～ 22:00　➡ 從捷運 Świętokrzyska 站，步行約 2 分鐘可到　http banjaluka.pl；因爲很受歡迎，週末建議先上網訂位 (zarezerwuj stolik)

　　這間位於市中心的餐館，是喜歡巴爾幹美食的在地人都知道的地方。料理色香味俱全，食材非常新鮮。烤鴨和羊肉料理是許多饕客的首選，另外也有許多讓素食者口水直流的選擇。不但有美食，還有音樂。週一～六晚上都可以享受現場演奏的音樂和熱鬧的氣氛。如果在市中心逛街，不妨來這邊試試看異國料理。

1. 特別推薦這裡的烤鴨和羊肉料理／ 2. 菜色豐富，分量很足 (以上圖片提供／ banjaluka.pl)

Mleczarnia Jerozolimska

市中心

平價波蘭家常菜的最佳選擇

✉ Aleje Jerozolimskie 32, 00-024 Warszawa　☎ +48 602 381 734　🕐 每日 09:00 ～ 20:00　➡ 從華沙中央車站出發，步行約 10 分鐘可到。出中央車站後，沿著 Aleje Jerozolimskie 路往東北走即可抵達；也可以搭電車前往，於 Aleje Jerozolimskie 路搭乘往東北走的電車 (7、9、22、24、25 號)，於 Muzeum Narodowe 站下車，往回走一小段路即可抵達　🌐 menu.mlecznebary.pl/mleczarnia　🗺 P.102

這裡是波蘭大名鼎鼎的特殊類型餐館「牛奶吧」，供應大家便宜大碗的波蘭料理。位於離舊城不遠的地方，雖然附近觀光客眾多，但價格卻非常親民。你可以在這邊吃到各種經典波蘭菜，可供選擇的料理相當多，推薦試試看波蘭水餃 (pierogi)、菜捲 (gołąbki)、番茄湯 (pomidorowa)。如果午餐時段來，也可以選擇他們推出的套餐，超級划算。上菜採自助式，點完餐之後，可以回座位稍等，待料理完成後，會再通知你去取餐。

離舊城區相當近的牛奶吧，是用餐的好選擇

提供的餐點相當多，應有盡有

火車站附近填飽肚子的好去處

1. 馬鈴薯做的包子 (gałuszki) ／ 2. 美味的菜捲 (gołąbki)

U Sióstr

市中心

美味的波蘭東部料理

✉ Złota 63A, 00-819 Warszawa　☎ +48 888 769 423　🕐 每日 10:00 ～ 22:00　➡ 從華沙中央車站出發，步行約 5 分鐘可到。從中央車站的地下街，穿越 Aleja Jana Pawła II 路，到對面之後，再從 Złota 路轉進去即可抵達　🌐 usiostr.com　🗺 P.102

來到這間位於中央火車站附近的餐廳，你可以吃到許多波蘭東部的料理，口味很像烏克蘭料理。雖然同樣是波蘭菜，但是在波蘭其他地區，其實是不容易吃到的，因此來到這邊，可以吃到相對少見的口味。這裡的服務不錯，店員總是笑笑的。餐點好吃，價格也算合理，是火車站一帶值得嘗試的選擇。

士愷知識家

什麼是「牛奶吧」

波蘭牛奶吧緣於第一次世界大戰之後，以便宜的價格供應波蘭家常菜，大受波蘭人歡迎。當初許多料理中都添加了牛奶 (因為肉比較貴)，因此大家便稱呼這類餐廳為「牛奶吧」。社會主義時期，政府開始提供資金補助給牛奶吧，希望讓每個人都買得起基本的波蘭料理，這個政策一直延續到現在，牛奶吧也成了波蘭相當具代表性的飲食文化。來波蘭玩，一定要找機會來牛奶吧用餐！

BeKeF 猶太餐廳
盡情享受猶太美味

✉ Sienna 53, 00-820 Warszawa　📞 +48 22 247 84 16
🕐 週一、日 12:00 ～ 20:00，週二～四 12:00 ～ 19:00，
週五、六公休　💲 請參考菜單　➡ 從華沙中央車站出發，
步行約 5 分鐘可到。從中央車站的地下街中，穿越 Aleja
Jana Pawła II 路，到對面之後，再從 Sienna 路轉進去即可
抵達　http Facebook 搜尋 bekefwarsaw　MAP P.102

　　BeKeF 在希伯來語意思是樂趣，這家店是
華沙非常受歡迎的猶太餐廳，所有美食愛好者
非去不可的地方。他們以合理的價格提供美味
的猶太料理，餐點符合猶太人的所有戒律。料
理和服務的過程，都由經過拉比認證，擁有戒
律執照的猶太人管理。菜色多元，有肉類、菜
類、鷹嘴豆泥和炸鷹嘴豆餅等等。

BeKeF 猶太餐廳

有多樣菜色可供選擇搭配

士愷知識家

二戰前的時尚
二戰之前，在華沙住著許多猶太人，
雖然他們也是波蘭人，卻有著獨特的
文化。華沙的上流社交圈很喜歡去猶
太酒吧和餐廳，不但餐點好吃，服務
也很棒，到那裡用餐被視為一件時尚
的事情。

Hala Koszyki
華沙的時髦美食街

✉ Koszykowa 63, 00-667 Warszawa　🕐 08:00 ～
01:00(不同的餐廳可能有不一樣的營業時間)　➡ 從
Plan Konstytucji 沿著 Koszykowa 路走步行約 5 分鐘可
到　http koszyki.com

　　Hala Koszyki 是華沙最時髦的美食街，位於
一棟 20 世紀初蓋的大型建築內。在這裡你可
以享受獨一無二的氣氛，嘗試不同的料理。裡
面有超過 20 家餐廳，有波蘭、歐洲和亞洲料
理，每個人都可以找到適合的口味。雖然價錢
不算便宜，但還是推薦去看看。有時候 Hala
Koszyki 會舉辦一些展覽或演唱會，請參考網
頁上的 dzieje się 了解更多資訊。

有時候這裡的氣氛就像是大型酒吧一樣 (以上圖片提供
／ koszyki.com)

旅 - 行 - 小 - 抄

波蘭素漢堡店
近幾年，波蘭吹起了素漢堡風潮，如果有
興趣多嘗試的朋友，可以試試看另外一家
店「Krowarzywa」。這是連鎖店，在波
蘭各大城市都有機會看到它。

✉ 華沙中央火車站附近的分店：
Hoża 29/31, 00-521 Warszawa
http krowarzywa.pl/en

全部的漢堡都是素的喔

Relax Cafe Bar

80 年代社會主義風格咖啡廳

✉ Złota 8a, 00-019 Warszawa ☎ + 48 501 597 905
🕐 週一～四 08:00 ～ 22:00，週五 09:00 ～ 23:00，週六
10:00 ～ 23:00，週日 11:00 ～ 22:00 ➡ 從華沙中央車
站出發，步行約 6 分鐘可到。出中央車站後，沿著 Aleje
Jerozolimskie 路往東北走，於 Marszałkowska 路左轉，再
於 Zgoda 路左轉，再於 Złota 街右轉，再左轉進入 Zara 後
面的巷子即可抵達 🌐 poludnikzero.pl 🅼 P.102

有著濃濃社會主義氣氛的咖啡店

　　這間咖啡廳位於距離中央車站不遠的地
方，裝潢和色調都很有特色，有著社會主義
往日時光的氛圍，也是嬉皮和藝術工作者喜
歡來的咖啡店。在這裡喝咖啡，不但有可能
遇到演員，或許還能從獨特的氣氛之中，得
到一些靈感喔！

許多藝術工作者喜歡在這邊交流靈感和想法

從外面看，會以為是個小咖啡店，但其實店內空間非常大

牆壁上供人留言的大地圖

桌上的蠟燭增添了
店內溫暖的感覺

Południk Zero

在大地圖上留下自己的蹤跡

✉ Wilcza 25, 00-544 Warszawa ☎ + 48 22 270 22 41
🕐 週日～三 14:00 ～ 24:00，週四～六 14:00 ～ 02:00
➡ 從華沙中央車站出發，步行約 10 分鐘可到。出中
央車站後，沿著 Aleje Jerozolimskie 路往東北走，於
Marszałkowska 路右轉，再於 Wilcza 路左轉，直走一小
段即可抵達 🌐 www.poludnikzero.pl/index.php/english
🅼 P.102

　　這間咖啡店離火車站不遠，只要走 10 分鐘
即可抵達。他們以旅行為主題，打造了一個溫
暖的空間。你可以在這邊喝咖啡，查閱店內的
旅遊書，牆壁上有張大地圖，你甚至可以在自
己旅行過的地點上留言。這邊也會定期舉辦旅
遊講座，邀請各式各樣的旅遊達人，到店裡分
享心得。如果你熱愛背包客生活，不妨來這裡
感受一下。

Coffeedesk
推薦消暑水果冰沙

✉ Wilcza 42, 00-679 Warszawa ☎ + 48 792 669 935
🕐 週一～五 07:30 ～ 20:00，週六 10:00 ～ 18:00，週日
公休 ➡ 從華沙中央車站出發，步行約 12 分鐘可到。
出中央車站後，沿著 Aleje Jerozolimskie 路往東北走，
於 Marszałkowska 路右轉，再於 Wilcza 右轉即可抵達
http Facebook 搜尋 coffeedeskwilcza MAP P.102

這間咖啡廳位於離市中心不遠的地方，是
許多華沙年輕人，很喜歡造訪的店家。室內
明亮寬敞，簡單大方的裝潢，與大片的落地
窗，讓人心情跟著愉悅起來。除了咖啡之外，
這裡也有賣茶，也能選購許多具有設計感的
咖啡用具、茶具。推薦他們的水果冰沙，冰
涼爽口而不膩。另外，這裡的廁所也非常有
創意，營造出森林的感覺，如果有機會來華
沙，一定要來一探究竟。

從窗外就可以感受到店內的愜意氣息

1. 這裡也是蜜拉在華沙最愛的咖啡廳／ 2. 舒適的喝咖啡
空間，深受華沙年輕人喜愛

入口簡單低調，裡面卻別有洞天

La Petite
華沙理工大學學生愛店

✉ Noakowskiego 8, 00-666 Warszawa ☎ + 48 604 469
317 🕐 週一～五 10:30 ～ 21:00，週末 11:00 ～ 21:00
➡ 從華沙中央車站出發，步行約 14 分鐘可到。出中央車
站後，沿著 Emilii Plater 路往東南走，接到 Noakowskiego
路後，走一小段即可抵達 http www.facebook.com/
LaPetite.kawiarnia MAP P.102

這間咖啡廳位於華沙理工大學附近，店內
的裝潢擺設相當精緻，裡面還有一個小庭院。
採光良好，溫暖的色調給人放鬆的感覺。因為
鄰近大學，許多學生和教
授都喜歡來這邊喝杯
咖啡，也讓整間咖
啡店增添了書香的
氣息。

每張桌椅、每個擺飾
都有其獨特風格

在這邊喝咖啡相當有情調

布拉卡 # Pyzy, flaki gorące!
道地布拉卡餐廳

✉ Brzeska 29/31, 03-739 Warszawa ☎ +48 606 294 499 ⏰ 週一～六 12:00 ～ 22:00，週日 12:00 ～ 21:00 ➡ 從 Dworzec Wileński 捷運站沿著 Targowa 路走，然後左轉沿著 Ząbkowska 路走約 2 分鐘，再右轉到 Brzeska 路 🌐 pyzyflakigorace.pl

來到這間位於布拉卡區的餐館，你可以盡情享受非常道地的布拉卡料理。雖然價格低廉，但卻相當好吃。推薦其中一種麵疙瘩 (kluski)，可選不同的醬。如果你想嘗試華沙的經典味道，可以點牛肚湯 (flaki po warszawsku)，再喝一杯碳酸飲料 oranżada grochowska。便宜、道地、划算，來這邊用餐，是一種特別的經驗。

1. 麵疙瘩／ 2. 甜菜根湯 (以上圖片提供／ pyzyflakigorace.pl)

布拉卡 # Ruza Roza Restauracja
不容錯過的保加利亞料理

✉ Francuska 3, 03-906 Warszawa ☎ + 48 22 616 35 97 ⏰ 週三～四 12:00 ～ 22:00，週五～六 12:00 ～ 23:00，週日～二 12:00 ～ 21:00 ➡ 位於布拉卡區，從華沙中央車站出發，搭電車加上步行，約 15 分鐘可以到。出中央車站後，於 Aleje Jerozolimskie 路搭乘往東北走的電車 (7、9、22、24、25 號)，於 Rondo Waszyngtona 站下車，沿 Francuska 路走一小段路即可抵達 🌐 www.ruzaroza.pl 🗺 P.109

這間餐廳供應了超級美味的保加利亞菜，創始人是道地的保加利亞人，在這一帶評價相當高。主餐以各類的肉類料理為主，牛、豬、雞、魚都有。如果不知道該點什麼主餐，可以試試看 Musaka，這道菜外觀有點像千層麵，內有豬肉和牛肉的碎肉，以及馬鈴薯和茄子。也可以考慮 Pile na marulya，有烤雞肉、烤馬鈴薯、沙拉，香料味很棒。如果想喝酒，可以試試保加利亞的紅酒 (wino)，種類眾多，建議請店家推薦。如果冬天去，可以請店家提供熱紅酒 (grzane wino)，別有一番滋味。如果想嘗試酒精濃度較濃的，可以點保加利亞酒拉基亞 (rakija)，口感有點像是伏特加，也有多種口味。

士愷知識家

Francuska 餐廳一條街

如果你想在華沙找一條充滿各式料理的街，來 Francuska 街就對了。這邊的選擇相當多，亞洲、歐洲應有盡有，幾乎是由餐廳組成的一條街。街上的氣氛也很好，有種老華沙的優雅感。

1. Ruza Roza Restauracja 的外觀，有朵代表保加利亞的玫瑰／ 2. 口感濃郁的 Musaka

Skamiejka

俄羅斯人在華沙開的溫馨餐廳

✉ Ząbkowska 37, 03-736 Warszawa　☎ + 48 512 123 967
🕐 每日 12:00 ～ 22:00，週一休息　➡ 從 Wileńska 捷運站下車後，先沿著 Targowa 往南走，然後左轉，沿著 Ząbkowska 直走，約 10 分鐘，在左手邊會看到特殊的波蘭伏特加博物館建築，餐廳就在這附近　http www.facebook.com/Skamiejka
MAP P.109

Skamiejka 餐廳內部擺飾，相當有俄羅斯的風格

　　Skamiejka 是俄文，意思是長椅。這是個很溫馨的俄羅斯小餐廳，裡面有很多漂亮的裝飾品，例如茶炊、樂器、俄羅斯娃娃等。老闆是個熱情好客的俄羅斯女生。推薦嘗試俄羅斯水餃 (pielmieni)、鮭魚薄餅 (bliny)、燉豬肉佐馬鈴薯大蒜　紅蘿蔔 (żarkoje)、魚湯 (ucha)。甜點的選擇也不少，推薦選個蛋糕，搭配茶炊 (samowar/самовар) 與水果醬一起享用。的價位很合理，餐點口味也絕對道地。

燉豬肉佐馬鈴薯大蒜紅蘿蔔 (żarkoje)

很推薦這裡的魚湯 (ucha)，一旁是麵包和芥末醬

Proces Kawki

布拉卡咖啡廳

✉ Kłopotowskiego 23/25, 03-708 Warszawa　☎ +48 606 294 499　🕐 每日 08:30 ～ 20:00　➡ 從 Dworzec Wileński 捷運站沿著 Targowa 路走，然後右轉沿著 Kłopotowskiego 路走約 2 分鐘就到　http Facebook 搜尋 Proces Kawki

　　這間位於布拉卡區的咖啡店，裝潢相當有意思，帶著復古的風格。如果來到布拉卡區不妨來這邊坐坐。咖啡廳對菜單很講究，提供精選的咖啡和茶。因為重視健康，很多蛋糕是素的、標榜不加糖，應該很適合台灣人的口味。另外也可以點一些食物，比如麵包或湯。

1. 用餐氣氛也很舒適／ 2. 覆盆子巧克力蛋糕（以上圖片提供／ facebook.com/proceskawki)

克拉科夫是波蘭從前的首都，擁有美麗的建築，充滿歷史氛圍，散發著讓人難以抵擋的文化魅力。
距離市中心不遠的維利奇卡鹽礦與奧斯威辛集中營，同樣也是不容錯過的重要景點。

瓦維爾教堂

克拉科夫

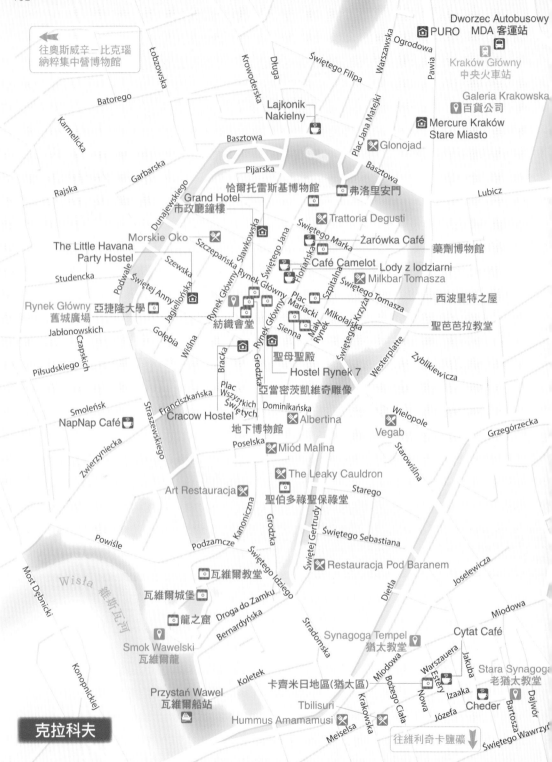

往奧斯威辛－比克瑙
納粹集中營博物館

Łobzowska

Krowoderska

Długa

Świętego Filipa

Warszawska

Ogrodowa

Pawia

Dworzec Autobusowy
PURO　MDA 客運站

Kraków Główny
中央火車站

Batorego

Karmelicka

Garbarska

Basztowa

Plac Jana Matejki

Basztowa

Lubicz

Galeria Krakowska
百貨公司

Mercure Kraków
Stare Miasto

Rajska

Pijarska

Glonojad

Dunajewskiego

恰爾托雷斯基博物館
Grand Hotel
市政廳鐘樓

弗洛里安門

Trattoria Degusti

Świętego Marka

Żarówka Café

藥劑博物館

The Little Havana
Party Hostel

Morskie Oko

Szczepańska

Sławkowska

Świętego Jana

Floriańska

Café Camelot

Lody z lodziarni
Milkbar Tomasza

Szpitalna

Świętego Tomasza

Studencka

Szewska

Podwale

Świętej Anny

Jagiellońska

Rynek Główny

Rynek Główny

Plac
Mariacki

Mikołajska

西波里特之屋

聖芭芭拉教堂

Rynek Główny
舊城廣場

亞捷隆大學

紡織會堂

Rynek Główny

Sienna

Mały
Rynek

Świętego Krzyża

Jabłonowskich

Gołębia

Wiślna

Bracka

Grodzka

聖母聖殿

Hostel Rynek 7

Westerplatte

Żyblikiewicza

Piłsudskiego

Czapskich

亞當密茨凱維奇雕像

Plac
Wszystkich
Świętych

Dominikańska

Wielopole

Grzegórzecka

Smoleńsk

NapNap Café

Franciszkańska

Straszewskiego

Cracow Hostel

地下博物館

Albertina

Vegab

Poselska

Miód Malina

Starowiślna

Zwierzyniecka

The Leaky Cauldron

Starego

Art Restauracja

聖伯多祿聖保祿堂

Powiśle

Kanonicza

Grodzka

Podzamcze

Świętego Idziego

Świętej Gertrudy

Świętego Sebastiana

Restauracja Pod Baranem

Joselewicza

Most Dębnicki

Wisła
維斯瓦河

瓦維爾教堂

瓦維爾城堡

Droga do Zamku

Bernardyńska

Stradomska

Dietla

Miodowa

Cytat Café

龍之窟

Synagoga Tempel
猶太教堂

Warszauera

Estery

Jakuba

Stara Synagoga
老猶太教堂

Smok Wawelski
瓦維爾龍

Konopnickiej

Przystań Wawel
瓦維爾船站

Koletek

卡齊米日地區(猶太區)

Miodowa

Bożego Ciała

Nowa

Izaaka

Józefa

Cheder

Bartosza

Dajwor

Tbilisuri

Hummus Amamamusi

Meiselsa

Krakowska

往維利奇卡鹽礦

Świętego Wawrzyńca

克拉科夫

城市印象

克拉科夫是波蘭和歐洲重要的文化和科學中心，從前是波蘭的首都，現在是第二大城。擁有雄厚的觀光資源，也是全波蘭遊客最多的地區。喜歡歷史、藝術和文化的朋友，絕對不能錯過。

自古以來，克拉科夫就擁有發展成大城市的良好條件，不但鄰近河流，也擁有豐富的礦產資源。除此之外，克拉科夫也位於熱絡的貿易路線上，與許多大城市進行商業交易。

西元 1000 年後，克拉科夫在瓦維爾地區興建了教堂，作為主教的所在地。1320 年，波蘭首都從格涅茲諾搬到了克拉科夫。1364 年，波蘭第一個高等教育機構克拉科夫學院成立，馬上在歐洲學術界占有領先的地位 (哥白尼是最有名的學生之一)。16 世紀時，克拉科夫以文藝復興風格重建瓦維爾城堡，其壯麗的外觀，也象徵著克拉科夫的輝煌時期。

1596 年，齊格蒙特三世 (Zygmunt III Waza) 將首都遷到華沙。波蘭瓜分時期，克拉科夫的大學持續地吸引具有才華的年輕人前往就讀；同時，這裡也成為了充滿藝術氛圍的城市，許多著名藝術家都選擇在這裡定居和創作。

第二次世界大戰時，克拉科夫雖然有所受損，但是比起其他城市，狀況算是比較輕微的。1978 年，克拉科夫的舊城區及附近的維利奇卡鹽礦，被列入聯合國教科文組織世界文化遺產。克拉科夫的獨特魅力，吸引了每年超過 800 萬人造訪此地。到波蘭旅遊，你一定要來這裡！

2

1. 卡齊米日地區表演猶太音樂的樂團／2. 聖母聖殿

士愷知識家

寧死不嫁的萬達

傳說中，克拉科夫是由波蘭王子克拉科斯 (Krakus) 成立的，後來由他的女兒萬達 (Wanda) 接手治理。萬達的美貌舉世聞名，甚至吸引德國君主前來求婚。為了避免拒絕婚事成為德國入侵克拉科夫的藉口，萬達最後跳進維斯瓦河自殺，寧死也不要和德國人結婚。

慶典活動

時間	慶典活動	簡介
1月6日	三王節花車遊行 (Orszak Trzech Króli)	慶祝主顯節，東方三博士、數百名小騎士和宮廷人的遊行。 http krakow.orszak.org
4月	Misteria Paschalia	歐洲最重要的文藝復興和巴洛克音樂節日之一。 http www.misteriapaschalia.com
4月18日	傳統 Rękawki 節日 (Święto Rękawki)	重現中古時光，看看當時的生活以及戰爭。 http www.facebook.com/rekawka
6月初	龍之遊行 (Parada Smoków)	由於龍是克拉科夫的象徵，每年這裡都會舉辦龍的相關遊行活動，總是吸引不少遊客和克拉科夫人前來朝聖。 http paradasmokow.pl
6月中	聖約翰的市場 (Jarmark Świętojański)	來到市場，可以品嘗好吃的食物和飲料，選購手工紀念品，看街頭藝人的表演。 http www.facebook.com/JarmarkSwietojanski
6月中	Lajkonik 遊行 (Pochód Lajkonika)	Lajkonik 是克拉克夫的象徵之一，每年他都會現身克拉科夫，留著大鬍子，身穿韃靼服，腰間掛著一個白色木馬。他會在人群的包圍下，穿越舊城區。 http muzeumkrakowa.pl (搜尋 Lajkonik)
6月底~7月初	猶太文化節 (Festiwal Kultury Żydowskiej)	世界上最大、最古老的猶太文化節之一，介紹以色列和散居各地（包括在波蘭）的當代猶太文化。http jewishfestival.pl
7月	波蘭音樂節 (Festiwal Muzyki Polskiej)	舉辦許多波蘭古典音樂的表演。 http www.fmp.org.pl/en
7 或 8月	古典宮廷舞 (Cracovia Danza)	世界上獨一無二的舞蹈節，可以欣賞宮廷舞蹈的美麗。 http cracoviadanza.pl
8月中	波蘭水餃節 (Festiwal Pierogów)	品嘗波蘭水餃的節日。 http karnet.krakow.pl (點擇 EVENTS)
11月	克拉科夫秋季爵士節 (Krakowska Jesień Jazzowa)	介紹當代即興爵士音樂。 http kjj-festiwal.pl
12月第一個週四	克拉科夫聖誕馬槽雕塑大賽 (Konkurs Szopek Krakowskich)	馬槽雕塑是與聖誕有關的藝術品，參加這個活動，可以欣賞各種裝飾豐富，融合當地建築元素的作品。 http muzeumkrakowa.pl(搜索 KONKURS SZOPEK)

猶太文化節相關活動 Shalom on Szeroka Street（圖片提供／ Pawel Mazur)

交通資訊

✤ 怎麼到克拉科夫

從若望保祿二世機場出發

克拉科夫有個機場，名為若望保祿二世國際機場 (Międzynarodowy Port Lotniczy im. Jana Pawła II)。出關後請跟著指標走，出去搭乘公車，或上樓搭乘火車。

如果選擇公車，請搭乘 208 號公車，可直接到克拉科夫中央火車站 (Kraków Główny)，到中央火車站的車程約 30 分鐘，單程票為 4.6 波幣。車票可以在機場購票機或車站購買，也可以直接跟司機買，但是需要準備剛好的錢。上車後不要忘記打票。

另外一個選擇是上樓，從 Kraków Lotnisko 站搭乘火車到達中央火車站，車程約 20 ～ 30 分鐘，約 17 波幣。車票可以在機場或者月台的購票機買，也可以上網買。

http 線上購買火車票：malopolskiekoleje.pl

1. 出關之後，可以依循指示牌的標示，前往搭乘公車或火車／2. 若想搭火車，可以先搭手扶梯上樓，再跟著指標走，非常容易／3. 若想搭公車，可跟著指標，直接出去

4. 克拉科夫中央火車站／5. 克拉科夫火車站月台

從其他城市出發

　　如果要從其他波蘭城市到克拉科夫中央火車站，可以搭波蘭國家鐵路 (PKP) 火車；或搭乘客運，上下車地點是中央火車站旁的客運站 (Dworzec Autobusowy MDA)。注意客運站共有兩層，搭車前請確認客運是從哪一層、哪個位置出發。

✉ 客運站：Bosacka 18, 31-505 Kraków

候車時可從看板確認上車位置

1. 客運站第一層／ 2. 客運下車處位於客運站第二層

✿ 克拉科夫市區交通

電車、公車

　　一般公車和電車的營運時間，通常是 05:00 ～ 23:00，其餘的時間可搭乘 6 號開頭的夜間公車。克拉科夫市內的公車電車交通網相當綿密，班次多，坐起來也舒適，是旅客的好選擇。不過絕大部分的景點都在舊城區，可選擇走路參觀這一帶。關於搭乘電車與公車的小提醒，請參考 P.86。

電車

克拉科夫公車

✤ 划算好用的 MPK 票

無論要搭公車還是電車，都可以使用 MPK 票。MPK 票可以在遊客服務中心、郵局、書報攤和 KKM 售票機購買。如果購買時間票和短期票，會是一張小紙票；長期票則是需要特別申請的卡片，上面會有乘客的姓名和照片，不適合短期旅行的遊客。

值得注意的是，MPK 分為兩個區域，分別是第一區和第二區。克拉科夫地區是第一區 (Strefa I Miasto Kraków)，克拉科夫以外的地區是第二區 (Strefa I+II Aglomeracja)。在第一區內可以使用所有的 MPK 票，在第二區僅可以使用 I+II 區的票。(半票上有 U 字母，全票上有 N 字母)。

httpMPK 交通工具時刻表：www.mpk.krakow.pl/en

種類	全票		半票	
	第一區 (I strefa) 克拉科夫城市內	第二區 (II strefa) 第一號為 2、3、9 的公車	第一區 (I strefa) 克拉科夫城市內	第二區 (II strefa) 第一號為 2、3、9 的公車
20 分鐘票 (20-minutowy/20-minute)	4 波幣		2 波幣	
50 分鐘票 (50-minutowy/50-minute)	6 波幣		3 波幣	
90 分鐘票 (90-minutowy/90-minute)	8 波幣		4 波幣	
24 小時 (24-godzinny/24-hour)	17 波幣	22 波幣	8.5 波幣	11 波幣
48 小時 (48-godzinny/48-hour)	35 波幣	X	17.5 波幣	X
72 小時 (72-godzinny/72-hour)	50 波幣	X	25 波幣	X
7 天票 (7-dniowy/7-days)	56 波幣	68 波幣	28 波幣	34 波幣

※ 以上資料時有異動，請以官方公告為準。

✤ 操作 MPK 購票機步驟解析

STEP
01 找到購票機

STEP
02 購買前，可選擇語言，然後按 Buy Cracow Public Transport ticket

STEP
03 選擇區域

STEP
04 選擇票種

STEP
05 選擇數量，確認價格，選擇付款方式

── 旅 - 行 - 小 - 抄 ──

用 Kracow Card 暢遊克拉科夫

購買這張卡片，可以免費進入很多景點和博物館，餐廳和旅館也有打折，可用來搭乘市區的大眾交通工具；也可以憑著這張卡，搭乘 304 號公車前往維利奇卡鹽礦，或是搭乘 208、292、902 公車前往機場。有 1、2 或 3 天卡，價格 30 ～ 50 歐元。

🔗 krakowcard.com

舊城區

◆◆◆◆◆◆◆◆◆◆◆◆◆◆◆◆◆◆◆◆◆◆◆◆◆◆◆◆◆◆◆◆

克拉科夫的舊城區是這裡最古老的地區，它的中心是舊城廣場，長 200 公尺，寬 200 公尺，是歐洲最大的廣場之一，而整個地區被普蘭提公園 (Planty) 所包圍。

10 世紀末，克拉科夫加入了由皮雅斯特王朝統治的波蘭。幾個世紀後，克拉科夫成為波蘭的首都，當時的城市也包括現在的舊城區，是非常重要的地區。自 14 世紀以來，這是國王加冕的地方，著名的亞捷隆大學 (Uniwersytet Jagielloński) 也在這裡。

1795 年波蘭瓜分時期，克拉科夫被奧地利統治。雖然波蘭在地圖上消失了超過 100 年，但克拉科夫一直都是波蘭的精神之都。

而克拉科夫舊城內的古蹟，則被視為文化象徵，代表著民族認同。

二戰時德國軍隊進入克拉科夫後，舊城的建築雖然有些受損，但卻大致保存了過去的樣貌，維持著中世紀以來的架構。

舊城區於 1978 年被列為聯合國教科文組織的世界文化遺產，每年都吸引無數來自世界各地的旅客來這裡參觀，熱鬧的舊城街道，總是充滿著活力。咖啡廳、餐廳和酒吧林立，也有著許多文化活動、音樂會和展覽。幾乎在每個月分，這裡都是人山人海，是初訪克拉科夫的遊客必來的地區。

舊城區 2 日遊這樣走

如果在克拉科夫舊城區的時間不多，建議預留至少 1 天半的時間，才能勉強跑完所有景點，但是行程會比較趕。以下是 2 日遊景點遊玩順序，括號內為建議停留時間。

♣ 第 1 天

弗洛里安門(30分) ▶ 恰爾托雷斯基博物館(1小時) ▶ 藥劑博物館(30分) ▶ 西波里特之屋(30分) ▶ 聖母聖殿(1小時) ▶ 市政廳鐘樓(30分) ▶ 亞當密茨凱維奇雕像(10分) ▶ 紡織會堂(30分) ▶ 地下博物館(1小時) ▶ 聖芭芭拉教堂(30分)

聖母聖殿模型

♣ 第 2 天

亞捷隆大學(1小時) ▶ 聖伯多祿聖保祿堂(30分) ▶ 卡齊米日地區猶太區(2小時)

另外，舊城區也有提供免費的導覽活動，以英文介紹各個景點，可參考網站了解詳細的時間和行程內容。◦ http freewalkingtour.com/Krakow

舊城廣場

亞捷隆大學

蜜拉小提醒

使用廁所需付費

請注意，波蘭大部分的公共廁所 (包括火車站) 是需要付費的，一般來說入場費用為 1～3 波幣，因此建議身上隨時準備零錢，以備不時之需。不過如果到百貨公司，廁所不但乾淨，而且不用收費。

熱門必遊景點

弗洛里安門
Brama Floriańska

防衛舊城區北邊的功臣

✉ Floriańska, 31-019 Kraków　➡ 從舊城廣場往北走,沿著 Floriańska 路直走到底即可抵達　⏱ 30 分鐘　🗺 P.132

晚上的弗洛里安門

　　高 35 公尺的弗洛里安門是舊城牆的遺跡,建於 13 世紀末,曾經是克拉科夫重要的防禦工事,保護著舊城的北邊。隨著時間的流逝,弗洛里安門也成了城市主要的出入口,進了城門,沿著 Floriańska 路走,不久後即可抵達舊城廣場。另外弗洛里安門的旁邊,有露天藝術畫廊,也可以來這邊欣賞波蘭現代畫作。

白天的弗洛里安門　　　　門旁的露天藝術畫廊

恰爾托雷斯基博物館
Muzeum Czartoryskich

波蘭最古老的博物館

✉ Pijarska 8, 31-015 Kraków　📞 +48 12 370 54 60　💲 可租借導覽機。因限制入場人數,建議先上網購買票,最早可於 30 天前購買。購票網址:bilety.mnk.pl,選擇 The Princes Czartoryski Museum　➡ 從舊城廣場往北走,沿著 Floriańska 路,到了聖福里安門左轉,即可看到博物館　⏱ 1 小時　🌐 mnk.pl/branch/the-princes-czartoryski-museum　🗺 P.132

　　恰爾托雷斯基博物館是波蘭最古老的博物館,由伊莎貝拉托雷斯基 (Izabela Czartoryska,1746 ～ 1835) 所創立。身為波蘭著名的貴族,她有個心願,那就是維護波蘭的歷史和藝術,把它留給後代子孫。博物館有許多令人印象深刻的展覽品,包括古董、繪畫、手工藝品以及與波蘭名人相關的軍事物品等等。

距弗洛里安門不遠的恰爾托雷斯基博物館

藥劑博物館
Muzeum Farmacji

解「藥」祕密基地

✉ Floriańska 25, 31-019 Kraków　📞 +48 12 421 92 79
➡ 從舊城廣場往走北走，沿著 Floriańska 路走一小段路，即可抵達博物館　⏰ 30 分鐘　http muzeum.farmacja.uj.edu.pl/en　MAP P.132

　　成立於 1946 年的藥劑博物館，是世界上罕見的博物館類型。來到這裡，可以了解從中世紀到現在的藥學發展歷史。展覽品包括藥房用具、實驗室設備、藥材、著名藥劑師的紀念品，以及古代的奇怪療法。此外，在博物館內，遊客可以參觀重建的 18 世紀的藥房，以及各種特殊的房間，比如藥房實驗室、藥劑儲藏室、葡萄酒酒窖，以及各種古代的藥房家具。

西波里特之屋

大廳和售票處

西波里特之屋
Kamienica Hipolitów

混和多種風格的獨特建築

✉ Plac Mariacki 3, 31-042 Kraków　📞 +48 12 422 42 19
➡ 從舊城廣場往東邊走，沿著 Plac Mariacki 路，走大概 2 ～ 3 分鐘即可抵達　⏰ 30 分鐘　http muzeumkrakowa.pl/en/branches/hipolit-house　MAP P.132

　　西波里特之屋的名字，源自於 17 世紀的西波里特商人家族，這棟建築一直到 17 世紀下半葉時，都是屬於他們的。接著改由另外一個商人家族擁有，後來經歷多次易主。過程中建築也被修建了幾次，因此這裡混雜了多種風格的元素，有 17 世紀的地下室和石門，也有文藝復興風格，以及洛可可風格的裝飾品。

　　2003 年時，西波里特之屋成為了克拉科夫城市歷史博物館的一部分。來到這裡，可以了解從前的克拉科夫人如何生活，如何裝修房子，看看他們的生活環境。

藥劑博物館

藥劑博物館明信片

市政廳鐘樓
Wieża Ratuszowa

俯瞰城區美景

✉ Rynek Główny 1, 31-001 Kraków ☎ +48 12 426 43 34 🕐 開放時間因季節而異，行前請查詢官網 ➡ 位於舊城廣場 ⏱ 30 分鐘 🌐 muzeumkrakowa.pl/en/branches/town-hall-tower ❓ 開放時間經常調整，請查詢官網 MAP P.132

　　位於舊城廣場西半部的市政廳鐘樓，大約於 1383 年的時候建成，屬於市政廳的一部分。當時的市政廳相當漂亮，除了辦公用的空間之外，內部還有許多精緻的房間，是相當著名的哥德式建築。

　　在 19 世紀，波蘭被列強瓜分的時期，政府決定拆掉鄰近市政廳的糧倉。不幸的是，在拆除糧倉的過程當中，市政廳的牆壁也開始龜裂，嚴重到政府不得不把市政廳一起拆除。唯一保存下來的部分，便是我們現在可以看到的鐘樓。

　　鐘樓高 70 公尺，牆上有著 1444 年完成的石頭裝飾。如果你仔細觀察，會發現鐘樓只有三面牆有裝飾。為什麼呢？因為第四面位於北邊的牆，一直到 19 世紀中葉，都是市政廳的牆壁。

　　來到這裡，也可以選擇爬到鐘樓上面，俯瞰克拉科夫的美景，相當推薦。

仰望鐘樓

鐘樓上的時鐘

鐘樓旁的裝置藝術

遠看鐘樓

聖母聖殿
Bazylika Mariacka
克拉科夫最大教堂

✉ Plac Mariacki 5, 31–042 Kraków　☎ +48 12 422 05 21　🕐 開放時間因季節而異，行前請查詢官網　➡ 從舊城廣場往東走即可抵達　⏱ 1 小時　🌐 mariacki.com/en　❓ 如果想要在教堂內拍照或錄影，各需要多支付 5 波幣，付錢之後會拿到 1 張允許攝影的貼紙，貼在身上就可以安心拍照了　🗺 P.132

　　聖母聖殿是克拉科夫最大、最重要的教堂，也是波蘭最著名的古蹟之一。

　　1290 ～ 1300 年間，這裡已經有了一座哥德式教堂，和現在的模樣不太一樣，後來教堂被重建多次。1477 ～ 1489 年，著名雕刻家維特斯沃斯（Wit Stwosz）為教堂製作了哥德式的主祭壇。1478 年，有位有名的木匠，將獨具特色的多邊形頭盔覆蓋在塔樓上。1666 年，教堂在頭盔上加上了聖瑪麗的鍍金皇冠。

　　16 ～ 17 世紀，聖母聖殿陸續增添新的藝術品、墓碑和祭壇。18 世紀，教堂的內部裝修成巴洛克晚期的風格。裝修時，祭壇、設備和牆壁都以新的風格來呈現，牆壁上多了壁柱和其他裝飾，拱頂上出現了幻影彩色裝飾。

　　1795 年，聖母聖殿旁的墓園被關閉，改建成瑪麗亞廣場。保存下來的一部分墓誌銘，被移師到教堂的牆壁上。19 世紀 90 年代，建築師進行了綜合性的教堂整修工作，教堂的內部裝潢重新回到了哥德風格。教堂裡也多了一幅由揚馬泰伊科 (Jan Matejko) 設計的裝飾畫。維斯皮安斯基 (Stanisław Wyspiański) 和其他藝術家，也一同加入了彩色裝飾創作的工作。

　　教堂有兩座塔樓，較矮的一座，高 69 公尺。較高的一座高 82 公尺，塔上裝有 1530 年製成的，直徑 165 公分的鐘鈴。為了紀念從前有位樂手，看見韃靼人來襲時吹號角警告大家，卻不幸被敵軍射死，在塔高 54 公尺的地方，每小時都會有小號手，演奏一段經典的樂章。樂音會結束得非常突兀，代表著小號手這時候被韃靼人殺害了。這段表演，也成為了克拉科夫的象徵之一。

高聳的塔樓

前教宗若望保祿二世的照片

維特斯沃斯的祭壇

　　來到克拉科夫，一定要來聖母聖殿；而來到聖母聖殿，則一定要看看由維特斯沃斯設計的祭壇。這個祭壇顏色鮮豔，金碧輝煌，給人非常壯麗的感覺。

　　維特斯沃斯的祭壇，是克拉科夫聖母聖殿最珍貴的哥德式藝術品。1477 ～ 1489 年間，由著名的紐倫堡雕刻家維特斯沃斯所創作。它以三聯畫的形式呈現，高 13 公尺，寬 11 公尺，顏色以藍色、金色、紅色為主。祭壇的材質為橡木，雕像栩栩如生。祭壇關閉時，我們可以看到浮雕上，描繪瑪麗亞和耶穌生活中的 12 個場景。所有的人物都穿著 15 世紀的服裝，而所有的家用器具和日常用具等，也都呈現出當代的樣子。

1. 維特斯沃斯的祭壇／ 2. 如果想聽這首著名的小號樂曲，可以掃這個 QR Code ／ 3. 位於模型附近的售票處，進去教堂前記得先來這邊買票，如果想要在教堂內拍照或錄影，都各要多付 5 波幣／ 4. 聖母聖殿／ 5. 金碧輝煌的教堂內部／ 6. 色彩鮮豔的壁畫

亞當密茨凱維奇雕像

亞當密茨凱維奇雕像
Pomnik Adama Mickiewicza

景仰浪漫主義詩人

✉ Rynek Główny, 30-962 Kraków　➡ 雕像位於舊城廣場
紡織會堂的東邊　⏱10 分鐘　🅼 P.132

　　亞當密茨凱維奇 (1798 ～ 1855)，是波蘭
浪漫主義詩人，也是著名的政治家，最有名
的作品是《塔杜施先生》。他出生於立陶宛
的小鎮，於維爾紐斯大學獲得哲學學位。因
為積極參與波蘭獨立運動，後來被逮捕送至
俄羅斯，當局禁止他返回波蘭。這段期間，
他在前往克里米亞旅行的過程中，完成了著
名的作品《克里米亞十四行詩》。

　　經由俄羅斯朋友的協助，後來他逃至西
歐。得知波蘭爆發了十一月起義後，他雖然
很想回國，但礙於俄羅斯的禁令，最終仍告
失敗。他轉而前往義大利和土耳其，支持波
蘭位於國外的軍團成立，最後在君士坦丁堡
病死。

　　19 世紀末，克拉科夫的大學生提案，希
望能將亞當密茨凱維奇的雕像，放置在克拉
科夫 (雖然他從來沒來過克拉科夫)。雕像製
作完成後，關於要放置的地點，引發了不小
的爭議。最後克拉科夫的領導人拍板定案，
決定將雕像放置在舊城廣場。

　　雕像便於 1898 年 6 月 26 日 (亞當密茨
凱維奇 100 歲冥誕) 正式放置在廣場上，由
他的女兒和兒子主持揭幕活動。除了雕像的
本體之外，基座上還有 4 個人物，分別象徵
家鄉 (面對 Sienna 路)、勇氣 (面對紡織會
堂)、詩歌 (面對教堂) 和科學。這裡也是克
拉科夫人和遊客最喜歡的聚會地點。

基座上的人物各自代表不同的涵義

基座上的雕像

位於舊城廣場中心的紡織會堂

紡織會堂內部

屋頂上有著許多市徽

紡織會堂
Sukiennice

尋找奇怪臉孔雕像

1. 這裡可以買到許多紀念品／2. 具有波蘭風格的傳統衣服／3. 奇怪臉孔雕像裝飾／4. 紡織會堂模型

✉ Rynek Główny 1-3, 30-001 Kraków　☎ +48 12 433 54 00　➡ 位於舊城廣場中心　⏱ 1 小時　🗺 P.132

　　位於克拉科夫舊城廣場中心的紡織會堂，是這個城市最具特色的古蹟之一。在過去，這裡是市民交易的地方。到了現代，最喜歡來這裡的卻不是商人，而是遊客。

　　紡織會堂的歷史，與舊城廣場的歷史一樣悠久。克拉科夫成立之初，王子答應了居民，要蓋一個特別的地方給大家做生意，紡織會堂就這樣建成了。一開始建築物是以石頭搭建的，市民來到這裡，以交易紡織品為主。14 世紀時，紡織會堂改建成了磚造建築。16 世紀時，這裡發生了大火，紡織會堂以文藝復興的風格再次重建。

　　19 世紀 70 年代，因為建築老舊，急需重新翻修，政府便決定在 Szewska 和 Sienna 路的那側，蓋了新的外牆，與閣樓結合，並以奇怪的臉孔雕像做為裝飾。自 19 世紀末以來，紡織會堂的外觀幾乎沒有改變。第二次世界大戰結束後，1 樓大廳的天花板上面，添加了許多回歸波蘭的西部城市市徽。

　　紡織會堂裡面有兩排攤位，遊客可以在這裡買到克拉科夫的紀念品，以及具有波蘭特色的手工藝品。紡織會堂也是克拉科夫舊城內，最受歡迎的旅遊景點之一。

地下博物館的入口處

以互動遊戲呈現古代書籍

過去的建築遺跡

考古挖掘的紀錄照片

地下博物館
Podziemia Rynku

考古大發現

✉ Rynek Główny 1, 31-042 Kraków　☎ +48 12 426 50 60
🕐 開放時間因季節而異，行前請查詢官網　💲 門票需先
預訂：bilety.podziemiarynku.com，點選 Reserve
➡ 位於舊城廣場的中心，入口在紡織會堂的東北側
⏱ 1 小時　http muzeumkrakowa.pl/en/branches/rynek-underground
MAP P.132

呈現中古時代生活的影片

挖掘的範圍

　　大家一定很難相信，克拉科夫的舊城廣場下面，竟然有一個占地寬廣的博物館。這個名為地下博物館的地方，於 2010 年開幕，相當受到旅客的歡迎。

　　雖然名為博物館，但其實這裡比較像是考古公園。考古學家過去在廣場這一帶，進行挖掘研究，發現了許多古時候的遺跡。來到這裡，你可以透過互動的方式，了解過去居民的生活。你也可以欣賞到古代的馬路、從前的日常用品和房子的遺跡等等。

　　博物館內還有一個特別的地方，那就是連結舊城廣場和地下博物館的玻璃噴泉。從玻璃下方往上看，可以看到聖母聖殿，還有來來往往的遊客。從廣場往下看，則可以看見地下博物館的中心。

　　博物館採用了相當先進的光影技術，加上精心挑選的背景音樂，增添了這裡的氣氛。每年都有許多國內外的觀光客，慕名前來。

聖芭芭拉教堂
Kościół św. Barbary

小而美的紅磚教堂

✉ Mały Rynek 8, 31-041 Kraków　📞 +48 12 428 15 00
🕐 請參考網頁　➡ 從舊城廣場往東走，沿著靠聖母聖殿
的 Plac Mariacki 路直走，即可看到教堂　⏱ 30 分鐘　🌐
swietabarbara.jezuici.pl　MAP P.132

　　聖芭芭拉教堂鄰近聖母聖殿，是個小型的哥
德式紅磚教堂。1338 年時，這個地方有一個
小巧的禮拜堂，據說禮拜堂屬於墓園所有，因
為一直到 18 世紀末，這一帶其實都是墓園。
14 世紀末時，禮拜堂被擴建成教堂。而在
1687 年時，教堂再改由耶穌會重建。

　　教堂入口旁邊，有個哥德式的鏤空藝術品，
描繪在橄欖園祈禱的耶穌，名為《客西馬尼
園》(Ogrójec)。據說它是由名雕刻家維特斯沃
斯 (Wit Stwosz) 的兒子所創作。

　　教堂的內部，於 1688 ～ 1692 年重建為巴
洛克風格。位於天花板上的彩繪裝飾，則是源
自於 18 世紀下半葉。據說波蘭的第一位聖經
譯者 Jakub Wujek，也長眠於此。

聖芭芭拉教堂

小而莊嚴的教堂

教堂內部的壇

教堂浮雕

學院外觀

大學內的博物館

亞捷隆大學其中一座門

克拉科夫大學院的庭院

逛克拉科夫逛累了，可以來到這裡坐坐

亞捷隆大學
Uniwersytet Jagielloński

波蘭第一間大學

✉ Jagiellońska 15, 31-010 Kraków　☎ 博物館參觀預約電話：當天 +48 12 663 15 21，其他日期：+48 12 663 13 07　ⓒ 克拉科夫大學院庭院每天開放到天黑　➡ 從舊城廣場出發，沿著 Świętej Anny 路往西南走，到了 Jagiellońska 左轉，即可在右邊看見學院大樓　⏱ 1 小時　http www.maius.uj.edu.pl/en_GB/start　MAP P.132

　　亞捷隆大學是波蘭最古老的大學，也是歐洲最古老的大學之一。學校的座右銘為「Plus ratio quam vis」，這是一句拉丁文，意思是知識比力量更重要。亞捷隆大學的起源可以追溯到 1364 年。當時的國王卡齊米日三世 (Kazimierz III Wielki) 經過多年努力，終於說服教皇批准成立大學的計畫。

　　亞捷隆大學就這樣誕生了，它是波蘭有史以來的第一間大學，和華沙大學一起被視為波蘭最好的大學。許多名人都曾經在這裡念書，如哥白尼和若望保祿二世。

　　亞捷隆大學內最古老的建築，名為克拉科夫大學院，遊客可以在這裡欣賞介紹大學歷史的精采展覽品。大學院內部設有一個美麗的庭院，庭院中間有一口井，為大學增添了特殊的氛圍。這裡的樓梯，都是歷史悠久的古蹟，最大的那座樓梯還有個特別的名字，叫做「教授樓梯」。

　　20 世紀 30 年代末期，克拉科夫大學院被重建。經過長期的裝修工作，大樓被重建成新哥德式的樣子。戰爭結束之後，建築又再度被重建，回歸 15、16 世紀時的原始樣貌。

　　克拉科夫的校園相當廣大，除了學生之外，遊客也相當喜歡來到這裡，坐在椅子上，享受古色古香的人文風情。

聖伯多祿聖保祿堂

Kościół pw. Świętych Apostołów Piotra i Pawła

簡單壯麗的巴洛克式建築

✉ Grodzka 52A, 31-044 Kraków　☎ +48 12 422 65 73
➡ 從舊城的廣場往南走，沿著 Grodzka 路直走，經過 Senacka 路口之後，即可看到教堂　⏰ 30 分鐘　http www. apostolowie.pl　MAP P.132

聖伯多祿聖保祿堂是 1596～1616 年耶穌會興建的教堂，也是克拉科夫的第一座巴洛克式建築。

這裡在西元 1455 年前，原本有一座小型的哥德式教堂，但是遭遇大火而燒毀。16 世紀末時，便開始在原地興建聖伯多祿聖保祿堂。興建的過程困難重重，因為設計的問題，曾經拆掉了幾次地基，重新再蓋，也因此花了許多的時間。

聖伯多祿聖保祿堂的設計靈感，源自於羅馬的耶穌教堂。教堂外面，有美麗的鐵籬笆和高聳的石基座，基座上有 12 個使徒的雕像，就連雕像也是以巴洛克風格呈現。

教堂的內部雖然簡單，沒有太多裝飾，但它的空間感卻給人壯麗的感覺。教堂裡面的兩側沒有通道，而是一連串相互連接的祭壇。特別值得注意的是巴洛克風格的主祭壇，以及教堂內部的灰泥裝飾。

有趣的是，每個週四的 10:00、11:00 和 12:00 可以在教堂裡觀賞傅科鐘擺 (Wahadło Foucaulta) 的相關活動，不過要記得先致電確認節目是否如期舉行哦！

1. 使徒雕像／ 2. 教堂內部／ 3. 聖伯多祿聖保祿堂，教堂前有個廣場

卡齊米日地區（猶太區）
Dzielnica Kazimierz
感受濃濃的猶太文化氛圍

✉ Kazimierz, Kraków　➡ 從舊城廣場出發，沿著 Grodzka 路往南走大概 15～20 分鐘，接到 Stradomska 路後繼續直走，過了 Dietla 大馬路，左轉進入 Miodowa 路後，即可抵達卡齊米日地區　⏰ 2 小時　🗺 P.132

卡齊米日地區，是來克拉科夫必訪的區域，有些人也稱這裡為猶太區。1335 年卡齊米日三世 (Kazimierz III Wielki) 國王，在這裡建立了一個獨立的城市，城市發展得很快，國王也很願意為這裡花錢建設，卡齊米日地區很快就出現了許多美麗的建築和教堂。

後來國王發現，卡齊米日經常遭受洪水的侵襲，於是決定不把重心放在這裡，卡齊米日便成為了一座未發展完全的城市。

1495 年猶太人被禁止居住在克拉科夫時，他們決定來卡齊米日定居。後來這裡的猶太人越來越多，卡齊米日因此成了當時世界上唯一一個，由猶太人統治的城市（僅位居國王的權力之下）。

幾個世紀以來，卡齊米日都是獨立的城市。直到 18 世紀末，才劃入了克拉科夫。瓜分時期時，卡齊米日被分配給奧地利。不久之後，富裕的猶太人開始搬到克拉科夫的市中心，而窮人則繼續留在卡齊米日，這裡成了克拉科夫的窮困郊區。

二戰期間，德國納粹占領了克拉科夫，大屠殺的時代開始了，這也是該地區歷史上最悲痛的時期，居民被送往納粹集中營，卡齊米日就這樣凋零了。

到了現代，卡齊米日成為了具有文化特色的地區。每年的猶太文化節，都吸引了數千名國內外的遊客前來參觀。街頭巷尾，有著許許多多的咖啡館、餐館、畫廊、古董店和猶太文化遺跡，營造出迷人的氛圍。

1. 老猶太教堂 (Synagoga Stara)／2. 以撒會堂 (Synagoga Izaaka)／3. 特色塗鴉

瓦維爾區

瓦維爾區 (Wawel) 位於山丘上，是個代表波蘭皇室的地方。10 世紀末，皮雅斯特王朝來臨之前，瓦維爾山丘上有一座部落的城堡。後來在王朝的統治下，瓦維爾區開始快速發展。

1306 年，波蘭國王開始在大教堂加冕，接下來的幾個世紀，大教堂都是國王加冕的地方，同時也是他們死後的長眠之地。在卡齊米日三世 (Kazimierz III Wielki) 國王統治期間，瓦維爾城堡被重建為哥德風格。1499年，哥德式城堡被火燒毀，重建後的城堡有了全新的樣貌，融合義大利與波蘭的風格，相當壯觀美麗。

16 和 17 世紀，發生了兩件大事，使得瓦維爾逐漸失去它的政治地位。第一件事是火災，第二件事是西吉斯蒙德三世 (Zygmunt III Waza) 國王決定將首都從克拉科夫遷到華沙。

瓦維爾歷史上最慘痛的一段時期，始於1795 年的波蘭第三次瓜分。不但皇室留下的財寶被德國人搜刮精光，且整座城堡被奧地利軍隊占領，變成了軍營。1939 年 9 月，二戰爆發之後，波蘭政府趕緊將最有價值的收藏品運送到其他地方，但是其餘的物品則再度被德國人掠奪。直到戰爭結束後，珍貴的藝術品才被運了回來。

雖然距離從前的輝煌時期已有一段時間，但現在來到瓦維爾區，還是能夠感受到源自於波蘭皇室的尊貴氣氛。

瓦維爾區 1 日遊這樣走

　　從舊城廣場出發，沿著 Grodzka 路往南走到底，大概 10 分鐘就可在右側看到瓦維爾山丘了，可以從北邊 (Podzamcze 路) 或東邊 (Świętego Idziego 路) 進去參觀。

　　如果想要深度遊覽瓦維爾區，建議預留至少 4 ～ 5 小時的時間 (包含交通和用餐)，以下是 1 日遊景點遊玩順序，括號內為建議停留時間。

瓦維爾教堂(1.5小時) ▶ 瓦維爾城堡(1.5小時) ▶ 龍之窟(30分)

瓦維爾區入口

城堡位於地勢稍高的台地上

瓦維爾城堡

瓦維爾教堂旁的雕像

旅 - 行 - 小 - 抄

還有這些地方可以玩

參觀龍之窟之後，還可以在維斯瓦河岸散步。如果有興趣，可以到附近的碼頭搭船遊河，有不同的路線可選擇；或是到附近的卡齊米日地區，在猶太風格的咖啡廳喝杯茶，到餐廳享受猶太美食。 http 遊河船：www.e-statek.pl

瓦維爾城堡
Wawel

歷史悠久的皇室城堡

✉ Wawel 5, 31-001 Kraków 📞 +48 12 422 51 55 ⏰ 每個廳室有不同的展覽，開放時間各有不同，請參考網站 💲 每個展覽的票價不同，請參考網站 ➡ 位於瓦維爾山丘的東部，從舊城廣場出發，沿著 Grodzka 路往南走，約 10 分鐘後即可在左手邊看到瓦維爾山丘 ⏱ 1.5 小時 http wawel.krakow.pl/en 🚻 各展覽最晚的入場時間，為閉館前 1 小時。參觀人數有所限制，夏季時建議中午以前前往，以免買不到票 MAP P.132

瓦維爾城堡歷史悠久，波蘭皇室曾經居住在這裡長達幾世紀之久。對波蘭人而言，是個非常具有歷史意義的地方。

城堡歷經多次修建，從一開始羅馬式風格，改建為哥德式風格，並參雜了文藝復興與巴洛克風格元素。城堡的命運多舛，如同波蘭的歷史一樣。這裡曾遭遇嚴重的火災，與瑞典軍隊的攻擊。1795 年時，普魯士人從這裡偷走了加冕勳章，至今依舊下落不明。在奧地利的統治之下，瓦維爾城堡的下層甚至被拆毀，王宮被改建成軍營。

自 1905 年以來，政府開始推動維修宮殿的工作。1921 年，在瓦維爾的北部建成了一座大門，名為徽章門，也是現在瓦維爾城堡的入口之一。1945 年後，一棟奧地利醫院被拆毀，改建成新的建築，現在則成為了瓦維爾城堡的辦公室。

在這座歷史悠久的建築內，有著許多不同的博物館，展覽包括國王的私人公寓、皇冠寶物、軍械武器、瓦維爾城堡古蹟和東方藝術等等。

1. 城堡內一隅／2. 無論從哪個角度欣賞城堡，都能感受其壯麗的氣勢／3. 建於高地的城堡

瓦維爾教堂
Katedra Wawelska

教會之母

✉ Wawel 3, 31-001 Kraków ☎ +48 12 429 95 16 ◷ 開放時間因季節而異，行前請查詢官網 💲 可以寫信預定：audioprzewodniki@gmail.com 或 電 話 預 訂：+48 572 293 831。進入教堂為免費，但參觀教堂內的大鐘及地下墳墓需付費 ➡ 位於瓦維爾山丘的北部 ⏱ 1.5 小時 http www.katedra-wawelska.pl/en(齊格蒙特之鐘：Show menu → WAWEL CATHEDRAL → Sigismund Bell-Ringers) 🅿 最後購票時間為閉館前半小時 MAP P.132

　　歷史學家認為，瓦維爾大教堂是在克拉科夫建立時也跟著建成的。自 1320 年開始，瓦維爾大教堂成了波蘭國王加冕的地方，也是他們死後的墓地。教堂從古至今，經歷過多次修建。許多著名的藝術家、雕刻家、建築師，都曾經在這裡努力創作，為這個波蘭文化的象徵處，做出偉大的貢獻。

　　至今幾乎保持不變的部分是在 1320 ～ 1346 年，以及 1346 ～ 1364 年分階段建成的。16 世紀時，大教堂建了國王禮拜堂（又稱為齊格蒙特的禮拜堂）。這個禮拜堂赫赫有名，成為其他文藝復興時期禮拜堂的典範。

　　17 世紀時，幾乎所有的早期設施都被拆除，並以新的祭壇、墓碑和繪畫取代。18 世紀的裝修工作，為大教堂內部增添了晚期巴洛克的風格元素。

　　19 世紀時，雖然波蘭被列強瓜分，不存在於世界地圖上，但是大教堂始終都是波蘭人重要的心靈寄託。為祖國自由而發動起義的民族英雄柯斯丘什科 (Tadeusz Kościuszko) 也被埋葬於此，在當時對波蘭而言，有著特別重大的意義。

　　20 世紀開始，政府積極地針對大教堂及相關的古蹟，進行保護和整修的工作。西元 2000 年之前，大教堂外部和部分的禮拜堂，都經歷過大幅的翻修。

　　超過 1,000 年歷史的大教堂，在現代也被稱為「教會之母」。在波蘭的歷史和波蘭民族意識中，始終扮演著重要的地位。

美麗壯觀的瓦維爾教堂

教堂入口

教堂屋頂

在教堂的塔上可以遠眺舊城區

齊格蒙特之鐘

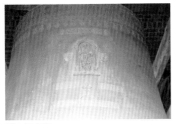
鐘上的文字

諾瓦克鐘 (Nowak) 與 齊格蒙特鐘 (Dzwon Zygmunta)

　　大教堂的塔上，掛著十個鐘。其中諾瓦克鐘 (Nowak) 是最老的鐘，13 世紀就有了，它是古時候教堂舉辦儀式所使用的鐘；而齊格蒙特鐘 (Dzwon Zygmunta) 是最大、最重要的鐘，安裝於 1521 年 7 月 9 日。齊格蒙特鐘也是最重要的一個鐘，只有在重大事件發生時，才可以聽到它的聲音，例如教宗過世、總統過世等等。

大教堂地下室

　　在大教堂的地下室，遊客可以看到許多重要人物的石棺、墓碑、墓誌銘和紀念碑等等。自 11 世紀以來，重要的人物過世之後，就會被保存在這裡。地下室有聖徒的遺物，也有大多數波蘭國王的遺體，14 ～ 18 世紀的國王，幾乎都被埋葬在這裡 (共有 17 位國王)。不只是國王，這裡也埋了許多波蘭民族英雄，如柯斯丘什科和畢蘇斯基；也有不少民族詩人在此長眠，如亞當密茨凱維奇。2010 年在俄羅斯墜機罹難的波蘭前總統卡辛斯基和夫人瑪麗亞，也被葬在這裡。

蜜拉小提醒

參觀教堂的注意事項

請注意，大部分的教堂不允許穿短褲、露出肩膀或後背的人進入，參觀教堂時請尊重規定，也請關閉手機。聊天時請降低音量，因為除了遊客之外，教堂裡可能還有在祈禱的信徒。

龍之窟
Smocza Jama

拜訪瓦維爾龍

✉ Wawel 5, 31-001 Kraków ☎ +48 12 422 51 55 ⏰ 因時間經常調整，出發前請參考網頁：wawel.krakow.pl/en，點選 VISIT ➡ 位於瓦維爾山丘的西南部 ⏱ 30 分鐘 ⁉ 每日最晚售票時間為關閉前 15 分鐘。不適合有幽閉恐懼症的人參觀。參觀行程結束後會離開瓦維爾山丘，建議最後參觀 MAP P.132

龍之窟是克拉科夫著名的洞穴，與瓦維爾龍的傳說息息相關。相傳瓦維爾龍從前棲息在瓦維爾山丘下，威脅著老百姓的安全。克拉科夫的王子為了除掉這個怪物，於是宣布了一項命令：誰能把龍殺死，誰就能和他的女兒結婚。

重賞之下必有勇夫，有個貧窮的鞋匠挺身而出，把硫磺塞在羊皮裡，把它放在龍洞前面。貪吃的瓦維爾龍，以為這是真的羊，立刻將它吞下肚子。後來硫磺起了作用，瓦維爾龍覺得好渴、好渴，便飛到維斯瓦河喝水解渴。但因為喝得太急，喝得太多，最後便在河邊撐死了。

雖然傳說中龍已經死掉了，但在現代，還是有個看龍的方法，那就是到龍之窟裡面探險。龍之窟的入口在山丘上，進了磚塔門口，接著會一路往下，直達山丘深處。如果你夠幸運，便能找到離開龍之窟的路，在出口看見一隻不時噴火的瓦維爾龍。

龍之窟洞穴深達 270 公尺，可參觀的路線大約為 81 公尺，裡面陰暗而幽靜，相當有氣氛。17 ～ 18 世紀時，中間的洞穴甚至曾經被當作酒館和倉庫使用。到了現代，每年有將近 40 萬遊客，來這裡尋找瓦維爾龍的蹤跡。

龍之窟探險的入口

1.狹窄的向下階梯／2.如果你夠幸運，就能找到逃出洞穴的路，與瓦維爾龍面對面接觸／3.底部別有洞天

歷史的傷痕 奧斯威辛集中營

　　距離克拉科夫不遠的奧斯威辛集中營，是二次大戰時納粹德國建立的集中營當中，最大的一個。這裡發生了許多悲慘的故事，數以百萬的無辜生命，在此消逝。集中營博物館的成立，也希望提醒世人和平的可貴。

奧斯威辛－比克瑙
納粹集中營博物館

Muzeum Auschwitz-Birkenau

✉ Więźniów Oświecimia 20, 32-603 Oświęcim　☎ +48 33 844 80 99　◷ 開放時間因季節而異，行前請查詢官網　$ 參觀都需要上網預約，但如果自己搭車過去，不跟著導遊導覽，可免費入場；如果不想自己去參觀，也可以在克拉科夫當地旅行社購買 1 日遊行程，包括從克拉科夫到集中營的交通，和專業的導遊解說　➡ 如果要自己去，建議搭乘公車，不建議搭火車，因為奧斯威辛車站離博物館的距離大概有 2 公里之遠　⏱ 4～6 小時　http auschwitz.org(點選上方的 English 切換成英文版)　❓ 無論自己或跟導遊參觀，都需要上網預約(英文版官網→ Visiting → Reservation)。因為名額有限，建議至少 1 個月以前預約。另外也建議越早去參觀越好，以避開人潮。每天開放的時段和人數皆有不同，可多加比較　MAP P.2

　　1940 年 6 月 14 日，有一群波蘭政治犯，共 728 人，抵達了克拉科夫西方 70 公里的小鎮奧斯威辛。納粹親衛隊的隊長，用了這段話來歡迎他們：「健康的年輕人，可以在這裡活 3 個月吧！這裡唯一的出口，就是焚屍間的煙囪。」

大型背包無法帶進去，要寄放在入口外的保管處

前往集中營的公車

可至服務台查詢公車月台，以及購買車票

1. 著名的集中營門口，上面有德語的牌子「勞動帶來自由」／2. 很難想像這裡過去發生這麼多悲劇／3. 奧斯維辛的第一任指揮官 Rudolf Höss，在戰後被判處死刑，最後被吊死在這裡。這裡過去是集中營審問、刑求因犯的地方／4. 焚屍間／5 重重的鐵絲網，門禁森嚴

就這樣成立了。

集中營是納粹德國屠殺猶太人、波蘭人、羅姆人、政治犯、戰俘和其他國籍人的地方，而奧斯威辛集中營，是所有納粹集中營當中最大的一個，也是死亡人數最多的一個。

奧斯威辛集中營成立後不久，納粹便開始在這裡進行一連串的猶太滅絕計畫。猶太人被塞進火車，從歐洲各地被送了進來。為了加快殘害猶太人的速度，德國人甚至直接把軌道蓋進集中營門口。

納粹軍人會對剛到的猶太人，進行第一階段的篩選。老人、病人、小孩，以及被認定無法工作的人，就會被直接送進毒氣室殺害。在這一階段存活下來的人，就會面臨強制勞動、醫學實驗，以及種種不人道的待遇。他們每天都過著極度飢餓，極度勞累，擁擠和絕望的生活。

在這樣惡劣的環境下，每天都有無數的人死亡，他們的屍體，會被送到焚屍間燒掉。納粹會拿走他們的金牙和飾品，剃光他們的毛髮作為衣服原料。甚至連他們身上的油脂，都會被拿來製成肥皂。病態的程度，讓人難以想像。

成千上萬來自歐洲各地的猶太人、波蘭人、羅姆人和其他國籍的人，不斷被運來這裡，德國人也因此不斷擴建營區，增設各種大規模的殺人設備。甚至在不遠處蓋了奧斯維辛二號營區──比克瑙。到了 1943 年，甚至有多達四座大型的毒氣室和火葬場，在集中營內運作。

直到 1945 年 1 月 27 日，蘇聯軍隊攻下奧斯威辛市，才解放了集中營。

歷史學家後來估計，大約有 110 萬人，死在奧斯威辛集中營。其中約有 96 萬猶太人、7.5 萬波蘭人、2.1 萬羅姆人、1.5 萬蘇聯戰俘以及約 1.5 萬其他國籍的人。

奧斯威辛集中營占地遼闊，完整保存了當時的樣貌。除了建築物之外，你也可以看到受害者留下的遺物，包括 39,978 立方公尺的鞋堆、超過 3,800 件行李箱、超過 12,000 個盤子，另外還有毛髮、眼鏡、衣服以及許多其他物品。

博物館收藏品還包括納粹德國人殺人的證據，包含毒氣室、毒氣「旋風 B」的罐子、槍決牆和焚屍間。

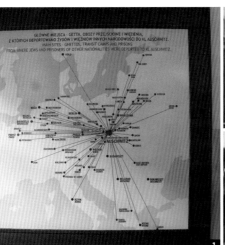

1. 猶太人從歐洲其他城市被運到奧斯維辛／2. 剛到奧斯威辛的人，會經過第一階段的檢查，沒有工作能力的人就會直接被送去毒氣室／3. 旋風 B 毒氣罐／4. 再也無法領回的行李箱／5. 受害者的鞋子／6. 一來到集中營，所有的行李財產就會被沒收／7. 集中營裡的人，每天都只能吃到極少量的食物，幾乎每個人都成了皮包骨

1.受害兒童留下的衣物／2.生活環境極為惡劣／3.槍決的地點／4.這裡雖然也有醫院，但目的不是要救人，而是要判斷哪些人沒有利用價值，將這些人送去殺掉／5.囚服與受害者照片／6.受害者過去的生活照／7.搭車回克拉科夫的乘車處／8.回克拉科夫的公車時刻表

外公與集中營

二戰時的某一天，蜜拉的外公到外面買東西，被德國軍人抓了起來。沒有原因和理由，他就被押進火車裡。這輛火車，一路把他送進了集中營。

集中營很擁擠，衛生條件也很糟糕，每天都有人餓死，病死。為了活下去，他甚至會挖地上的雜草來吃。有一次不小心被德國軍人看到，他被狠狠打了一頓，前排牙齒都被打斷了。

後來因為集中營太擁擠了，長官決定每天抽出 10 個人，把他們帶去槍斃。蜜拉外公希望能活著回故鄉，和家人團聚。他每天都在祈禱，希望不要抽到自己。偏偏很不巧，某天長官真的抽到了他。他和其餘的人，就這樣被帶往處決牆。

反正都是要死，何不賭一把呢？

外公決定豁出去了，他趁著帶隊士兵不注意，跳上布滿尖銳鐵絲的牆，儘管身體被刺穿，血不停流出來，非常疼痛，他還是不斷往上爬。

蜜拉的外公與外婆

士兵發現了，開始對他開槍。他順勢一翻，整個人摔出牆外。雖然全身都在流血，他還是咬緊牙根，拚命地跑。

後來他躲進了樹林裡，擺脫追捕的士兵後，便走到火車站，攀上貨運列車，躲進車廂內，帶著滿身的傷回到了老家。

身高 182 公分的他，已經瘦到只剩 38 公斤。外公的媽媽，已經完全認不出他來了。倖存回來的蜜拉外公，便決定要把故事說出來，讓所有的人知道，曾經有過這麼一段黑暗的歷史。

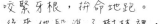

奇幻鹽礦地下城 維利奇卡鹽礦

與其說是鹽礦，其實這裡更像是一個地下城。來到此地，你會有種置身奇幻電影的感覺。對於礦坑探險有興趣的朋友，絕對不能錯過這個讓人歎為觀止的地方。

維利奇卡鹽礦
Kopalnia Soli w Wieliczce

✉ Daniłowicza 10, 32-020 Wieliczka ☎ +48 12 278 73 02
🕐 請先上網預約訂票，確認抵達時間 ➡ 建議從克拉科夫中央火車站 Kraków Główny 搭火車到 Wieliczka Rynek-Kopalnia 站，車程大概 25～35 分鐘。下車以後往南走，過了 Dembowskiego 大馬路，繼續往前沿著 Daniłowicza 路往上走。大概 3 分鐘後即可在右手邊看到鹽礦 ⏱ 3.5 小時 http www.wieliczka-saltmine.com ❓ 因為名額有限，建議提前 2 個星期上網訂票，請上官網，點選左邊的 ONLINE TICKETS 開始預約訂票。但不適合有幽閉恐懼症的人去參觀 MAP P.2

維利奇卡鹽礦位於克拉科夫東南方 13 公里，是世界上最古老的鹽礦之一，同時也是經營時間最長的礦場，於 1978 年被列入聯合國教科文組織的世界遺產。

傳說中，維利奇卡鹽礦的誕生，源自於匈牙利公主金加 (Kinga)。準備與克拉科夫王子結婚的她，在離開匈牙利前，請國王送她一個鹽塊當作嫁妝，因為當時在波蘭，鹽是非常珍貴稀少的物品。國王便帶著公主，到了一座鹽礦區，公主把她的訂婚戒指，丟進其中一個礦井裡。後來公主抵達克拉科夫，便請礦工在維利奇卡這裡向下挖掘，礦工最後在地底挖到了一個鹽塊，把它分成兩半後，赫然發現公主的訂婚戒指就在裡面。從此之後，維利奇卡就有了鹽礦，成了歐洲

維利奇卡鹽礦外部

1.鹽礦坑內的雕像／2.關於金加公主的傳說場景／3.為了避免爆炸引發大火，從前礦工會事先燒掉甲烷／4.過去鹽礦工人工作的情景／5.卡齊米日三世國王雕像

著名的礦場。而公主金加，也成了礦工們的守護神。

　　維利奇卡鹽礦的開採，早在 13 世紀就開始了。在當時，鹽是一種非常有價值的產品，可用於保存肉品、製作皮革，甚至可以當作交易用的貨幣。而該礦區也是歐洲最大的工業廠房之一，管理得很好，擁有最高的技術水平。

　　維利奇卡鹽礦的黃金時代是 16 和 17 世紀。當時，礦工約有 2,000 人，每年生產超過 3 萬噸的鹽。而現在，鹽礦的開採作業已經終止，目前只供參觀展覽使用。

　　鹽礦共有九層，深達 327 公尺，但遊客只能參觀到第三層，約為 135 公尺。波蘭人常開玩笑地說，維利奇卡鹽礦內可以放巴黎鐵塔，因為它只比鹽礦的深度矮 3 公尺。

　　鹽礦內最古老的部分是 Goryszowki 礦井，它的歷史可追溯至 13 世紀下半葉。遊

1. 寬廣的地下教堂
2. 禮拜堂
3. 地下教堂其中一座祭壇
4. 裡面的鹽雕許多都是出自於礦工之手
5. 高掛的水晶燈

客可以看到最高的礦井是 Staszica，高 36 公尺。有趣的是，之前這裡常常舉辦極限運動相關活動，如高空彈跳等等。這裡也是全世界第一個地下熱氣球飛行的地方，甚至名列金氏世界紀錄。

除此之外，遊客到了燃燒室 (Komora Spalone)，可以藉著光影的表演，體會從前燃燒甲烷的工作有多麼危險，為了避免採礦時釋出的甲烷太濃，引發爆炸，有時礦工必須先將甲烷燒掉。另外一個特別的事情是，這裡還有地底的療養院，深 135 公尺，位於第三層，可治療多種慢性疾病。

這裡也有歐洲唯一的地下教堂及聖金加禮拜堂。教堂深度高達 101 公尺，長 54 公尺、寬 18 公尺，高度 12 公尺。除宗教儀式之外，還有古典音樂會，甚至能舉辦婚禮。

從 1945 年到今天，已經有超過 4,300 萬名遊客參觀了維利奇卡鹽礦。而在 2017 年，有來自 200 個國家，超過 170 萬名遊客造訪，這也破了歷史的紀錄。

1. 仔細講解的導覽員
2. 鹽礦內的浮雕
3. 通道相當有氣氛
4. 這裡甚至有地下餐廳

✦ 波蘭絕美度假夢境 ✦
札科帕內

在爬山的路上都可以看到路標，上面會標示預測的走路時間

✤ 最熱門的山區小鎮

札科帕內 (Zakopane) 是位於波蘭南部的山區小鎮，一年四季都是度假勝地，被稱為波蘭冬天的首都。你可以參觀著名的 Krupówki 林蔭道，欣賞傳統建築，體會獨特的山區民間氣氛。這裡是探索塔特拉山脈 (Tatry) 的最佳起點，且是波蘭和斯洛伐克的邊界。推薦來此登山，享受高山湖泊和迷人山峰，冬天可以來滑雪，並欣賞波蘭人最喜歡的跳台滑雪比賽。

✤ 交通資訊

可以直接從其他城市搭火車去，因為山區的軌道有點舊，所以需要花一點時間。從克拉克夫到札科帕內約需要 3 個多小時 (買車票時請注意不要買到需要換車的，直達比較方便)。因為常塞車，不推薦開車或搭客運去。札科帕內算是小鎮，出火車站後即可抵達，一路沿著 Kościuszki 路直走，就會到最熱門的林蔭道 Krupówki。

山上的小旅館 (schronisko górskie)

✤ 推薦景點

以下推薦景點可直接從小鎮前往：

五池谷 (Dolina Pięciu Stawów) 的美麗風景

1. Krupówki 林蔭道，這裡也是札科帕內最熱鬧的地方 ✉ Krupówki
2. 塔特拉山脈博物館 (Muzeum Tatrzańskie) ✉ Krupówki 10
3. 倒立屋子 (Dom do góry nogami) ✉ Al 3 Maja
4. 札科帕內風格博物館 (Muzeum Stylu Zakopiańskiego) ✉ Kościeliska 18
5. 古巴洛瓦卡山 (Gubałówka)，可搭纜車上山頂欣賞漂亮的全景，包括最有名的山 Giewont，看起來很像一個在睡覺的騎士 (這也是札科帕內的象徵) ✉ Na Gubałówkę
6. 跳台滑雪 (Wielka Krokiew) ✉ Czecha 1

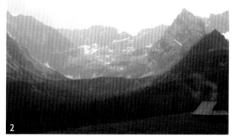

1. 海洋之眼 (Morskie Oko)，是相當知名的景點／2. 爬山的過程中，可以享受群山環繞的漂亮風景

❖ 登山景點

以下景點需搭乘巴士前往：

1. 卡斯普羅維峰 (Kasprowy Wierch)，最受歡迎的山，請搭乘前往 Kuźnice 的巴士。下車後可以自己爬，或搭空中纜車 (熱門時段要排隊很久)。

2. 塔特拉山脈 (Tatry) 非常漂亮，可依照身體狀況選擇不同難度的山路，請參考地圖上的資訊。🔃 塔特拉山脈救援團隊 TOPR 電話：985

3. 如果想造訪景點「海洋之眼」，可搭乘有 Morskie Oko 牌子的巴士，下車後還需要走 8 公里。步行約需 3 個多小時 (依各人走路速度有不同)。為了保護動物，不推薦搭馬車。到了海洋之眼可以繼續往上爬，到波蘭最高的山 Rysy(2499 公尺，但不建議安排在一天內往返)，或者繞著湖泊走，約一小時。

❖ 爬山的注意事項

1. 如果你打算爬山，一定要買 Tatry i Zakopane 地圖，地圖內容包含城市和山區部分 (可以在全國的書店買，或直接在札科帕內買)。地圖上也會附上許多登山資訊，非常實用。

2. 可以先前往火車站，站前有很多小巴士，載人去國家公園不同登山口。窗戶都有一個牌子，如果你不確定要搭哪一輛，可以給他們看地圖，他們就會告訴你對的巴士。

3. 即使夏天爬山，也要記得穿合適的衣服和鞋子，天氣好的時候在高地仍需要穿手套。波蘭的山道跟台灣的不一樣，沒有樓梯，只有土或石頭。出門前也要記得帶足夠的食物和飲料。

4. 記得早一點出門，爬山需要花時間，早點出門也能避開人群。

5. 你也會發現有的地方有小旅館 (schronisko górskie)，你可以在那邊休息、吃飯喝東西。也可以在那邊睡覺 (很簡單的住宿)，但一定需要提早幾個月預約，因為很受歡迎。

🔲 預約網址：schroniska-pttk.com.pl/tatry.html

1. 要記得穿適合的衣服和鞋子，在山頂即使是夏天，都會非常涼快／2. 爬山的路上，常常有大小不一的石頭，要記得穿合適的鞋子

美食指南

Glonojad
素食平價餐館

✉ Plac Jana Matejki 2, 31-157 Kraków　☎ + 48 12 346 16 77　🕐 每日 08:00 ～ 22:00 幣　➡ 從舊城廣場出發，約 8 分鐘可抵達。沿著 Floriańska 路往北走，穿過弗洛里安門後過馬路，即可抵達 Plac Jana Matejki 路　http Facebook 搜尋 Glonojad　MAP P.132

　　這間位於舊城區北邊的小餐館，也是克拉科夫地區相當知名的素食餐廳，就連不吃素的波蘭人，也很喜歡來這邊用餐。推薦波蘭素水餃 (pierogi z soczewicą)、空心菜薄餅 (naleśnik ze szpinakiem)。喜歡飲酒的朋友，一定要試試這裡超特別的溫啤酒 (grzane piwo)，有濃濃的香料味。除了午餐和晚餐，這裡也有供應早餐！是個 CP 值非常高的好選擇。

開店營業前的 Glonojad

因為好吃又划算，波蘭在地人也相當喜歡來這邊用餐

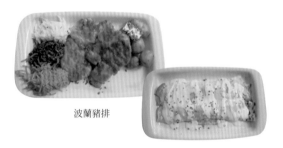
波蘭豬排

波蘭薄餅

1. 牛奶吧是波蘭最經典的平民餐廳／2. 非常受到在地人歡迎的餐廳，總是坐滿了人

Milkbar Tomasza 推!
克拉科夫最棒的牛奶吧

✉ Świętego Tomasza 24, 33-332 Kraków　☎ + 48 12 422 17 06　🕐 每日 08:00 ～ 18:00　➡ 從舊城廣場出發，約 4 分鐘可抵達。沿著 Floriańska 路往東北走，右轉接到 Świętego Tomasza 路後，走一小段路即可抵達　http Facebook 搜尋 Milkbar Tomasza　MAP P.132

　　這間牛奶吧雖然離舊城廣場相當近，但這裡可不是只有觀光客，波蘭在地人也非常喜歡來這邊用餐。最大的原因是，這裡不但供應各種美味波蘭家常菜，而且價格也很平易近人。你可以只花一點點錢，就吃到經典道地的波蘭料理，而且分量都不小喔！來這裡和波蘭人一起用餐，也是非常棒的波蘭體驗。

Trattoria Degusti
時尚義大利餐廳

✉ Floriańska 28, 33-332 Kraków　☎ + 48 601 536 815
🕐 每日 11:00～23:00　➡ 從舊城廣場出發，約 4 分鐘
可抵達。沿著 Floriańska 路往東北走一小段路即可抵達
http Facebook 搜尋 TrattoriaDegusti　MAP P.132

　　位於熱鬧的 Floriańska 路上，嶄新而時尚的
外觀，吸引了所有人的目光。雖然這間餐廳主
打義大利料理，但也有供應部分波蘭菜。晚餐
時刻，坐在大片落地窗旁，欣賞舊城風情，品
嘗佳肴，會是非常浪漫的享受。

餐廳 I 樓，環境寬廣悠閒

熱騰騰的香濃番茄湯

麵包裡的牛肝菌蘑菇湯 (圖片提供／ Morskie Oko，
攝影／ Klaudyna Schubert)

Morskie Oko
克拉科夫具有山區特色的餐廳

✉ Plac Szczepański 8, 31-011 Kraków　☎ + 48 124 312
423　🕐 每日 12:00～24:00　➡ 從舊城廣場往西北邊走，沿
著 Szczepańska 路直走約 3 分鐘，到了一個小廣場，在右手邊
即可看到餐廳 http Facebook 搜尋 Morskie Oko Restauracja
MAP P.132

　　餐廳名字 Morskie Oko 源自於塔特拉山脈 (Tatry)
的漂亮湖泊。這是一家位於克拉科夫舊城的美味餐
廳，在這裡可以感受到一種特別的氣氛，很有波蘭
山區的感覺。推薦於週二～六 (夏季是週一～日)
晚上 19:00～23:00 前往用餐，那時候會有山區樂
團的表演。這裡也提供相當豐富的菜單，包括很多
當地的菜肴，比如山區的 moskole(烤的馬鈴薯餅
加大蒜奶油)、kwaśnica(酸
白菜和肋骨湯)、placek
po zbójnicku(馬鈴薯餅
加牛肉和傳統燻起司)
等。可上網預約。

 蜜拉小提醒
波蘭人飲食習慣不常吃辣
大部分的波蘭人都不習慣吃辣，因此
很難在餐廳找到辣的料理。即使在波
蘭的亞洲餐廳點最辣的菜，對喜好吃
辣的人來說，可能也只是小辣的程度。

山區風格的牛排 (圖片提
供／ Morskie Oko，攝影
／ Klaudyna Schubert)

舊城區

Dziórawy Kocioł

推!

神祕的魔法咖啡廳

✉ Grodzka 50/1, 31-044 Kraków　📞 +48 12 4 225 884
🕐 每日 09:00 ～ 22:00　➡ 從舊城廣場一直沿著 Grodzka
路走 5 分鐘　http dziorawykociol.pl，或 Facebook 搜尋
Dziórawy Kocioł

　　克拉科夫最神祕的咖啡廳，吸引哈利波
特和魔法的粉絲。如果你想體驗不一樣的氣
氛，暫時離開麻瓜世界，歡迎來到 Dziórawy
Kocioł(漏水的鍋子)，喝一杯幸運藥水，
吃一塊巫師的覆盆子起司蛋糕或煎餅。
你也可以順便買一些小紀念品。

1. 用餐環境就像是霍格華茲一樣／
2. 魔法點心／3 魔法冰沙 (以上圖片
提供／ facebook.com/dziorawykociol)

舊城區

Albertina

高級波蘭餐廳

✉ Dominikańska 3, 31-043 Kraków　📞 + 48 12 333 41 10
🕐 每日 12:00 ～ 23:00　➡ 從舊城廣場出發約 6 分鐘可
抵達。沿著 Grodzka 路往南走，再於 Dominikańska 路左
轉往東走，不久後即可抵達　http Facebook 搜尋 Albertina
Restaurant & Wine　MAP P.132

　　這間位於舊城區的餐廳，給遊客多種特別的
菜色選擇。有傳統的波蘭菜、海鮮，及各種野
味料理；或者你也可以選擇鴨肉、鵝肉、鹿肉、
野豬肉等料理，適合點杯葡萄酒，與朋友一同
品味嘗鮮。如果想嘗試新口味，可以試試看他
們的松樹芽冰淇淋 (las)，是一種非常特別的甜
點。這間餐廳以波蘭的物價標準來說，較為高
價，建議先上官網確認菜色和價格。

服務好，氣氛佳的 Albertina 餐廳

舊城區

Vegab

克拉科夫素食者的綠洲

✉ Starowiślna 6, 31-038 Kraków　☎ + 48 889 113 373
🕐 週一～四 11:00～22:00，週五 11:00～24:00，週六 13:00～20:00，週日公休　➡ 從舊城廣場出發，約 8 分鐘可抵達。沿著 Sienna 路往東南走，穿過公園之後繼續走，過馬路之後接到 Starowiślna 路，走一小段即可看到餐廳　http Facebook 搜尋 Vegab　MAP P.132

　　這間位於舊城區外的捲餅店，可說是克拉科夫地區素食者的聖地。在這裡你可以選擇各式各樣的素食捲餅，食量較大的人也可以加大，食材新鮮，用料實在。另外這裡也可以喝到可口的水果冰沙，還有素起司、蛋糕和熱狗。如果你來克拉科夫，很推薦來這邊飽餐一頓。

位於大馬路上的素食餐廳 Vegab

可自由選擇你喜歡的口味

店裡座位不多，用餐環境舒適，常常擠滿了素食愛好者

位於舊城鬧區的熱門餐廳

舊城區

Miód Malina

推薦靠窗位置感受城區熱鬧

✉ Grodzka 40, 30-001 Kraków　☎ + 48 12 430 04 11
🕐 週四～六 12:00～23:00，週日～三 12:00～22:00
➡ 從舊城廣場出發約 6 分鐘可抵達。沿著 Grodzka 路往南走即可抵達　http miodmalina.pl/en　MAP P.132

　　位於舊城區熱鬧地段的 Miód Malina，總是坐滿了許多遊客。氣氛好，食物美味，服務熱情，Miód Malina 試著讓每個客人都有一段美好的用餐體驗。推薦可以試試他們的波蘭水餃 (pierogi) 和馬鈴薯薄餅 (placki ziemniaczane)。如果可以，也建議選擇靠窗的位置，可以一邊看舊城人潮，一邊用餐，會是非常舒服的享受。

Lajkonik

舊城區

克拉科夫地區特有的連鎖麵包店

✉ Basztowa 15, 31-143 Kraków ☎ + 48 533 335 281
🕐 週一～五 06:00 ～ 20:00，週六、日 07:00 ～ 19:00(各
分店可能略有不同) ➡ 從舊城廣場出發，約 7 分鐘可抵達。
沿著 Sławkowska 路往東北走，於 Basztowa 路右轉，走一
小段路即可抵達 🌐 www.lajkonik-pik.pl/en 🗺 P.132

這間麵包連鎖店，在克拉科夫地區不時可以
看到它的身影。當地人喜歡來這邊買麵包、吃
蛋糕，或是喝咖啡。與一般麵包店不同的是，
室內設有桌椅，所以不但可以外帶，也可以內
用。因為價格比一般咖啡店划算，是個享用早
餐的好地方。

1. 有各式各樣
的麵包供客人
挑選／ 2. 告訴
店員你想要點
什麼／ 3. 當地
人吃早餐的好
選擇

啤酒麵包

可頌麵包

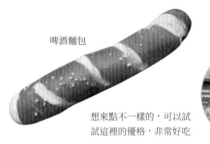

想來點不一樣的，可以試
試這裡的優格，非常好吃

這裡是個放鬆心情，吃甜點、喝咖啡的好地方

Nakielny

舊城區

主打美味冰淇淋

✉ Basztowa 15, 31-143 Kraków ☎ +48 881 823 585
🕐 每日 08:00 ～ 20:00 (各分店可能略有不同) ➡ 從舊城
廣場出發，約 6 分鐘可抵達。沿著 Sławkowska 路往東北
走，於 Basztowa 路右轉，走一小段路即可抵達 🌐 www.
nakielny.pl 🗺 P.132

Nakielny 也是克拉科夫地區特有的店家，目
前有 3 間分店，但最靠近舊城，交通最方便的，
就屬位在 Basztowa 路上的這家。這邊的氣氛
很棒，椅子坐起來很舒服，適合和朋友一起來
吃塊蛋糕，喝杯咖啡。而冰淇淋也是這間店的
主打商品，有興趣的朋友可以試試看。

Żarówka Café

蜜拉最喜歡的克拉科夫咖啡廳

✉ Floriańska 20, 33-332 Kraków　📞 + 48 664 030 385
🕐 週一、五、六 09:00～20:00，週二～四、日 09:00
～19:00　➡ 從舊城廣場出發，約 4 分鐘可抵達。沿著
Floriańska 路往北走一小段路，從 Floriańska 路左轉進去小
巷子即可抵達　http Facebook 搜尋 Żarówka Café　MAP P.132

位於舊城區寧靜的小巷子內，非常適合休息，暫時遠離吵鬧的觀光景點，喝杯咖啡與朋友好好閒聊。不論是裝潢、燈光或桌椅，都能給人放鬆的感覺。除了咖啡之外，也可以試試看他們的冰沙，相當美味。

1. 入口的雕像非常神秘／ 2. 讓人放鬆的溫馨小店／ 3. 店裡店外都有座位／ 4. 試試看這裡的咖啡和水果冰沙吧

Cafe Camelot

舊城小巷內的典雅咖啡廳

✉ Świętego Tomasza 17, 33-332 Kraków　📞 + 48 12 421 01
23　🕐 週日～四 09:00～23:00，週五、六 09:00～24:00
➡ 從舊城廣場出發，約 2 分鐘可抵達。沿著 Świętego
Jana 路往東北走，於 Świętego Tomasza 路右轉即可抵達
http Facebook 搜尋 Cafe Camelot　MAP P.132

位 於 克 拉 科 夫 曲 折 的 小 巷 Świętego
Tomasza 之內，這間咖啡廳外觀典雅，內部給人溫暖溫馨的感覺。裡面的空間比預期中大上不少，如同相連在一起的洞穴。這裡的店員很友善，甜點也相當美味。蛋糕和水果奶昔都是不錯的選擇，如果想來點熱的食物，可以試試看洋蔥湯。另外，這邊也有供應早餐喔！

咖啡廳置身於舊城區內彎彎曲曲的小巷

內部的房間，有點像洞穴的感覺

Lody z lodziarni

舊城區

手工天然冰淇淋

✉ Floriańska 6, 33-332 Kraków　📞 + 48 606 111 439
🕐 每日 11:00 ～ 20:00　➡ 從舊城廣場出發，約 2 分
鐘可抵達。沿著 Floriańska 路往東北走即可抵達　http
www.lodziarnia.com　MAP P.132

　　這間冰淇淋店，開設在克拉科夫最熱鬧
的地段，店家標榜從處理水果開始，每一
道製作程序，都是手工完成的。味道香濃
可口，並提供多種口味選擇。推薦覆盆子
口味，或是比較少見的玫瑰口味。另外這
邊也有賣新鮮果汁，也可以試試看。

位於鬧區的純手工冰淇淋店

來這裡喝咖啡，或許可以激發你的靈感喔

舒適的室內空間

NapNap Café

舊城區

克拉科夫文青咖啡廳

✉ Zwierzyniecka 5, 31-103 Kraków　📞 + 48 12 371 27
20　🕐 每日 08:00 ～ 17:00　➡ 從舊城廣場出發，約 8 分
鐘可抵達。沿著 Bracka 路往南走，於 Franciszkańska 路右
轉，直走通過公園，過馬路之後接到 Zwierzyniecka 路，
走一小段路即可抵達　http Facebook 搜尋 NapNap Cafe
MAP P.132

　　位於舊城區之外，一般遊客鮮少會造訪這
裡，但這是一個你絕不能錯過的在地咖啡廳！
可以用划算的價格，喝杯香醇的咖啡；也可以
在這邊吃早餐，享用簡單的餐點。室內的裝潢
配置相當有味道，木質
桌椅，昏暗的燈光，
以及牆上掛滿的
黑白照片，讓這
裡散發出濃濃的
文青氣息。

牆上掛滿了黑白照片和訪客留言

瓦維爾區

Art Restauracja
贏得國際大獎的波蘭高級餐廳

✉ Kanonicza 15, 33-332 Kraków ☎ + 48 537 872 193
🕐 每日 18:00 ～ 23:00 (可上網訂位；套餐最後點餐時間
21:30) ➡ 從城堡出發，沿著瓦維爾北部的 Kanonicza
路走約 2 分鐘 🌐 artrestauracja.com 🗺 P.132

　　餐廳融合傳統波蘭料理，和現代的創意想
法，讓客人重新發現波蘭菜的美味。他們使用
當地最優質的食材，也因為如此，菜單會因季
節而改變。菜單分成午餐和晚餐，晚餐又分成
7 道菜和 9 道菜兩種，另外還可以再加點其他
的菜或甜點。

　　Art Restauracja 於 2018 年獲得波蘭料理的
World Luxury Restaurant Award 高級餐廳獎，
如果有足夠預算，很建議來吃吃看。但要記得
先打電話或上網預約，如果吃素或對某些食物
過敏，記得在預約時告知餐廳。

鹿腩、森林野蘑菇、蕎麥片、羽衣甘藍獵人燉肉、黑莓
(圖片提供／ Art restauracja. Chef Michał Cienki)

奶油與野牛草、烤蘋果、脆餅和蘋果醋凝膠
(圖片提供／ Art restauracja. Chef Michał Cienki)

牆上有許多波蘭的現代藝術畫作

馬鈴薯
餅加酸奶

馬鈴薯泥　　佐以特別沾
　　　　　　醬的雞柳料理

瓦維爾區

Restauracja Pod Baranem
餐廳牆上掛滿名人合照與畫作

✉ Świętej Gertrudy 21, 33-332 Kraków ☎ + 48 12 429
40 22 🕐 週一～六 13:00 ～ 22:00，週日 13:00 ～ 18:00
➡ 從舊城廣場出發約 12 分鐘可抵達。沿著 Grodzka 路
往南走，左轉至 Świętego Idziego 路，再左轉到 Świętej
Gertrudy 路，即可抵達 🌐 podbaranem.com 🗺 P.132

　　Restauracja Pod Baranem 就位於瓦維爾城
堡附近，遠離了舊城區的喧囂，路上往來遊客
較為稀少。路過這裡可能會覺得這家餐廳沒什
麼特別，但實際進去之後，會發現裡面大有意
思。牆上掛滿了名人合照，以及波蘭藝術家的
畫作，一邊用餐一邊欣賞，也是很有趣的事
情。推薦可以試試甜菜根湯 (borscht) 和雞柳
料理 (chicken fillet sautéed with herbs)。

Hummus Amamamusi

猶太區

鷹嘴豆泥超過 25 種口味，素食者必訪

✉ Beera Meiselsa 4, 31-063 Kraków ☎ + 48 533 306 288
🕐 每日 09:00 ～ 17:00 ➡ 位於猶太區，沿著 Krakowska
路一直往南走，過幾分鐘後右轉走 Meiselsa 路，續往前，
餐廳在右手邊 🌐 hummus-amamamusi.pl 🗺 P.132

　　來到這家位於猶太區的餐廳，你可以嘗試
看看這裡最出名的鷹嘴豆泥，可說是色香味俱
全。如果你是素食者，也很推薦來到這邊，有
純素或素的早餐、湯、皮塔餅、鷹嘴豆泥。除
此之外，這間店也供應相當優質的咖啡。試著
將鷹嘴豆泥搭配麵包、蔬菜和新鮮香料一起享
用，體會新鮮蔬食的甘甜味。

　　這間店的老闆很熱情，特別強調他們 5 年
前開始在這裡創業，最終的目標就是希望藉著
鷹嘴豆泥帶給人們幸福。

1.這裡是素食者的天堂，餐點選擇多元／ 2. 不但美味，
店家也很重視餐點的美感 (圖片提供／ Mateusz Torbus)

蜜拉最喜歡的　　　　　　　　　　喬治亞特有
猶太區餐廳　　　　　　　　　　　的水果汽水，
　　　　　　　　　　　　　　　　非常好喝

喬治亞包子

Tbilisuri

猶太區

推！

超美味喬治亞餐廳

✉ Beera Meiselsa 5, 33-332 Kraków ☎ + 48 572
525 185 🕐 每日 13:00 ～ 22:00 ➡ 從猶太區聖殿
會堂 (Synagoga Tempel) 出發，約 3 分鐘可抵達。沿
著 Miodowa 路往西南走，於 Krakowska 左轉，再於
Meiselsa 左轉即可抵達 🌐 Facebook 搜尋 Tbilisuri
🗺 P.132

　　位於猶太區，相當好吃的一家餐廳，服務
很周到，價格也合理。來這邊用餐，不但可以
享受美味，而且不用花太多錢，就可以吃得很
飽。如果不確定要點什麼，推薦可以試試喬
治亞烤雞 (szkmeruli)，獨特的醬料超級美味，
用麵包沾著吃也很棒。也可以試試喬治亞包子
(chinkali)，分量很足，也有素食的選擇。另外
也推薦喬治亞特有的水
果汽水 (zedazeni)，
微甜清爽的口
感，相當適合
用餐時飲用。

必點的喬治亞烤
雞，搭配特殊的醬
料，堪稱人間美味

Cytat Cafè
猶太區的特色咖啡廳

✉ Miodowa 23, 31-055 Kraków　☏ + 48 502 127 852
🕐 週日～四 08:00 ～ 22:00，週五、六 08:00 ～ 23:00
➡ 位於猶太區，從聖殿會堂 (Synagoga Tempel) 斜對面
http Facebook 搜尋 CytatCafe　MAP P.132

　　這間咖啡廳位於猶太區，有著用咖啡帆布袋布置的櫃檯，以及鮮花和書本裝飾的窗檯，可說是風格獨具。店員很有耐心，服務親切，也願意耐心介紹菜單給客人。除了咖啡之外，這邊也有供應早餐。推薦來這邊，聽著輕柔的音樂，喝杯咖啡，吃個法式吐司，享受愜意的猶太區之旅。

位於主要景點附近的 Cytat Cafè

書香、花香、咖啡香

位於猶太區的 Cheder，同樣也散發出濃濃的文藝氣息

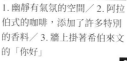

1. 幽靜有氣氛的空間／2. 阿拉伯式的咖啡，添加了許多特別的香料／3. 牆上掛著希伯來文的「你好」

Cheder
品味異國風情茶

✉ Józefa 36, 33-332 Kraków　☏ + 48 515 732 226　🕐 每日 10:00 ～ 21:00　➡ 位於猶太區，從聖殿會堂 (Synagoga Tempel) 出發，約 4 分鐘可抵達。沿著 Miodowa 路向東走，於 Jakuba 路右轉，走到底即可抵達　http Facebook 搜尋 Cheder　MAP P.132

　　這間位於猶太區的咖啡廳，供應來自中東地區，各種不同的茶和咖啡。你可以細細研讀菜單，選擇一款具有異國風味的飲品好好享受。除了飲料之外，這裡也有中東小點心，也建議可以把握機會試看看。室內安靜有氣氛，裝潢別具特色，值得一來。

位於波蘭北方的格但斯克，是從前的商業重鎮。來自各地的商人、科學家、藝術家聚集在這裡，共同創造出豐富多元的文化。來到這裡，欣賞美輪美奐的古代建築，在河畔漫步，是相當浪漫的事情。

河畔的景色，也是格但斯克最著名的地方

格但斯克
Gdańsk

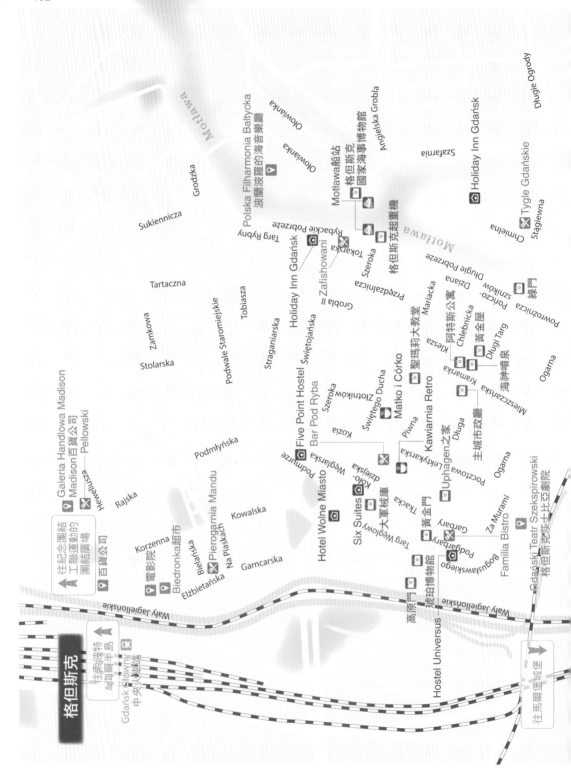

格但斯克

Gdańsk Główny
中央火車站

往索波特島
&海爾半島

往紀念團結
工聯運動的
團結廣場

Galeria Handlowa Madison
Madison百貨公司
Pellowski

百貨公司

Hewelliusza

Rajska

Korzenna

Biedronka超市
電影院

Bielańska

Pierogarnia Mandu
Na Piaskach

Elżbietańska

Garncarska

Kowalska

Podmlyńska

Korzenna

Wały Jagiellońskie

Hostel Universus

琥珀博物館

高原門

Bogusławskiego

Familia Bistro

Za Murami

Gdański Teatr Szekspirowski
格但斯克莎士比亞劇院

往馬爾堡城堡

Motława

Grodzka

Sukiennicza

Tartaczna

Zamkowa

Stolarska

Podwale Staromiejskie

Tobiasza

Straganiarska

Świętojańska

Polska Filharmonia Bałtycka
波蘭波羅的海音樂廳

Ołowianka

Ołowianka

Targ Rybny

Rybackie Pobrzeże

Holiday Inn Gdańsk

II Zafishowani

Tokarska

Szeroka

Grobla II

Przędzalnicza

Angielska Grobla

Motława船站
格但斯克

國家海事博物館

格但斯克起重機

Szafarnia

Holiday Inn Gdańsk

Tygle Gdańskie

Chmielna

Stagiewna

Długie Ogrody

Dlong Pobrzeże

Długie Pobrzeże

Dziana

powroźnicza

Portczo-
szników

綠門

Ogarna

Mariacka

Kleisza

Chlebnicka

聖瑪莉大教堂

阿特斯公寓

黃金屋

Długi Targ

海神噴泉

Kramarska

Mieszczańska

黃金門

Długa

主城市政廳

Ogarna

Kawiarnia Retro

Uphagen之家

Poczta
Lektykarska

Pocztowa

Piwna

Świętego Ducha

Matko i Córko

Złotników

Szeroka

Kozia

Świętojańska

Five Point Hostel
Bar Pod Ryba

Podmurze

Węgiarska

Koło-
dziejska

Tkacka

Targ Węglowy
大軍械庫

Six Suites

Hotel Wolne Miasto

Garbary

Podgarbary

Tartaczna

城市印象

1. 格但斯克是著名的航運貿易中心，建築物上不時可看到帆船裝飾／2. 河畔邊停靠的帆船，也是格但斯克的城市象徵／3. 河畔有著許多搶眼的景色，這一帶也是格但斯克最受遊客歡迎的地區／4. 格但斯克的建築上有許多有趣的壁畫，逛舊城的時候不要忘記多加欣賞

　　格但斯克是個值得一遊，深具文化內涵的美麗地方。格但斯克成立於 9 世紀，一開始是個農業和漁業小鎮，後來發展成波羅的海沿岸繁榮的貿易城市，成為航運中心。格但斯克位於古代運輸琥珀的貿易路線「琥珀之路」上，直到今日，到格但斯克買琥珀，依舊是許多遊客到波蘭旅遊的必做之事。

　　格但斯克曾歷經許多不同政權的統治，如條頓騎士團、普魯士和德國等等。17 世紀是這裡的黃金時代，來自世界各地的商人、科學家、藝術家，不斷湧入格但斯克，也因此自古以來，這裡便以多元文化著稱。你可以從壯觀的建築中，發現許多異國文化元素。

　　對波蘭而言，格但斯克也是具有重要歷史意義的地方。1939 年 9 月 1 日，德國砲擊位於格但斯克附近的西盤半島 (Westerplatte)，象徵了第二次世界大戰的爆發。為了對抗共產政府，這裡分別於 1968、1970 和 1980 年爆發大型示威活動，後來在此成立的「團結工會」，也成為之後結束波蘭共產執政的重要角色。

　　格但斯克的河畔，也一直是這裡最著名的觀光景點，看著河面上的船隻，漫步在河岸邊的小道，遙想過去的歷史，絕對是非常享受的事情。

慶典活動

時間	慶典活動	簡介
1月	赫維留斯日 (Urodziny Heweliusza)	赫維留斯是格但斯克著名的天文學家,每年1月都會舉辦紀念他的活動,從戶外活動中了解他的科學發現。 http plama.gak.gda.pl (搜尋 Heweliusza)
5月底	格但斯克市節 (Święto Miasta Gdańska)	有許多表演、演唱會及遊行等等。 http imprezy.trojmiasto.pl/kalendarz-imprez/okolicznosciowe/festyn/(暫無官網,可至此網址查詢有無節日發布的相關資訊)
6月	格但斯克夏季音樂會 (Gdańskie Lato Muzyczne)	有許多好聽的古典音樂會。 http www.filharmonia.gda.pl
6月	猶太文化節 (Bałtyckie Dni Kultury Żydowskiej)	格但斯克波蘭猶太組織和文化協會每年6月,都會舉辦很多猶太相關的音樂會和藝術表演,也有烹飪和品嘗美食的活動。http tskz.pl/en
7月初	海尼根音樂祭 (Heineken Open'er Festival)	波蘭最重要的音樂活動之一,每年有數萬人參加。 http opener.pl/en
7～8月	國際風琴、合唱和室內樂節 (Międzynarodowy Festiwal Muzyki Organowej, Chóralnej i Kameralnej)	在格但斯克聖瑪莉大教堂舉行的音樂會,在歐洲最大的磚砌教堂內欣賞表演,特別有氣氛。 http en.bazylikamariacka.gdansk.pl
7月	波羅的海國際帆船節 (Baltic Sail／Międzynarodowy Zlot Żaglowców)	可以欣賞風帆、遊艇和帆船比賽,也可以登上帆船體驗氣氛,特別推薦給對航海有興趣的朋友。 http www.balticsail.pl
7月底起	聖多米尼克市集 (Jarmark Świętego Dominika)	每年7月底～8月在格但斯克舉行的商業文化活動。除了德國聖誕市集和慕尼黑啤酒節之外,這是歐洲最大的戶外活動。 http jarmarkdominika.pl
8月底	索波特音樂節 (Sopot Festiwal)	歐洲最古老的音樂節之一,可以聽到很多波蘭有名的樂團。http operalesna.sopot.pl/en
6～9月	格但斯克灣日 (Dni Zatoki Gdańskiej)	有很多有趣的活動,希望將格但斯克打造成具有吸引力的旅遊地點。如帆船比賽、演唱會、研討會,全部的活動,都與大海相關。適合喜歡海洋文化的遊客參與。
9月	維爾紐斯節 (Festiwal Wilno w Gdańsku)	有不少住在格但斯克的人,他們的祖先來自於立陶宛的首都維爾紐斯。為了讓兩個城市的人距離更近,每年9月都會舉辦維爾紐斯節,不但有立陶宛美食攤位,還有立陶宛的音樂表演。http odkryjpomorze.pl (搜尋 Wilno)

交通資訊

✈ 怎麼到格但斯克

出關後，地上有清楚的標示，跟著走即可前往搭乘公車或火車

從華勒沙機場出發

格但斯克附近有一個國際機場，名為格但斯克華勒沙機場 (Port Lotniczy Gdańsk im. Lecha Wałęsy)。出關後請跟著地板上的標記走，前往搭乘公車或火車。

機場大廳

如果選擇公車，請搭乘 210 號公車，可直接從 Port Lotniczy 站到達中央火車站 (Gdańsk Główny)。週間約每 30 分鐘一班，週末和假日每小時一班，可在站牌的購票機購票。到中央火車站的車程約 30 分鐘，單程票約 4.8 波幣，75 分鐘票約為 6 波幣，可無限次換車搭乘。若於 22:00 ～ 04:00 間抵達機場，可搭夜間公車 N3 前往市區，約每小時一班。

搭手扶梯上樓後，繼續沿著紅線走，即可到達火車月台

另外一個選擇是上樓，搭乘 SKM 火車到達市中心。可選擇搭到中央火車站，車程約 30 分鐘。車票可以在購票機買，或者上網購買，價格約為 5.5 波幣。

若跟著藍線走，即可抵達公車站牌，到 1 號候車亭可搭乘 210 號公車，查詢其車次班表

🌐 SKM 火車：bilety.skm.pkp.pl/en

格但斯克中央火車站

從其他城市出發

如果要從其他波蘭城市到格但斯克中央火車站，可以搭波蘭國家鐵路 (PKP)。有時候客運是最便宜的選擇，推薦搭乘巴士，有許多不同的上下車地點，大部分都在客運站 (Dworzec Autobusowy Gdańsk)，買到車票後記得確認一下。

✉ 客運站：3 Maja 12, 80-001 Gdańsk

✤ 格但斯克市區交通

格但斯克市區常見的交通工具有電車、公車和 SKM 火車。因為景點大部分集中在舊城區，若是沒有計畫到比較遠的地方，全程步行也是可以的。

電車、公車

一般公車和電車的營運時間約為 05:00 ～ 23:00，其餘的時間有 N 夜間公車，記得搭乘時也必須打票。關於搭乘電車與公車的小提醒，請參考 P.86。

格但斯克的公車

SKM火車

前往離市區稍遠的地方，或是鄰近格但斯克的小鎮，比如索波特 (Sopot)，可以搭乘 S 火車。它的正式名稱為 SKM，車身是藍色與黃色。搭乘 S 火車時，如果票是在網路買的，不需要打票，購票和查詢時間表可參考網站；如果票是在購票機買的 (而且是一張小紙)，上月台之前需要打卡。

簡單的判斷是否需打票的原則是「票的 size 和打票機的 size 一樣就要打票」

http bilety.skm.pkp.pl/en

✤ 划算好用的 ZTM 票

無論要搭公車、N 夜間公車、電車，都可以使用 ZTM 票。ZTM 票可以在遊客服務中心、郵局、書報攤和售票機購買。 http ZTM 交通工具時刻表：ztm.gda.pl

購買 ZTM 票

種類	全票票價	半票票價
單次票 (na jeden przejazd)	4.8 波幣	2.4 波幣
75 分鐘 (75-minutowy)	6 波幣	3 波幣
24 小時 (24-godzinny)	22 波幣	11 波幣

格但斯克 2 日遊這樣走

　　如果在格但斯克的時間不多，建議預留至少 1 天半的時間，才能勉強跑完所有景點，但是行程會比較趕。以下是 2 日遊景點遊玩順序，括號內為建議停留時間。

✣ 第 1 天

高原門(10分) ▶ 琥珀博物館(1小時) ▶ 黃金門(10分) ▶ 大軍械庫(30分) ▶ Uphagen之家(30分) ▶ 主城市政廳(1小時) ▶ 阿特斯公寓(30分) ▶ 海神噴泉(30分) ▶ 黃金屋(30分) ▶ 聖瑪莉大教堂(30分) ▶ 綠門(10分)

✣ 第 2 天

格但斯克的舊城，洋溢著濃濃的文化氛圍

格但斯克起重機(30分) ▶ 格但斯克國家海事博物館(1.5小時) ▶ 紀念團結工聯運動的團結廣場(1小時)

　　另外，格但斯克也有提供免費的導覽活動，以英文介紹各個景點，可參考網站了解詳細的時間和行程內容。http freewalkingtour.com/gdansk

---

── 旅 - 行 - 小 - 抄 ──

用 Tourist Card 暢遊格但斯克

來到格但斯克，可考慮購買遊客通行卡 Tourist Card，造訪許多景點和博物館，可以免費入場，去特定餐廳和旅館也能享有折扣。有包含交通與不含交通的卡片可供選擇，並有 24、48、72 小時三種有效時間的卡片。依種類的不同，全票價格約 50 波幣起。可在機場、火車站及舊城的遊客中心購買。

http visitgdansk.com/en (點擊上方的 TOURIST CARD)

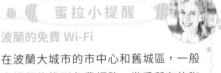

蜜拉小提醒

波蘭的免費 Wi-Fi

在波蘭大城市的市中心和舊城區，一般來說都能找到免費網路。幾乎所有的咖啡館和餐廳，都有提供免費 Wi-Fi，只要開口詢問服務員密碼即可，波蘭語為 hasło(念法：哈斯握)。但如果想要隨時都能上網，還是建議購買 SIM 卡。在大眾交通工具方面，很多火車上都有充電插座，但不是每輛火車都有 Wi-Fi(或是有但訊號不好)。

熱門必遊景點

高原門
Brama Wyżynna
格但斯克的主要入口

✉ Wały Jagiellońskie 2a, 80-887 Gdańsk　➡ 位於舊城區的西側，從火車站沿著 Wały Jagiellońskie 大馬路走過來只要 10 分鐘。可把高原門當作是遊覽舊城區的起點　⏱ 10 分鐘　MAP P.182

高原門建在城市最容易受到威脅的西邊，於西元 1571 ～ 1576 年是格但斯克主要的入口，以前門的前方，甚至還有一座吊橋。一開始的時候，高原門是非常簡單的建築，1588 年時，著名的雕刻家在石牆上，增添了美麗的葉子花紋。

在高原門的上半部可以看到三個徽章，中間的是波蘭徽章，由兩個天使共同支撐橢圓形的盾牌；右邊是格但斯克的徽章；而左邊是皇家普魯士的徽章，象徵著格但斯克過去不同的歷史階段。

門上還鑲有三句拉丁文，提醒政府和人民重要的價值觀念：「正義與虔誠」、「和平、自由和團結」以及「一切都是為了波蘭」。從前在高原門前，常常舉辦歡迎重要貴賓來訪的儀式 (例如波蘭王子)。在第二次世界大戰時，高原門有些受損，但狀況並不嚴重。重整修建之後，使我們在今天，依舊可以欣賞這座歷史悠久的建築。

1.波蘭徽章／ 2.石牆上有著美麗的葉子花紋／ 3.門上鑲有拉丁文句子

高原門正面

1. 琥珀博物館，這裡過去曾經是監獄／ 2. 建築背面

或許是因為過去曾經是監獄，裡面有種陰森的壓迫感

鐵窗與刑具

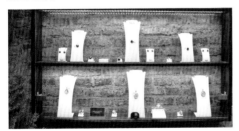

可以欣賞多種琥珀製品

琥珀博物館
Muzeum Bursztynu
古老監獄成功改造藝術博物館

✉ Targ Węglowy 26, 80-836 Gdańsk ☎ +48 789 449 649 ⏰ 開放時間因季節而異，行前請查詢官網 (museumgdansk. pl/en 的「Select branch you want to explore」) ➡ 位於高原門旁邊 ⏳ 1 小時 http muzeumgdansk.pl/oddzialy-muzeum/muzeum-bursztynu/ ⓘ 最晚入館時間為閉館前 45 分鐘 MAP P.182

　　琥珀是波蘭的重要出口商品，也是格但斯克的象徵之一。格但斯克的琥珀博物館相當新穎，成立於 2006 年，位於哥德復興風格的建築內，在中世紀時曾經是格但斯克的監獄。

　　來到這裡，可以了解琥珀的歷史、來源、特色，以及古代的琥珀貿易路線，也能欣賞各式各樣的天然琥珀，例如巨型塊狀琥珀或是包覆昆蟲和植物的琥珀。

　　博物館也介紹了不同種類的琥珀製品，比如作為外交禮物的琥珀設計品、17 世紀的格但斯克琥珀藝術品、罕見的琥珀品種，或是琥珀加上象牙浮雕等等。

　　在塔頂上還有藝術家作品的展覽，從應用藝術到現代裝置，創作都是以琥珀為基礎。除了琥珀博物館之外，還可以到地下墓穴去參觀。看看過去的牢房，了解從前死刑的執行流程，以及各種刑求的工具。

甚至有的人把琥珀稱之為波羅的海黃金

1 | 2

大軍械庫
Wielka Zbrojownia
文藝復興時期軍火庫

✉ Targ Węglowy 6, 22-100 Gdańsk　☎ +48 58 301 28 01　🕐 不同的展覽，有不同的開放時間，請參考網頁查看最近的展覽時間　💲 不同的展覽，有不同的票價，請參考網站資訊　➡ 進入黃金門後，左轉接到 Tkacka 路，約 2 分鐘即可抵達　⏱ 30 分鐘　http www.facebook.com/ZbrojowniaSztuki　MAP P.182

　　大軍械庫是格但斯克文藝復興時期著名的壯觀建築。16 世紀末時，為了防範瑞典的進攻，所以這裡的人有了興建大軍械庫的想法。建築於 1602 ～ 1605 年興建，後來成為城市儲藏軍火的地方。

　　大軍械庫充滿了荷蘭文藝復興時期的風格，以鍍金的砂岩雕像為裝飾。從 Piwna 路望過去，可以看到兩個大型門戶，門頂上有著手持格但斯市徽的雙獅雕像。

　　除此之外，如果你仔細地觀察，會發現大軍械庫上面，還有許多精緻美麗的雕像，例如長槍兵、火槍兵以及女神密涅瓦等等。如果從 Targ Węglowy 路這一側來看，會發現有個蓄鬍戰士的雕像，他遵守國王的命令，殺了自己的指揮官。格但斯克人覺得這是令人尊敬、遵守紀律的高貴行為。

　　拿破崙曾經短暫控制過格但斯克，並把大軍械庫改作軍醫院使用。1945 年二戰進入尾聲時，這座建築被嚴重燒毀，後來於 1947 ～ 1965 年重建。目前軍械庫有很大的一部分，供當地的美術學院使用。這裡也成了藝術家工作的地方，不時會在這裡舉辦藝術展覽。

3

4

1. 大軍械庫正面／ 2. 女神雕像／ 3. 獅子與市徽／ 4. 充滿雕像裝飾的外觀

每尊石雕分別代表著
不同的意義

黃金門外側

黃金門
Złota Brama

具有象徵意義的石雕

✉ Długa 1, 22-100 Gdańsk ➡ 從高原門往舊城的方向走，經過琥珀博物館後，約 1 分鐘即可抵達 ⏲ 30 分鐘 ❓ 每日最晚售票時間為關閉前 10 分鐘。 🗺 P.182

　　黃金門位於琥珀博物館的後方，建於 1612 ～ 1614 年。黃金門象徵著格但斯克在 17 世紀時，開放而繁榮的黃金時代。門的架構，採用了荷蘭和義大利的風格設計。

　　兩層的立面有四個巨大的窗戶，門上有著格但斯克的市徽，兩面的門頂，各自佇立著四尊石雕。每尊石雕，有著不同的象徵意義。其中一面象徵著和平、自由、財富和榮耀。另一面 (Długa 路) 則象徵著團結、正義、虔誠和審慎。門上寫的拉丁文句子，非常引人省思：「小國家因團結而興盛，大國家因衝突而凋零。」

　　1803 ～ 1872 年，這裡是美術學院的所在地。第二次世界大戰時，黃金門遭受嚴重的破壞，波蘭政府於戰後予以修復重建。現在這裡也是波蘭建築師協會的所在地。

Uphagen 之家
Dom Uphagena

富裕時代的精美豪宅

✉ Długa 12, 80-827 Gdańsk ☎ +48 789 449 664 ⏲ 開放時間因季節而異，行前請查詢官網 (muzeumgdansk.pl/en 的「Select branch you want to explore」) ➡ 進入黃金門後，繼續沿著 Długa 路走，約 1 分鐘即可抵達 ⏲ 30 分鐘 🌐 www.domuphagena.pl 🗺 P.182

　　來到 Uphagen 之家，你可以欣賞這棟建於 18 世紀的豪宅，看看內部的的裝飾和設備。

　　1775 年，來自格但斯克富商家族的 Johann Uphagen，買下這棟建築，喜歡奢侈生活的他，買完房子後，便開始大肆裝修。1779 年，他和妻子才進去居住，一直到 1802 年過世時，一直都住在這裡。

　　第二次世界大戰時，建築有所受損，重建之後，政府便計畫將這裡規畫成供人參觀的地方。1981 年，Uphagen 之家正式成為格但斯克市歷史博物館的一部分。這棟建築，也能讓我們完整體會，過去格但斯克這段富饒的時代。

門上有著這棟建築的標誌

Uphagen 之家

從熱鬧的 Długa 路上遙望市政廳

主城市政廳
Ratusz Głównego Miasta
看盡波蘭歷史的建築

✉ Długa 46/47, 80-831 Gdańsk ☎ +48 58 573 31 28
🕐 開放時間因季節而異，行前請查詢官網 (muzeumgdansk.
pl/en 的「Select branch you want to explore」)
➡ 進入黃金門後，繼續沿著 Długa 路走，約 3 分鐘即可走
到 ⏱ 1 小時 🌐 muzeumgdansk.pl/oddzialy-muzeum/
ratusz-glownego-miasta 🗺 P.182

主城市政廳是格旦斯克最具特色的建築
之一，位於海神噴泉附近，從遠處就可以
看見它高聳的尖塔。

主城市政廳是哥德文藝復興風格的建
築，歷史可追溯到中世紀初。根據學者的
判斷，建造時間應該為 14 世紀前半葉，實
際的日期則不得而知。後來市政廳曾經被
條頓騎士摧毀，直到 1378 年，條頓騎士
團的領導者，決定將格旦斯克升格為城市，
市政廳才開始正常的運作。

主城市政廳是格但斯克最重要的地方，
從前是市長與議會辦公的場所。有許多國
王都曾造訪過主城市政廳，這裡也曾經是

1. 主城市政廳／ 2. 市政廳門口／ 3. 市政廳窗台上也有格但斯克的市徽

博物館的招牌

博物館入口

部則有一座 1561 年建造的國王的鍍金雕像。除了塔上的時鐘外，市政廳其實還有另一個時鐘，那就是日晷。由太陽的光影位置，可以得知現在的時間。日晷位於靠近 Długa 和 Kramarska 街的市政廳角落，日晷下有一段拉丁語句子「我們的日子都是陰影」。

在重建的過程中，許多藝術家不斷加入不同的巧思，因此主城市政廳充滿了多元的文化元素。這裡也是來格但斯克絕對不能錯過的景點。

招待波蘭國王的地方。主城市政廳還曾經設立法院，甚至波蘭國王的代表，也在這裡有自己的辦公室。

隨著城市的發展，市政廳也陸續被擴建。1556 年，市政廳發生大火，被毀掉的建築，便以文藝復興時期的風格重建。當時格但斯克的上層社會階級，認為市政廳是整座城市的門面，於是紛紛出資贊助，希望能讓市政廳顯得更豪華美麗。

一直到 1921 年，市政廳都是市政府的所在地。第二次世界大戰時，建築被嚴重破壞，幾乎成了廢墟。經過初步的勘驗後，原本政府打算拆遷市政廳，但為了保存這棟充滿歷史的建築，最後還是招集了一群優秀的建築師，一起將它修復。

1970 年，重建的市政廳成為了格但斯克歷史博物館的一部分。2000 年，市政廳塔上安裝了一座壯觀的鐘琴。夏天的時候，遊客可以爬到 50 公尺高的塔上，欣賞格但斯克的全景，絕對是格但斯克旅程中的一大享受。

高塔上，有一個由 37 個鈴鐺組成的鐘琴，每個小時都會演奏一段旋律。塔樓頂

塔上的時鐘

造型特殊的時鐘

市政廳小模型

1. 阿特斯公寓／ 2. 因為這裡曾經是法院，建築上有著正義女神的雕像

阿特斯公寓
Dwór Artusa

中世紀商業人士聚集處

✉ Długi Targ 43/44, 80-831 Gdańsk　☎ +48 789 449 654　🕐 開放時間因季節而異，行前請查詢官網 (muzeumgdansk.pl/en 的「Select branch you want to explore」)　➡ 進入黃金門後，繼續沿著 Długa 路走，過了主城市政廳後即可抵達　⏰ 30 分鐘　🌐 muzeumgdansk.pl/oddzialy-muzeum/dwor-artusa　🗺 P.182

　　阿特斯公寓是格但斯克的代表性古蹟，歷史可以追溯到中世紀，由德國富豪家庭所建造。一開始，他們嚴格要求所有來到阿特斯公寓的客人，必須來自上層社會階級，於是這裡變成了有錢商人、貴族或國外賓客的聚集地。他們喜歡晚上來到這裡，看表演聽音樂會，有的人甚至會在這裡打牌。在格但斯克這樣的商業城市，大家總是喜歡知道最新的消息，於是這裡也漸漸變成了商人們交流八卦的好地方。

　　1477 年，公寓被燒毀。重建之後，自 1530 年開始，這裡被當作法院使用。從 20 世紀 20 年代開始，戰爭和疫情破壞了這座城市，公寓被多次關閉。從前的榮景，也漸漸消失了。

　　1942 年，公寓甚至被改為證券交易所，直到戰爭結束。雖然我們現在看到的建築，部分是重建的，但走進這棟建築，依舊可以看到原始的樣貌被包覆在其中。值得花點時間，進來體驗過去這段格但斯克的輝煌歷史。

公寓正門

門口的獅子市徽雕像

除了女神之外，也有士兵的雕像

海神噴泉
Fontanna Neptuna
城市與海洋的象徵

✉ Długi Targ, 80-833 Gdańsk ➡ 進入黃金門後，繼續沿著 Długa 路走，過了主城市政廳後即可抵達 ⏱ 30 分鐘 🗺 P.182

建於 1633 年的海神噴泉，就位於阿特斯公寓前方。原本在 1549 年時，這裡有個比較普通的噴泉，後來市議會決議，打算蓋一個更大的噴泉，並於 1612 ～ 1615 年開始進行噴泉的籌備作業。

後來因為與瑞典發生戰爭，他們便放棄了這個計畫。但在市長的努力堅持下，海神噴泉終於在 1633 年完工。1634 年，海神噴泉增添了格但斯克市徽，以及波蘭的老鷹象徵。

第二次世界大戰時，海神噴泉遭到破壞，其中一些部分甚至被偷走了。戰爭結束之後，噴泉於 1954 年重建完畢。現在海神噴泉已經成為了格但斯克的象徵，象徵著城市與海洋的密切關係。

這裡也是遊客最愛拍照的地方，大家也喜歡把硬幣丟進噴泉裡。傳說中，只要你留下硬幣，命運就會引領著你，在將來的某一天再度回到格但斯克。

1. 總是聚集著遊客的海神噴泉／2. 噴泉四周的雕像也十分有特色

歷史悠久而美麗的黃金屋

各擁有不同含意的雕像

牆壁上有許多精緻的浮雕

黃金屋
Złota Kamienica
華美的純金建築

✉ Długi Targ 41, 80-980 Gdańsk ➡ 進入黃金門後，繼續沿著 Długa 路走，過了海神噴泉後即可抵達 ⏱ 30 分鐘 🗺 P.182

黃金屋是格但斯克舊城內相當漂亮的建築，建於 17 世紀初。在當時屬於格但斯克市長所有，他把從前位於此地的古老哥德式建築，改建成文藝復興時期風格，也就是現在黃金屋的樣子。

名為黃金屋，實際上建築表面真的有一層薄薄的黃金片。建築上面有四個雕像，分別代表謹慎、正義、勇敢和謙虛。屋頂最上面的雕像，則是羅馬神話中的命運女神福爾圖娜 (Fortuna)。建築外壁上還可以看到政治人物、軍人、戰場的浮雕。

傳說中，這裡也是個鬧鬼的地方。如果你深夜經過黃金屋，你可能會聽到有個女鬼，低聲呢喃著：「正直的人，不用害怕……」

聖瑪莉大教堂
Bazylika Mariacka
擁有特殊傳說的時鐘

✉ Podkramarska 5, 80-834 Gdańsk　☎ +48 58 301 39 82　🕐 因經常變更，出發前請參考 bazylikamariacka. gdansk.pl/informacja 的「Godziny zwiedzania Bazyliki Mariackiej」(參觀教堂)或「Godziny wejścia na Wieżę」(教堂塔)　➡ 進入黃金門後左轉接 Tkacka 路，到達軍火庫後右轉，沿著 Piwna 街走一小段即可看到　🚶 30 分鐘　🌐 bazylikamariacka.gdansk.pl　❓ 彌撒時不可以參觀。只要天氣不好，就有可能會關閉，造訪前可多加留意　🗺 P.182

　　高聳而壯麗的聖瑪莉大教堂，常常被稱為「格但斯克的皇冠」。長 105.5 公尺，寬 66 公尺，高 30 公尺。內部空間寬敞，可容納超過 2 萬人。

　　當初蓋這個教堂，一共花了 159 年的時間。1361 年時，這裡還只是個小教堂，後來陸續擴建，於 1502 年時，蓋成了現在的大教堂。

　　大教堂裡存放了不少寶貴的藝術品，主要是由格但斯克的有錢人以及公會贊助。第二次世界大戰期間，教堂被嚴重燒毀，於 1946 年重建。

　　來到這裡，可以欣賞許多價值不菲的繪畫、藝術品、條頓騎士團和波蘭時期的雕像。除此之外，還能爬到 82 公尺高的鐘樓上，俯瞰格但斯克和波羅的海全景。欣賞全景前，要爬 412 階樓梯，穿過厚牆中的狹窄走廊，有的人說，這裡很像霍格華茲的塔樓。

1651 年的墓誌銘，以拉丁文撰寫而成

巨大而高聳的聖瑪莉大教堂

1. 彩繪玻璃／ 2. 寬敞的教堂內，有許多雕像

　　傳說中，聖瑪莉大教堂見證了格旦斯克最悲慘的愛情故事。市長美麗的女兒愛上了在教堂工作的鐘錶匠，八卦傳出來之後，市民便紛紛開始談論他們的曖昧關係。而市長對這件事情非常不開心，有一天他特地跑去教堂查看，看到站在梯子上的鐘錶匠，一時怒火攻心，拿刀子攻擊他。鐘錶匠被刺死，從梯子上掉了下來，撞壞了時鐘。後來市長被判處死刑，而這個時鐘直到 1990 年才被修復。事情發生之後，很多人便開始相信這個時鐘有特殊的功能，能夠預測每個人的死亡時間。

舊城這一側的綠門

綠門屋頂的雕像

綠門上有許多浮雕

Motława 河這一側的綠門

綠門

Zielona Brama

歷史建築改造成展覽中心

✉ Długi Targ 24, 80-828 Gdańsk ☎ +48 58 307 59 12 🕐 僅於舉辦展覽時開放內部給遊客參觀，請參考網頁 ➡ 進入黃金門後，繼續沿著 Długa 路走，過了海神噴泉後再走一小段路即可抵達 ⏱ 10 分鐘 🌐 www.mng.gda. pl(點選上方的 O nas，頁面最下方有綠門的相關資訊) 🗺 P.182

　　綠門是格但斯克最巨大，也最壯麗的大門。建於 16 世紀下半葉(1564～1568 年)，建築的設計師和建築師都是阿姆斯特丹人，也因此綠門在外觀上，呈現出濃濃的荷蘭風格。綠門的外側是 Motława 河，另一邊則是熱鬧的舊城區。綠門一共有四個拱門，並有超過 200 個浮雕。

　　在這幾百年的歷史當中，綠門扮演過許多不同的角色。起初，綠門是商人和工匠公會的總部，不久以後，變成了暫時的皇家住所，國王拜訪格但斯克時，可以住在這裡，雖然如此，國王卻從來沒有真正居住過。

　　後來綠門變成了一個軍械庫，接著又成了舉辦聚會、慶祝活動以及表演的地方。從 1880 年開始，綠門成了大自然歷史博物館的所在地。1945 年，綠門被戰火波及而損壞，並於戰後重建。接下來的 40 多年，一直到 1992 年，綠門則成為了古董修復中心的所在地。

　　2002 年，綠門的其中一根大柱子垮塌，於是政府開始了大型的翻新工程。工程結束後，綠門成為格但斯克國家博物館以及格但斯克攝影畫廊的分部，舉辦許多介紹古代和當代藝術的展覽。

造型非常醒目的格但斯克起重機

起重機內部　　　　從另一側看起重機

起重機木輪

起重機模型

格但斯克起重機
Żuraw Gdański

歐洲最古老的起重機

✉ Szeroka 67/68, 80-835 Gdańsk　☎ +48 58 301 69 38
🕐 不同的月分有不同的開放時間，請參考網頁資訊　➡ 從
舊城區通過綠門後左轉，沿著河岸走一小段路即可抵達
⏱ 30 分鐘　http nmm.pl/en/crane　MAP P.182

　　除了海神噴泉之外，起重機是格但斯克
另一個有名的象徵景點。它的外觀顯眼，在
Długie Pobrzeże 街上很容易就可以找到它。

　　格但斯克起重機是歐洲最大的中世紀港
口起重機，也是全歐洲最古老的起重機。
這棟建築的歷史，可追溯到 1367 年。一
開始的起重機是全木造的，於 1442 年被
燒毀。1442 ～ 1444 年起重機重建，改為
紅磚搭配木製的架構。

　　經過門戶時，可以清楚地看見裡面的木
輪。搬運貨物時，必須讓這個木輪轉動，
將繩子捲進絞盤，即可將貨物舉起來。從
前曾經以人力驅動的方式，靠著工人在輪
子裡踩踏，帶動木輪。神奇的是，只要 4
個人，就可以舉起 2 噸的重量。

　　19 世紀時，起重機漸漸轉為維修船隻使
用。第二次世界大
戰期間，起重機嚴
重受損，維修之後，
於 1962 年轉交海
事博物館管理，供
遊客參觀。

起重機與博物館門牌

格但斯克國家海事博物館
Narodowe Muzeum Morskie w Gdańsku

展出海洋文化相關展品

✉ Ołowianka 9-13, 80-751 Gdańsk ☎ +48 58 301 86 11
🅒 不同的月分有不同的開放時間，請參考網頁資訊 ➡ 可
於參觀完起重機後搭乘交通船前往 ⏱ 1.5 小時 🌐 nmm.
pl/en 🗺 P.182

漂亮的 Sołdek 船

Ołowianka 島於中世紀時，是船隻重新裝載貨物的地方，位於島上的糧倉古蹟是國家海事博物館的總部，成立於 1960 年。糧倉裡主要有鹽、鐵、錨、布和南歐水果等等。根據 1643 年的文獻資料記載，島上有 7 個糧倉，而整個格但斯克的港口則有超過 300 個糧倉。

國家海事博物館的總部位於糧倉古蹟內

這個博物館是波蘭最大的海事博物館，保存了許多珍貴的展覽品，例如從中世紀到現代的海洋文化相關用品。展覽品當中，特別值得欣賞的展品有：由潛水夫在波羅的海海底發現的物品、中世紀商船的貨物，以及 1627 年在格但斯克海灣沉沒的瑞典軍艦，艦上的設備和個人物品等等。對海洋藝術有興趣的遊客，則可以參觀裡面的海事畫廊，有許多 18 世紀波蘭和荷蘭畫家的作品。

也能參觀船內錯綜複雜的管路

國家海事博物館的總部，除了糧倉之外，也包括停泊在碼頭邊的 Sołdek 船博物館。Sołdek 船原本是第二次世界大戰後，在波蘭建的第一艘商業用船。目前停泊在格但斯克，從 1985 年開始，開放給遊客參觀。

Ołowianka 島和起重機中間，在博物館的開放時間內，每 15 分鐘有一班交通船 (Motława) 可供搭乘。遊客也可以從北邊步行往返。

1.這裡可以調整船前進後退的速度／2.Sołdek 船內的場景

教宗若望保祿二世造訪此地的紀念腳印

位於團結廣場的三個十字架　　　　　　　廣場模型

紀念團結工聯運動的團結廣場
Plac Solidarności

波蘭民主化的里程碑

✉ Plac Solidarności, 80-001 Gdańsk　☎ +48 58 772 41 12　➡ 出火車站之後，沿著 91 號幹道往東北走，步行約 10 分鐘即可抵達　⏱ 1 小時　http www.ecs.gda.pl

　　1980 年夏天，因波蘭經濟發展的錯誤決策，全國爆發多起大規模罷工事件。其中最引人注目的一次罷工事件，發生在格但斯克造船廠。工人們反對由莫斯科主導的經濟政策，並向波蘭人民共和國政府提出多項要求。包含成立獨立工會、釋放政治犯以及廢除審查制度等等。

　　8 月 31 日下午，緊張局勢達到頂峰。政府與造船廠工人持續進行談判。下午 5 點鐘，政府投降妥協。政府與包含華勒沙 (Lech Wałęsa) 在內的勞工代表簽署協議 (Porozumienia Sierpniowe)，正式接受工人的要求，這也被視為波蘭邁向民主化的第一個階段。

　　後來這群勞工們，組成了全國性的工會「團結工聯」，繼續進行罷工抗議，爭取民主自由。而政府於 1981 年時，頒布了戒嚴令，嚴格取締團結工聯。當時鎮暴部隊，甚至對抗議的人群開槍，造成多人死亡。在歷經多次衝突後，波蘭人民共和國政府開始受到國際譴責，團結工聯也越來越受到波蘭民眾的愛戴。

　　1989 年 2 月，由華勒沙為首的團結工聯代表，與政府進行圓桌會議。會議結束後，團結工聯

紀念發生於 1956、1970、1980、1981 年的抗爭活動

石碑上刻著 1970 年抗議活動罹難的人民

格但斯克造船廠門口

合法化，並被允許參加即將到來的選舉。而團結工聯出乎大家意料之外，在議會大選中擊敗了長期一黨專政的波蘭統一工人黨。12月議會通過修憲，更改國名為波蘭共和國，波蘭正式邁向民主時代。

同一年，位於德國的柏林圍牆也倒塌了。許多人都相信，這一波的波蘭抗議罷工事件，在鐵幕內掀起了民主浪潮，多少也促使了柏林圍牆的倒塌。而位於格但斯克造船廠 2 號門的團結廣場，正是 80 年代時團結運動的發起地，也是抗議的活動場所。

在團結廣場，可以看到許多緬懷過去重大事件的紀念碑。其中位於中間的紀念碑，是在造船廠內製作的，高 42 公尺，由三個十字架所組成，是紀念 1970 年 12 月抗議活動的受害者。這三個十字架，也象徵著前三位遇難的船廠工人。

前往團結廣場的路上，可以看見這個自由之路地磚

廣場旁的大樓是 ECS(歐洲團結中心)，這個名字也是和平革命勝利的象徵，目前有 17 個支持自由人權的非政府組織，在這裡辦公運作。大樓內也能參觀關於團結工聯的展覽。除此之外，政府也開始計畫，在這個區域進行文化建設，預計會在造船廠附近，蓋玻璃屋、紀念大道、劇院、獨立藝術中心等等。

◆ 索波特海岸探索 ◆

✦ 解憂療癒的海港小鎮

離格但斯克不遠的索波特 (Sopot)，常被稱為波蘭的夏季首都。不僅是波蘭人，來自世界各地的遊客，也很喜歡來這邊度假，休養身心。

16 世紀時，這裡是屬於修道院的小鎮，居民主要為中產階級的農民。17 世紀時，這裡成立了漁村，而格但斯克人也開始對這個靠近波蘭海岸的綠色角落，產生了興趣。他們開始來到這邊度假，享受這裡的悠閒氣息。

後來，來自外地的客人不斷湧入索波特，於是居民蓋起了度假小屋，甚至開始靠觀光收入生活。1819 年，第一個公共浴場誕生了。波羅的海水療中心也開始在度假村設立療養院，不斷開發新的療法，讓遊客能夠來這裡休養生息。

來到索波特，從市鎮大道漫步到碼頭，呼吸帶著海水味道的新鮮空氣，能讓所有的煩惱一掃而空。來到格但斯克的旅客，不妨花個半天，來這裡走走。

1. 索波特的大教堂／ 2. 這裡賣的紀念品，都有著海洋的元素／ 3. 索波特的廣場／
4. 索波特沙灘／ 5. 索波特最熱鬧的一條街

蜜拉小提醒

如何到索波特

從格但斯克中央火車站，搭火車到索波特大概只需要 14 ～ 20 分鐘，票價約 4 ～ 7 波幣左右，建議先上網買票。到了索波特火車站，下樓後左轉直走，走到大馬路再左轉，一直沿著 Kościuszki 路直走，走到 Bohaterów Monte Cassino，右轉就會到索波特主要的大道，再走一小段路就可以看到海了。

http 線上購買火車票：koleo.pl/en

索波特碼頭
Sopockie Molo

✉ Plac Zdrojowy 2, 81-723 Sopot ☎ +48 58 551 12 76 ➡ 沿著 Bohaterów Monte Cassino 一直走就會到海邊的碼頭 ⏱ 1 小時 http molo.sopot.pl/?lang=en

索波特碼頭是歐洲最長的碼頭，長 511 公尺，由數以千計的原木所建成。20 世紀 20 年代時，這裡蓋了簡易的木製橋梁，長約 40 公尺，當時是蓋給療養院使用，而不是供遊客散步的。現在的碼頭，則是於 1927 年興建，雖然在二次大戰中被摧毀，但後來依舊被重建。

因為木製架構的關係，碼頭每年都需要維修，尤其是靠近水面的零件。索波特碼頭上的視野很廣，天氣好的時候，可以看到海爾半島的燈塔和海上的船。在這裡漫步，坐在長椅上休息，欣賞美景，是在索波特旅遊的一大享受。

每個路過的行人，都會停下腳步多看幾眼

世界最奇怪建築比賽第一名的牌子

哈哈屋
Krzywy Dom

✉ Bohaterów Monte Cassino 53, 80-001 Sopot ☎ +48 58 555 51 25 💲 免費 ➡ 沿著 Bohaterów Monte Cassino 直走，大概 5 ～ 10 分鐘後即可看到建築 ⏱ 30 分鐘 http krzywydomek.info/home-page.html

哈哈屋建於 2003 年，形狀極其不規則，現在已經變成了索波特的象徵。每年都吸引成千上萬的遊客，來到這裡欣賞它的風采。房子的靈感源自於高第 (Gaudi) 的設計，以及波蘭兒童插畫師 Marcin Szancer 和 Per Dahlberg 的圖畫。

哈哈屋曾經被 Joy's Village 網站，票選為全世界最奇怪的建築，一共擊敗了49個對手。除了模樣特別之外，這裡也常常舉辦活動。有許多遊客特地來這邊喝咖啡，吃東西，享受在古怪建築物裡用餐的奇妙體驗。

在碼頭邊賞海鷗

碼頭旁的船隻

✦ 海爾半島海港遊覽 ✦

✤ 深受當地人歡迎的度假勝地

海爾半島 (Hel) 在波蘭北邊的波羅的海沿岸，是個狹長的半島，長約 35 公里，最寬的地方大概只有 3 公里。最古老的人類活動遺跡，可追溯到西元前幾個世紀。大約在西元 1198 年左右，這邊開始有人類居住，但因為半島常常被暴風雨襲擊，考古學家難以找到保留至今的文化痕跡。

13 世紀初，這裡開始有了小漁村，居民在這一帶捕鯡魚。13 世紀下半葉，海爾正式成為城市。當時的市中心，位於現在的市中心以西約 1.5 公里，這是因為半島的那一側逐漸被海水淹沒，所以原本在市中心的聖伯多祿聖保祿堂教堂 (Kościół św. Pawła i Piotra)，現在則位於港口附近，是非常特別的轉變。

後來格但斯克接管了海爾半島，掌控這裡的司法管轄權，也大概在這個時候，海爾半島開始歷經厄運。17 和 18 世紀時，這裡發生了多次火災，也爆發了傳染病疫情，使得這裡的人口逐漸減少。直到 1892 年，蓋了新的港口之後，人口才逐漸增加。那個時候，港口不但有漁船，甚至還有來自格但斯克和索波特的遊輪。

第一次世界大戰結束之後，海爾成為了波蘭重要的漁業中心，也成了非常受歡迎的度假城市。雖然第二次世界大戰時中斷了海爾半島的發展，但戰爭結束後，旅遊業又開始蓬勃興起。一直到現在，海爾半島都一直是波蘭人的度假勝地。如果有機會到波蘭北邊旅遊，一定不能錯過這裡。

帆船相關的紀念品在這裡也相當熱門

海爾半島是波蘭人的度假勝地

海爾半島上的建築也相當有特色

蜜拉小提醒

如何到海爾半島

可從格但斯克中央火車站，搭乘火車前往海爾。車程大概是 2 小時～2 小時 15 分鐘，價格為 18～30 波幣左右，建議上網購買車票。

http 線上購買火車票：koleo.pl/en

海豹研究中心
Fokarium

✉ Morska 2, 84-150 Hel ☎ +48 58 675 08 36 ⏰ 開放時間因季節而異，行前請查詢官網。餵海豹時間是 11:00 和 14:00 ➡ 出火車站之後，右轉沿著 Dworcowa 路直走，接著沿著 Wiejska 路繼續直走，到了 Morska 路右轉，走一小段即可抵達 ⏱ 1 小時 🌐 www.fokarium.com 💲 成人 10 波幣，請準備現金 5 塊，機器不找零

　　海豹研究中心成立於 1999 年，是個保護波羅的海南部灰色海豹的科學和教育機構。

　　這裡的科學家們會研究海豹的飲食方式、飲食習慣、年齡、遷徙路線，以及身體中毒的程度等等。科學家也把研究重心放在海豹遭受到的威脅，以及死亡的原因，因為海豹的健康狀況，也反映著海洋生態系的乾淨程度，以及人類食用魚的品質。

　　除此之外，研究中心也會幫助在波羅的海沿岸受傷生病的海豹，將其治癒之後再釋放回野外。來到這裡，可以和海豹們來個近距離的互動，揭開這些波羅的海動物的神祕面紗。

來到這裡可以徹底了解海豹的現況

海豹研究中心相當受到孩子的歡迎，適合一家大小前往

前往燈塔前，會經過一片樹林

從 17 海里外就能夠看到燈塔發出的光

燈塔
Latarnia Morska

✉ Bałtycka 3, 84-150 Hel ☎ +48 58 675 06 17 ➡ 出火車站之後，右轉沿著 Dworcowa 路直走，接著沿著 Wiejska 路繼續直走，大概 20 分鐘到迴旋處，再左轉沿著 Bałtycka 路進去森林，直走就會到 ⏱ 1 小時

　　從中世紀一直到西元 1674 年，海爾半島上的教堂塔樓，取代燈塔發揮作用，直到後來，才陸續有幾個燈塔建成。而這個位於海爾半島終點的燈塔，則是建於 1942 年，是一座高 40 多公尺的紅磚八角形高塔。夏天的時候，可以爬到上面的觀景台，欣賞海爾半島的美麗全景。

漁港
Port Rybacki

✉ Żeglarska 1, 84-150 Hel　📞 前往格但斯克的遊輪公司：+48 604 646 969　➡ 出火車站後，右轉沿著 Dworcowa 路直走，接著沿著 Wiejska 路繼續直走，到了 Morska 左轉就會看到漁港　🕐 1 小時　http 前往格但斯克的遊輪公司：www.zegluga.pl

　　漁港建於 19 世紀，當時海爾半島正值普魯士統治期間。一開始的漁港，是木造的，20 世紀 30 年代後，這裡改建成了現代化的漁港。這裡有許多船隻，同時也是遊輪停靠的地方。遊客可以從這裡搭船去格但斯克、索波特或者格丁尼亞。

如果有興趣到海上兜風，也可以搭乘這裡的小艇

順遊海邊景觀公園

抵達海豹研究中心後，旁邊靠海的地方，有一大片沙丘，這裡便是成立於 1978 年，也是波蘭第一個景觀公園的「海邊景觀公園」。海邊景觀公園的面積很大，從波蘭西部的 Białogóra 市一直到海爾半島，在公園的邊界內，可以欣賞波蘭各種類型的海岸。另外，園區也是鳥類的保護區，在這裡也能看到稀有的沙丘植物。唯一要注意的是，為了保護自然環境，沙丘禁止踏入。

禁止入內的沙丘

漁業博物館
Muzeum Rybołówstwa

✉ Bulwar Nadmorski 2, 84-150 Hel　📞 +48 58 675 05 52　🕐 請參考網頁　➡ 下車後，右轉沿著 Dworcowa 路直走，接著沿著 Wiejska 路繼續直走，到了 Morska 左轉，大概 5 分鐘後，就會在左邊看到博物館　🕐 1.5 小時　http nmm.pl/en/fisheries-museum

　　海爾半島的漁業博物館，是格但斯克國家海事博物館的分支。參觀博物館的遊客，可以了解波羅的海的歷史、這一帶的生物，以及波蘭海岸的捕魚史。博物館位於 15 世紀哥德風格的聖伯多祿聖保祿堂教堂裡，這裡是古代的市中心，也是海爾半島保存至今最老的建築。遊客還可以爬上全景塔，從 21 公尺高的塔頂，欣賞格但斯克海灣東部的美麗全景。

漁業博物館

◆ 拜訪世界上最大的紅磚城堡 ◆
馬爾堡城堡

馬爾堡城堡
Malbork

✉ Starościńska 1, 82-200 Malbork ☎ +48 55 647 09 78
🕐 開放時間因季節而異，行前請查詢官網 ➡ 從格但斯克中央火車站搭火車到馬爾堡大概需要 0.5～1 小時。建議先上網購票。到了馬爾堡火車站後，沿著 Dworcowa 路走，越過 22 號幹道後進入 Kościuszki 路，走到底 (看到騎士雕像) 右轉，沿著 Piastowska 路直走一小段，即可看到城堡。步行時間約為 15 分鐘 ⏱ 6 小時 🌐 www.zamek.malbork.pl/en，可上網購票 🗺 P.2

如果時間允許，強烈建議每個到波蘭的遊客，都要來馬爾堡城堡走走。這座巨大的紅磚建築群，絕對會讓你大開眼界。你可以跟團，跟隨著導遊的腳步，聆聽專業的解說。如果你偏好一個人行動，也可以租借導覽耳機。這個耳機非常神奇，會根據你所在的不同位置，播放出相對應的介紹詞。戴著耳機在這裡繞一整天，就像是上了一場精采絕倫的歷史課，一定會讓你大呼值得。

馬爾堡城堡是歐洲最大的紅磚城堡，曾經是條頓騎士團的首都。騎士團於 1274 年開始建城堡，一開始的規模很小，後來他們決定把首都從威尼斯遷到這裡，便開始大規模擴建。從 1309 年開始，一共花了 40 年的時間，將馬爾堡城堡打造得美輪美奐，巨大而壯觀。

1. 馬爾堡城堡曾經嚴重受損，幸好波蘭政府投入了大量資源，城堡才得以修復
2. 看到這個雕像，再走一段路，就可以看到馬爾堡城堡了
3. 二戰結束後的城堡

可以在河岸對面遠眺占地寬廣的城堡

位於河畔的城堡，城牆厚達 2 公尺，漂亮而雄偉，由高城、中城及低城三個部分所組成。每一個部分都建得頗具巧思，不論是遠看，還是近看，都有其特色。

1410 年，波蘭與立陶宛聯軍與條頓騎士團爆發戰爭，馬爾堡城堡被聯軍圍攻。歷時 2 個月後，久攻不下，聯軍才不得不放棄。1454 年，波蘭軍隊再次嘗試奪取城堡，而這一次僵持了 6 個月的時間，還是宣告失敗。1457 年時，幫忙駐守城堡的傭兵，因為遲遲等不到條頓騎士團給的報酬，於是決定和波蘭軍隊合作，一起攻打城堡。成功之後，馬爾堡城堡成為了波蘭皇室的住所。

與瑞典發生戰爭的期間，馬爾堡城堡曾經多次易主。1772 年，波蘭被列強第一次瓜分之後，馬爾堡城堡被普魯士軍隊占領，成了軍營。後來，拿破崙的軍隊也曾短暫占領過這裡。第二次世界大戰結束之前，馬爾堡城堡成為了納粹的堡壘，遭到戰火嚴重地破壞。後來在波蘭政府的努力下，聚集了各路

1. 古代打仗時，城門會關起來，士兵會在上方往敵軍潑灑熱油，嚇阻對方／2. 重現當時的餐廳廚房／3. 重現古代戰場的浮雕

的專家，全心全力投入維修工作，好不容易才還原馬爾堡城堡原本的樣貌。

1997 年，馬爾堡城堡被列入聯合國教科文組織世界文化遺產。如果有機會來到這裡參觀，最好準備一整天的時間，因為整個城堡占地非常龐大。內部有許多供遊客參觀的空間，包括庭院、酒窖、食堂、宿舍、教堂、塔樓，甚至連當時的廁所，都可以一探究竟。

除了建築本身之外，也能了解當時條頓騎士的生活和習慣。當時的人是怎麼料理食物的呢？他們又是如何處理廢棄物？當貴賓前來拜訪，他們又如何招待對方？他們如何雕刻耶穌像？如何禱告？來到這裡，你能親眼見識，得到所有的解答。

非常推薦大家來這邊走走，體驗中世紀

的風情。你會有種感覺，彷彿自己真的是騎士，在這裡守護著這塊土地。

1. 製作木製雕像的場景和工具／2. 城堡內有許多狹窄的密道，非常有趣

馬爾堡城堡的恐怖傳說

馬爾堡城堡見證了許多歷史事件，然而這座古老的城堡，也有著許多祕密以及恐怖的故事。城堡角落的高塔，除了防禦敵軍之外，也是廁所的所在地。傳說中很久以前，城堡裡住著兩個兄弟，赫爾曼和威利。赫爾曼是一個大胖子，而威利是個瘦子，他們都喜歡開玩笑，但是在戰場上卻非常膽小，沒有勇氣。條頓騎士的上級受不了他們，經常懲罰這對兄弟。有一天，赫爾曼和威利忽然消失了，其他的騎士回想起，最後一次聽到他們的聲音，就是從塔上傳來的笑聲。大家都在猜，是上級下令殺掉這對兄弟，而離城堡遙遠的廁所，正好是最合適的地方。從那時開始，有不少人陸續在廁所塔裡死去。傳說中，上級為了除掉眼中釘，會先讓他們喝醉，之後當他們去廁所時，某個祕密的活板門就會被打開，他們就會從高處掉進河內，失去蹤跡。

傳說在城堡內，還有兩位無頭騎士，他們把頭夾在腋下，騎著馬，看守著城堡裡的寶藏。每年 12 月 31 日，他們會從地下隧道跑出來，繞城堡三圈後，再次回到神祕暗室裡一整年。

城堡裡也住著許多鬼怪。從前有位條頓騎士，每次喝完酒，都會躺在床上叫僕人幫他脫鞋子。有天晚上，僕人睡著了，沒有上前幫忙。魔鬼趁著這個機會，出現在騎士的房間裡，幫他脫下鞋子。但是脫鞋子時，騎士腿上的皮也被脫了下來。後來這個傷口一直治不好，併發了嚴重的感染，騎士就在痛苦和孤獨中死去了。

美食指南

Pellowski

波蘭家常菜平價餐廳

✉ Rajska 10, 80-850 Gdańsk 📞 + 48 58 301 45 20 🕐 週一～五 09:00 ～ 21:00、週六 10:00 ～ 20:00、週日公休 ➡ 從舊市政廳出發約 10 分鐘可抵達，位於大型購物中心 Madison Shopping Gallery 的 1 樓。沿著 Długa 路往西走，再於 Tkacka 路右轉往北邊走，陸續接到 Pańska 路、Podmłyńska 路、Rajska 路，即可抵達購物中心 🌐 www.pellowski.net 🗺 P.182

　　Pellowski 是波蘭北部有名的連鎖麵包店，但在某些店裡也有供應波蘭家常菜，你也可以在這裡買到蛋糕和餅乾甜點。在餐廳點餐時，先告訴店員你想要的菜色，到櫃檯結帳後，再回座位等店員上菜即可。因為是連鎖店，所以在格但斯克街頭常常可以看到它的身影。推薦波蘭披薩 (zapiekanka)，這是以麵包為基底的披薩，非常有特色。也推薦菜捲 (gołąbki)，這是非常經典的波蘭傳統菜肴。

波蘭風格的披薩，由此也可看出波蘭人有多麼喜歡麵包

除了各式麵包，有些分店也有供應波蘭家常菜

位於小溪旁，離火車站不遠的 Pierogarnia Mandu

水餃分量不小，種類多元　　店員服務熱情，用餐環境舒適

Pierogarnia Mandu

水餃天堂！蜜拉最喜歡的格但斯克餐廳

✉ Elżbietańska 4/8, 80-894 Gdańsk 📞 + 48 58 300 00 00 🕐 11:00 ～ 22:00 ➡ 位於火車站附近，若從舊市政廳出發，約 10 分鐘可抵達。沿著 Długa 路往西走，於 Tkacka 路右轉往北邊走，於 Świętego Ducha 路左轉，接到 Targ Drzewny 路通過圓環後，再接到 Garncarska 路和 Elżbietańska 路，過了小橋後即可抵達 🌐 pierogarnia-mandu.pl/en 🗺 P.182

　　有別於舊城區的高價位餐廳，這間位於火車站附近的波蘭水餃店，可說是物美價廉的好選擇。雖然價格相對便宜，但水餃卻相當好吃。選擇多樣，也適合素食者。店員很有活力，店內環境寬敞舒適。最重要的是，連當地人都很喜歡來這裡用餐，熱門時段甚至還需要排隊入場，都足以證明這裡是最道地的好選擇。

Familia Bistro

波蘭味的立陶宛餐廳

來這邊用午餐也是不錯的選擇

✉ Garbary 2/4, 80-827 Gdańsk ☎ +48 512 922 514 ◐ 週一、三、四 10:00～21:00、週二 12:00～21:00、週五 ～日 11:00～23:00 ➡ 從舊市政廳出發約 4 分鐘可抵達。 沿著 Długa 路往西走，再於 Tkacka 路左轉往南邊走，不 久後即可抵達 http familiabistro.pl/?lang=en MAP P.182

　　在格但斯克舊城區長大的老闆，從小就吃 著立陶宛裔祖父母的料理長大。為了將這樣 的好滋味分享給更多人，Familia Bistro 就這 樣誕生了。雖然名為立陶宛菜，但波蘭菜也 有許多類似的料理，可以來這邊品嘗比較一 下差異。推薦馬鈴薯餅 (potato cake)、豬肋排 (pork ribs)、甜菜根湯 (borscht) 及雞湯 (chicken soup)。

晚上的用餐氣氛相當好

Tygle Gdańskie

有格但斯克特色的餐廳

✉ Chmielna 10, 80-748 Gdańsk ☎ +48 660 097 130 ◐ 13:00～23:00 ➡ 繼續沿著 Długa 路走，過了海神噴 泉後再走一小段路，過橋即可抵達 http tyglegdanskie.ple MAP P.182

　　這間位於舊城區的高級餐廳，提供多種菜 色給遊客選擇，將平凡的用餐轉化成特別的美 食體驗。廚師特別重視使用當地新鮮的精選配 料，把傳統的味道做成現代的料理。你可 以享用一盤小龍蝦奶油梭鱸、鹿肉排 或馬鈴薯麵疙瘩配蔬菜。餐廳的目 標是提供給客戶 comfort food，讓 每位老饕都能感到滿足幸福。

食物美味，排盤也很有美感

在這裡總是可以享用新鮮的魚 (以上圖片 提供／ tyglegdanskie.pl)

Bar Pod Rybą
千變萬化的馬鈴薯餐

✉ Piwna 61/63, 22-100 Gdańsk ☎ + 48 58 305 13 07
🕐 每日 10:00～22:00 ➡ 從舊市政廳出發約 3 分鐘可抵
達。沿著 Długa 路往西走，於 Lektykarska 街右轉，再於
Piwna 街左轉即可抵達 http barpodryba.pl/en MAP P.182

　　於舊城區營業了 20 年的 Bar Pod Rybą，提
供各式各樣的烤馬鈴薯料理。來這裡你會嚇
一跳，原來烤馬鈴薯餐，能夠變化出這麼多
的組合。吃素者也相當適合來這裡，如果不
吃蔥蒜，記得要提醒服務生。這裡離舊城的
各個主要景點都很近，很適合逛累之後，來
這邊休息充電。

位於舊城區熱鬧地段
的 Bar Pod Rybą

種類多樣的
烤馬鈴薯餐

Zafishowani
浪漫的河邊餐廳

✉ Tokarska 6, 80-888 Gdańsk(入口位於
Długie Pobrzeże) ☎ +48 661 511 811
🕐 早餐：每日 07:00～12:00；酒吧：
每日 13:00～23:00；餐廳：週一～
四 17:00～23:00，週五、六 13:00～
22:00，週日 13:00～21:00 ➡ 從舊市
政廳出發約 6 分鐘可抵達。沿著 Długa
路往東走，抵達運河之後左轉，沿著河
岸一直走即可抵達 http zafishowani.pl/
en/# MAP P.182

1. 除了各式麵包，
有些分店也有供應
波蘭家常菜／2. 這
裡最有名的，就是
各式魚類料理

　　位於舊城區運河旁的
Zafishowani，在波蘭算是相當
高價位的餐廳。專業而友善的
服務，典雅的用餐環境，讓你
可以輕鬆地享用美食，喝點小
酒，享受河邊的悠閒氣氛。特
別推薦這邊的魚類料理。如果
預算足夠，不妨犒賞自己，來
這邊吃頓浪漫的晚餐。

Matko i Córko

熱巧克力是熱賣飲品

✉ Świętego Ducha 44/46, 80-834 Gdańsk ☎ + 48 58 710 44 83 🕐 週一～四 10:00 ～ 21:00，週五～日 10:00 ～ 22:00 ➡ 從舊市政廳出發約 2 分鐘可抵達。沿著 Kramarska 街往北走抵達聖瑪利亞教堂，繞著教堂外面走，走到 Świętego Ducha 街後不久即可抵達 http www.facebook.com/matkoicorko MAP P.182

雖然位於舊城區，但相當幽靜的 Matko i Córko

位於舊城區寧靜的一角，這裡是個相當適合休息，與朋友喝咖啡閒聊的地方。進入這間咖啡廳，首先最讓人印象深刻的，就是店員親切的笑容。室內的裝潢給人相當舒服的感覺，在這邊喝咖啡，別有一番風味。除了咖啡之外，也推薦試試這邊的熱巧克力，這也是店家相當自豪的熱賣飲品。

店家推薦的熱巧克力

1. 有些餐點沒有出現在菜單上，可以看看旁邊的小櫥窗／ 2. 店員的服務很好，熱情大方，笑臉迎人

位於鬧區的 Kawiarnia Retro

1.Kawiarnia Retro 期許自己成為有靈魂的咖啡廳／ 2. 櫥窗內有相當多甜點可供選擇

Kawiarnia Retro

鬧區的熱門咖啡廳

✉ Piwna 5/6, 80-831 Gdańsk ☎ +48 665 217 965 🕐 週日～四 10:00 ～ 22:00，週五、六 10:00 ～ 23:00 ➡ 從舊市政廳出發約 2 分鐘可抵達。沿著 Długa 路往西走，於 Lektykarska 街右轉，再於 Piwna 街左轉即可抵達 http www.facebook.com/RetroGdansk MAP P.182

位於舊城區最熱鬧的 Piwna 街上，這裡的客人總是相當多，內部常常座無虛席，需要坐到外面去。這間咖啡店的裝潢典雅，室內燈光調整成讓人非常放鬆的狀態。和旅伴一起來到 Kawiarnia Retro，點杯咖啡，在櫥窗內挑選喜歡的甜點，好好坐一段時間，是非常愜意的享受。

　　波茲南的城市精神象徵是山羊，這裡除了是波蘭最大的城市之一，也是全國重要的學術研究和工業中心，是一個重視傳統習俗的地方，致力於保存藝術和文化。

波茲南舊城美麗的一隅

波茲南

POZnań

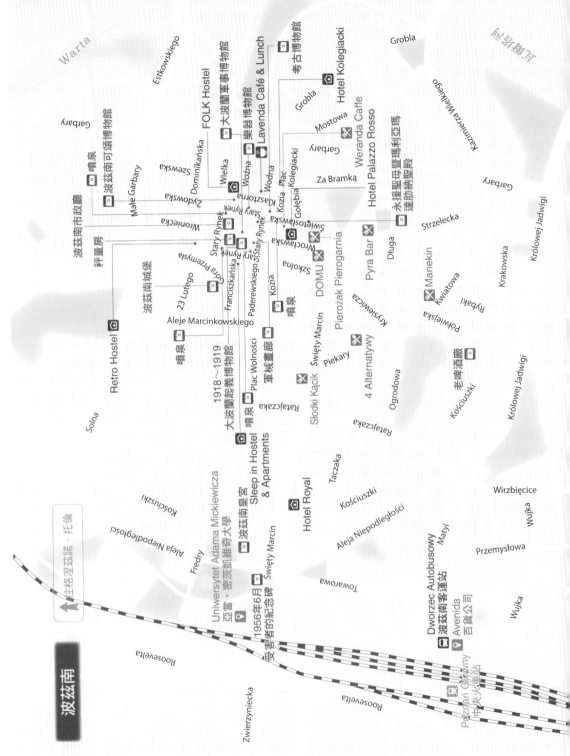

波茲南

城市印象

1. 波茲南市政廳，是舊城區相當顯眼的建築／ 2. 波茲南的象徵是山羊，到處都可以看到山羊的圖像／ 3. 教堂外的浮雕，也都相當精緻

來到波茲南，一定要試試這裡的經典食物「可頌」，這可是具有歷史意義，受到歐盟法規保護的珍貴文化喔！除此之外，也別忘了好好逛逛舊城區，雖然相較於其他城市，波茲南的舊城區略小一點，但卻依舊十分漂亮，不輸其他的地方。

距離波茲南不算遠的兩個小鎮，格涅茲諾和托倫，也都值得一去。前者是波蘭歷史第一個首都，後者是哥白尼的故鄉，也是美麗的世界薑餅之都。

波茲南在古代，位於重要貿易路線的交界處，促進了城市的發展，波蘭各地的商人和工匠，許多人都因此搬來波茲南。除此之外，文化與學術也發展得很蓬勃。穩定發展了數百年之後，在 17 世紀時，受到了戰爭和瘟疫的影響，使得波茲南受到嚴重的破壞，城市的人口減少了四成。

1793 年，波蘭第二次被列強瓜分之後，波茲南被併入普魯士。1918 年 12 月 27 日，波茲南回歸波蘭。第二次世界大戰爆發前，波茲南經濟發展得很快，城市面積不斷擴大。1939 年，德軍進入波茲南後，將它併入納粹德國。

二戰後，波茲南順利從破壞中重建。1956 年，發生了大規模的罷工抗議，波茲南成為了波蘭第一個爆發反共示威的城市。

一直到今天，波茲南都是重視傳統習俗，也重視藝術文化的地方。著名的「國際亨里克維尼奧夫斯基小提琴比賽」即是在這裡舉辦。

慶典活動

時間	慶典活動	簡介
3 或 4 月	波茲南音樂春季 (Poznańska Wiosna Muzyczna)	春天舉行的古典音樂節。有來自歐洲和世界各地的樂隊，來這裡表演室內樂、交響樂和電子音樂等。 http www.wiosnamuzyczna.pl
6 月下旬	聖約翰市集 (Jarmark Świętojański)	在波茲南舉辦的商業和文化活動。 http www.targowiska.com.pl/aktualnosci-2
6 月中	Enter 節 (Festiwal Enter)	年度國際爵士音樂節。 http www.enterfestival.pl
6 月底～7 月初	波茲南 Malta 節 (Malta Festival Poznań)	中歐和東歐最重要的藝術活動之一。節目包括國際戲劇、音樂、舞蹈和電影。 http malta-festival.pl
8 月第一個週日	班貝格人節 (Święto Bamberskie)	紀念德國班貝格地區的人 (巴伐利亞邦) 於 1719 年 8 月 1 日與波茲南簽署合作合約。活動會於舊城廣場舉辦。 http www.bambrzy.poznan.pl
9 月	波茲南爵士音樂節 (Poznań Old Jazz Festival)	波茲南相當知名的爵士音樂盛典。 http oldjazzfestival.pl
9 ～ 10 月 (每兩年)	當代藝術節 (Mediations Biennale)	自 2008 年以來，每兩年在波茲南舉辦的藝術活動。可以欣賞波蘭和外國藝術家的作品。 http www.mediations.pl
10 月初	波茲南電玩節 PGA (Poznań Game Arena)	波茲南相當有名的活動，每年吸引眾多電玩愛好者前來朝聖。 http www.gamearena.pl/en
12 月	國際冰雕節 (Międzynarodowy Festiwal Rzeźby Lodowej)	歐洲最大，也是波蘭唯一的冰雕節。每年 12 月在波茲南的舊城廣場舉行。
12 月	藝術節 (Festiwal Sztuki i Przedmiotów Artystycznych)	你可以在藝術節的攤位，買到獨一無二的手工藝品，這些都出自相當優秀的工匠和藝術家之手。 http festiwal.mtp.pl/pl
12 月	聖誕市集 (Jarmark Bożonarodzeniowy)	每年 12 月在舊城區都會舉辦聖誕市集，你可以在這裡買到紀念品、薑餅、小吃、各式葡萄酒和啤酒。

1. 頭戴古代風格帽子的男孩／ 2. 聖約翰市集特殊的舞蹈表演／ 3. 波蘭花園裝飾／ 4. 在聖約翰市集可以欣賞許多手工藝品／ 5. 古代波蘭騎兵的英姿／ 6. 從前孩子的玩具／ 7. 古代波蘭婦女的舞蹈／ 8. 做手工藝品用的繩子／ 9. 聖約翰市集的表演者都非常專業

（本頁圖片提供／ Jarmark Świętojański）

交通資訊

✤ 怎麼到波茲南

如果從波蘭其他城市到波茲南中央火車站 (Poznań Główny)，可以搭波蘭國家鐵路 (PKP) 火車。有時候客運是最便宜的選擇，推薦搭乘巴士，有許多不同的上下車地點，大部分都在客運站 (Dworzec Autobusowy PKS Poznań)，買到車票後記得確認一下。

✉ 客運站：Matyi 2, 60-101 Poznań

1. 位於中央火車站旁邊的客運搭車處／2. 火車站外觀相當特別

✤ 波茲南市區交通

波茲南市區常見的交通工具有電車和公車。景點大部分集中在舊城區，若是只想待在這一帶，全程步行也是可行的。

一般公車和電車的營運時間約為 04:30 ～ 23:00，其餘的時間可搭乘 231 ～ 252 號的夜間公車 (autobus nocny)，或 201 夜間電車，記得搭乘時要打票。關於搭乘電車與公車的小提醒，請參考 P.86。

1. 在波蘭相當盛行的電車，在波茲南也不例外／2. 波蘭有許多像這樣的加長型公車

✤ 划算好用的 ZTM 票

無論要搭公車、夜間公車、電車，都可以使用 ZTM 票。ZTM 票可以在遊客服務中心、郵局、書報攤和售票機購買。ZTM 票分成三個區域的票 (A、B、C)，但是所有的時間票都包括 A、B、C 三個區域，只有長期票有特別分區。以下是各種 ZTM 時間票的種類。

🌐 ZTM 交通工具時刻表：www.ztm.poznan.pl/en

打過票的 ZTM 票

購票機，使用邏輯和流程和其他城市大同小異

種類	全票票價	半價票價
15 分鐘 (15-minutowy)	4 波幣	2 波幣
45 分鐘 (45-minutowy)	6 波幣	3 波幣
90 分鐘 (90-minutowy)	8 波幣	4 波幣
24 小時 A 區域 (24-godzinny strefa A)	15 波幣	7.5 波幣
7 天 A 區域 (7-dniowy strefa A)	50 波幣	25 波幣

波茲南 2 日遊這樣走

如果在波茲南的時間不多，建議預留至少 1 天半的時間，才能勉強跑完所有景點，但是行程會比較趕。以下是 2 日遊景點遊玩順序，括號內為建議停留時間。

位於舊城附近的
波蘭軍人石雕

✤ 第 1 天

波茲南城堡(30分) ▶ 波茲南市政廳(1小時) ▶ 秤量房(10分) ▶
波茲南可頌博物館(1小時) ▶ 1918～1919大波蘭起義博物館(1小時) ▶
大波蘭軍事博物館(1小時) ▶ 樂器博物館(1小時) ▶ 軍械畫廊(1小時) ▶ 噴泉(30分)

波茲南的象徵是山羊，到處都可以
找到以山羊為主題的紀念品

✤ 第 2 天

考古博物館(1小時) ▶ 永援聖母暨瑪利亞瑪達肋納聖殿(30分) ▶
1956年6月受害者的紀念碑(30分) ▶ 波茲南皇宮(30分) ▶ 老啤酒廠(1小時)

另外波茲南也有提供免費的導覽活動，以英文介紹各個景點，可參考網站了解詳細的時間和行程內容。🔗 freewalkingtour.com/poznan

---

── 旅 - 行 - 小 - 抄 ──

用 Poznań City Card 暢遊波茲南

到波茲南旅行，可考慮購買波茲南城市卡 Poznań City Card。去許多景點和博物館都可免費入場，到特定餐廳和旅館也能享有折扣。卡片有分為 1、2、3 天票，全票價格為 44 ～ 79 波幣，依天數和包含交通與否而異。可在火車站或舊城區的 City Information Centre 購買。
🔗 poznan.travel/en/c/poznanska-karta-turystyczna

蜜拉小提醒
身障旅客也能暢遊波蘭

雖然目前波蘭的城市規畫，對坐輪椅的身障者來說可能會是個挑戰，但狀況持續在改善中。有越來越多地方，包括博物館和餐廳，有提供身障人士專用的電梯或走道；以大眾交通工具來說，絕大部分的公車和電車也適合坐輪椅的人搭乘。波蘭人也逐漸意識到身障人士的需求，常常願意主動提供協助，例如上下車等等。

熱門必遊景點

波茲南城堡
Zamek Królewski

波蘭動盪歷史的象徵

✉ Góra Przemysła 1, 60-101 Poznań ☎ + 48 61 856 81 82 🕐 開放時間因季節而異，行前請查詢官網 ➡ 從舊城廣場出發，沿著 Franciszkańska 路往西邊走，走一小段即可抵達 ⏱ 30 分鐘 🌐 msu.mnp.art.pl 🗺 P.216

位於小山丘上的波茲南城堡

雖然歷史悠久，但因為多次維修的關係，外觀看起來非常新

13 世紀時，公爵普里謝穆斯瓦一世（Przemysł I）在舊城廣場附近的山丘上蓋了一個城堡。除了教堂之外，這裡也是當時國內最大的建築。14 世紀之後，這裡成了波蘭國王待在波茲南時的住所，並經常邀請重要的人物來到此地。

幾個世紀以來，城堡被摧毀和重建很多次。1536 年，波茲南發生大火，城堡內哥德式的建築被燒毀，後來以文藝復興時期的風格重建。與瑞典發生戰爭時，這裡也嚴重受損。波蘭被第二次瓜分之後，城堡成為了普魯士政府的所在地。第二次世界大戰時，城堡又受到嚴重破壞。

遭到多次毀損的波茲南城堡，也象徵著波蘭動盪的歷史。城堡的外觀和用途，在不同的時代各有變化。目前城堡的樣貌，主要是源自於 18 世紀修建的版本。

來到這裡，你可以爬到高 43 公尺的城堡塔上，欣賞波茲南的全景，甚至還能看到附近的小鎮。但這裡可能會因為天氣因素而關閉，造訪前可以先確認一下。

另外城堡內還有一個應用藝術博物館，館內的藏品包括從中世紀到現代的應用藝術品。一共有超過 2,000 件作品，如家具、陶瓷、玻璃、金屬、武器、飾品、紡織品以及服裝配件等等。

1.城堡經歷了多次的毀壞與重建／2.城堡正門

波茲南市政廳
Ratusz

文藝復興時期重要古蹟

✉ Stary Rynek 1, 60-101 Poznań ☎ + 48 61 856 81 93
🕐 開放時間因季節而異，行前請查詢官網 💲 最晚需於
博物館閉館前半小時購票 ➡ 位於舊城廣場內 ⏱ 1 小
時 🌐 mnp.art.pl/en(點選右方的 Museum of the History
of Poznań) ℹ️ 博物館預計進行維修，會暫時關閉，造訪
前請先參考官網 🗺 P.216

波茲南市政廳是之前市議會的所在地，
這裡也是歐洲最有價值的文藝復興時期建
築古蹟之一。它最早的歷史可以追溯到
1310 年，但哥德式風格的建築部分，則可
能是於 13 世紀末或 14 世紀初建成的。

1550 ～ 1567 年間，市政廳以文藝復興
的風格維修重建。1675 年，市政廳塔被雷
擊破壞，而 1725 年則被暴風襲擊。直到
現在，在 61 公尺高的塔上面，依然可以
看到 1783 年安裝的新古典主義的老鷹，
高 1.8 公尺，寬 2 公尺。

第二次世界大戰時，市政廳遭到嚴重的
毀壞。塔整個倒塌下去，有兩個樓層完全
被燒毀。也因此在戰後，波蘭政府花了不
少時間重建，直到 1954 年才完成作業。

市政廳就位於舊城廣場上

市政廳內有波茲南歷史博物館。在第二
與第三層中，可看到古代智者、英雄、雅
蓋隆王朝的波蘭國王壁畫。在側面的小塔
下，則有皮雅斯特王朝國王的肖像。

每天中午 12 點，塔上面會出現兩隻山
羊，隨著鐘聲擺動，相當可愛，它們也成
為波茲南的象徵之一。

晚上來市政廳附近，也相當漂亮

每天中午
12:00 都會出
來和大家打
招呼的山羊

+ ❮ 士愷知識家 ❯ +

波茲南的山羊

傳說在 1551 年時，為了慶祝市政廳的時鐘安裝完畢，這裡舉辦了大型的盛宴。原本的主
餐是烤鹿肉，可是年輕的廚師助手不小心把鹿肉燒掉了，他趕緊跑去找其他替代的肉，找
了很久，終於在草原上抓到兩隻小山羊。他把它們帶到市政
廳的廚房，山羊被這個場面嚇到了，逃到了市政廳的塔上。
參加慶祝活動的人們看了這一幕，不禁笑了出來，覺得山羊
太可愛了。最後他們不但沒有吃山羊，還為了紀念這件事情，
在塔上的時鐘安裝了兩個小山羊。山羊也成了波茲南的象
徵，在這裡，你不時都可以看到山羊的圖案。

巧克力博物館的山羊招牌

位於舊城廣場的秤量房

紀載了秤量房歷史的匾額

外牆上有著秤量的圖像

秤量房
Waga Miejska

中世紀商業貿易前哨站

✉ Stary Rynek 2, 60-101 Poznań 📞 +48 61 855 22 21 🕐 依據不同的活動,有不同的開放時間,請參考網頁 ➡ 在舊城廣場,位於市政廳的後面 ⏱ 10 分鐘 🅼 P.216

　　第一個波茲南秤量房建於 13 世紀下半葉,在當時,所有想在市場上做生意的商人,都必須先到秤量房將商品或食物秤重。自 16 世紀以來,來自其他城市和國外的商人,也都會來到這裡秤量商品。

　　秤量房於 1532 ～ 1534 年間重建,用途也漸趨多元。不但曾經作為市政當局的所在地,年輕的工匠也來這裡學習鑄劍技巧。發生洪災時,永援聖母暨瑪利亞瑪達肋納聖殿甚至在這裡,為大家舉辦彌撒。1890 年,秤量房被拆毀。普魯士人在原地蓋了一個新的建築,供市議會使用。戰後,波蘭人重建秤量房,還原它在 16 世紀時的樣貌。

　　在秤量房的外牆上,可以看到波茲南的市徽和秤量的圖像。牆上有個紀念區,紀念在戰後重建舊城廣場 (包括秤量房) 的建築師 Zbigniew Zieliński 教授。建築外甚至有個「麵包長凳」(ławy chlebowe),重現古代賣麵包的攤子。

　　在現代的秤量房裡,有民政事務處,許多新人會來這裡辦結婚手續;這裡還有小型音樂廳和餐廳。波茲南當局也繼續思考更多活用秤量房的方式,例如在這裡舉辦音樂會、展覽等等藝文活動。

位於舊城區小巷內的波茲南可頌博物館

波茲南可頌博物館
Rogalowe Muzeum Poznania

親手製作道地可頌

✉ Stary Rynek 41/2, 61-772 Poznań 　☎ + 48 690 077 800 　💲 現場購票 (只接受現金)。 　➡ 從舊城廣場出發，沿著 Woźna 路往東邊走，接著左轉，進入 Klasztorna 路即可抵達 　⏱ 1 小時 　http rogalowemuzeum.pl/en 　❓ 請於導覽時間開始前 10 分鐘到，在門口的樓梯邊等待 (不需要按門鈴) 　MAP P.216

　　11 月 11 日不只是波蘭的獨立紀念日，也是天主教的聖瑪爾定節，更是鼎鼎有名波茲南可頌日。相傳在 1891 年 11 月 11 日，有個波茲南的甜點師傅，做了一個很像馬蹄鐵的麵包。因為當時的教會，常呼籲信徒要像聖人瑪爾定一樣幫助窮人，於是師傅就決定把這個麵包，烘烤過後免費發給窮人。

　　這也就是波茲南可頌的由來，因為甜點師傅的善舉，可頌在波茲南越來越受歡迎。有錢人必須購買可頌，而窮人則可以免費得到。

　　波茲南可頌的特色是裡面有餡料，像是罌粟膏、堅果或杏仁等等，外層也會淋上

糖霜。與其它可頌麵包相比，口味偏甜。

　　在波茲南可頌日這天，麵包店往往可以賣出超過 250 噸的波茲南可頌，盛況空前。一整年下來，甚至可以賣出超過 500 噸，相當於 250 萬顆波茲南可頌，相當驚人。

　　波茲南可頌，有其特別的文化歷史意義，

1. 很適合帶孩子前往，留下美好的回憶／ 2. 打開窗甚至可以看見市政廳的山羊／ 3. 你也可以是波茲南可頌麵包師傅／ 4. 醒目可愛的招牌 (以上圖片提供／ Rogalowe Muzeum Poznania)

因此受到了歐盟法規的保護。不論是用料還是製作方法，都有嚴格的規範，不得隨意變更。在波茲南，政府甚至會發給店家「可頌執照」，證明店家賣的是正宗波茲南可頌喔！

來到這間博物館，你可以了解波茲南可頌的成分和製作方法，知道各種關於可頌的知識，甚至還可以動手自己做可頌喔！如果你想來一趟文化體驗之旅，嘗試當個波蘭甜點師傅，這裡是你最好的選擇。

1. 寬敞的室內教學空間
2. 令人口水直流的波茲南可頌 (以上圖片提供／ Rogalowe Muzeum Poznania)

1918 ～ 1919 大波蘭起義博物館
Muzeum Powstania Wielkopolskiego 1918-1919
波茲南歷史事件重塑

✉ Stary Rynek 3, 61-772 Poznań　📞 + 48 61 853 19 93　🕐 時間常變更，建議出發前參考網頁　➡ 位於舊城廣場內
⏱ 1 小時　🌐 www.wmn.poznan.pl(點選左方的 Muzeum Powstania Wielkopolskiego 1918-1919)　🗺 P.216

波蘭經歷第二次列強瓜分後，普魯士占領了波茲南，這棟建築成了普魯士軍隊駐紮的地方。1918 年 11 月 11 日，波蘭獨立之後，波茲南在當時依舊被德國占領。

波蘭人先奪回了這棟建築，在這裡籌組軍隊，並於 1918 年 12 月 27 日發動起義，與德國人爆發衝突。僅僅兩天之後，波茲南就回歸了波蘭，並且，波蘭人要求歐洲承認之前被普魯士占領的波蘭土地，全都要還給波蘭，這個事件，就是史稱的「大波蘭起義」。

來到這裡，你可以欣賞大波蘭起義的相關展覽品，包含照片、武器、衣服等等，也可以了解波茲南在普魯士占領時的生活。

大波蘭起義博物館

吹著起義號角的雕像

博物館的門口

大波蘭軍事博物館
Wielkopolskie Muzeum Wojskowe
歷經二戰摧殘後重啟

✉ Stary Rynek 9, 61-772 Poznań　☎ + 48 61 852 82 51
🕐 因時間常變更，出發前請參考網頁　➡ 位於舊城廣場內，
從 Quadro 路往裡面走即可抵達　⏱ 1 小時　http mnp.art.pl/
en(點選右方 Military Museum of Wielkopolska)　❓ 最晚購
票時間為閉館前半小時　MAP P.216

　　大波蘭軍事博物館成立於 1919 年，當
時的開幕儀式由波蘭將軍畢蘇斯基 (Józef
Piłsudski) 主持，這也是這位舉國聞名的人
物首次拜訪波茲南。

　　除了華沙的軍事博物館，波茲南的大波
蘭軍事博物館在當時是唯一由軍隊管理的
波蘭博物館。第二次世界大戰後，博物館
的收藏被摧毀殆盡。

　　1956 年，波茲南市民希望能將博物館重
新開幕，這個想法得到市政府的支持。但
由於政治因素，國防部拒絕了博物館成為
軍事機構的建議。最後博物館加入了波茲
南國家博物館，並於 1966 年，恢復了它
在戰前的名字，「大波蘭軍事博物館」。

　　來到這裡，你可以欣賞從中古到現代，
各式各樣的武器和軍服。總計有超過
40,000 件展覽品，絕大多數都和波蘭有
關。展覽內容細節，可參考網站介紹。

樂器博物館
Muzeum Instrumentów Muzycznych
了解樂器聆賞音樂最佳場所

✉ Stary Rynek 45, 60-101 Poznań　☎ +48 61 852 08
57　🕐 因時間常變更，出發前請參考網頁　➡ 位於舊城
廣場的東邊　⏱ 1 小時　http mnp.art.pl/en(點選右方的
Museum of Musical Instruments)　MAP P.216

　　這裡是波蘭唯一一家收集世界各地樂器
的博物館，即使在歐洲其他國家，這類型的
博物館也相當少見。館內目前收藏了將近
25,000 個不同時代、來自各大洲的展覽品。
一共可分成四個部分：歐洲專業樂器、歐洲
民間樂器、非歐洲樂器及音樂相關文件。

　　特別值得注意的展覽品包含義大利、法國
和德國的弦樂器，以及 16 和 17 世紀時波
蘭音樂大師使用過的樂器。

　　這裡也蒐集了超過了 150 架鋼琴，包含
蕭邦彈奏過的鋼琴。博物館內有一個小音樂
廳，有時候會舉行音樂會。

博物館特別重視在地
文化，因此這裡也是個
了解波蘭音樂，甚至是
波茲南音樂的好地方。

館內的樂器珍藏，有很大一部分是來自
於這位波蘭著名的音樂家 Zdzisław Szulc

位於舊城廣場的樂器博物館

過去曾經被當作軍械庫使用的軍械畫廊

軍械畫廊
Galeria Miejska Arsenał

積極推廣國內外藝術

✉ Stary Rynek 6, 61-772 Poznań　☎ +48 61 852 95 02
🕐 開放時間因季節而異，行前請查詢官網　➡ 位於舊城廣場的中間　⏱ 1 小時　http arsenal.art.pl/en　MAP P.216

畫廊門口

　　軍械畫廊的歷史可追溯至 1946 年，在當時，它的名字叫「美術沙龍」（ Salon Sztuk Plastycznych）。60 年代後，它搬進了舊城廣場內，從前用來當作軍械庫使用的建築，1998 年後便改名為軍械畫廊。

　　軍械畫廊是隸屬於城市官方的畫廊，特別重視藝術教育，也致力於推廣青年藝術家。除了辦展覽之外，他們也舉辦了許多藝術活動，像是藝術書籍展或波蘭獨立電影放映座談會等等。

畫廊服務櫃檯

　　此外，軍械畫廊也持續地在國外舉辦波蘭藝術展覽。曾經與許多國際大城市合作過，如柏林、漢諾威、赫爾辛基、巴黎及耶路撒冷等等。

活動宣傳掛報

有許多藝術書籍可供借閱選購

噴泉
Fontanny
200 多年歷史的歐式噴泉

✉ Stary Rynek, 60-995 Poznań　💲 免費　➡ 在舊城廣場的四個角落　⏱ 30 分鐘　🅼🅰🅿 P.216

　　舊城廣場上，一共有四座噴泉雕像。分別是位於市政廳前面的普洛塞庇娜 (Proserpina) 噴泉、位於舊城廣場的東南角的阿波羅 (Apollo) 噴泉、位於廣場的西南角的尼普頓 (Neptun) 噴泉、位於廣場的西北角的瑪爾斯 (Mars) 噴泉。其中只有建於 1758 ～ 1766 年的普洛塞庇娜 (Proserpina) 噴泉，被保存至今。其他三座噴泉，在 19 世紀時便毀損消失，一直到 2002 ～ 2005 年才重建。

普洛塞庇娜噴泉

阿波羅噴泉

瑪爾斯噴泉

尼普頓噴泉

考古博物館

考古博物館
Muzeum Archeologiczne
追溯波蘭史前文化

✉ Wodna 27, 61-781 Poznań　📞 + 48 61 852 82 51　🕐 開放時間因季節而異，行前請查詢官網　➡ 從舊城廣場出發，沿著 Wodna 路往東南走一小段路即可抵達　⏱ 1 小時　🌐 www.muzarp.poznan.pl/en　❓ 展覽資訊請參考 www.muzarp.poznan.pl/en(點選上方 EXHIBITIONS 選單中的 Temporary)　🅼🅰🅿 P.216

　　波茲南考古博物館的歷史，可追溯至 19 世紀。1857 年時，歷史科學院批准了成立波蘭與斯拉夫古物博物館的決議，19 世紀末，在當時普魯士國家科學機構中，這座博物館擁有最多考古收藏。

　　第二次世界大戰結束後，博物館成了史前文化博物館，於 1949 年更名為考古博物館。2017 年，博物館舉辦了成立 160 週年慶祝活動。

　　這裡的固定展覽可以分成兩個主題，分別是波蘭與非洲。其中包含了古老的大波蘭、波蘭的搖籃、古代埃及的生活與死亡、拉美西斯二世方尖碑，以及北非藝術等等。

館內有許多關於波蘭或非洲的考古文物

永援聖母暨瑪利亞瑪達肋納聖殿
Fara Poznańska

觀賞壯闊百年教堂

✉ Klasztorna 11, 61-779 Poznań　☎ + 48 61 852 69 50　🕐 06:00～19:30，彌撒時不開放參觀　➡ 從舊城廣場出發，沿著 Świętosławska 路往南走一小段即可抵達　⏱ 30 分鐘　http www.fara.archpoznan.pl　❓ 音樂會時間表請參考：fara.archpoznan.pl，每週六 12:15　MAP P.216

　　波茲南的永援聖母暨瑪利亞瑪達肋納聖殿，是波蘭最壯觀的巴洛克式建築之一。建於 1651～1701 年，最後的架構於 1750 年左右完成。教堂中殿高超過 27 公尺，有半圓形拱廊，與壯觀的人造大理石柱。值得注意的是圓頂的裝飾，顏色鮮豔，非常壯麗。

　　第二次世界大戰時，這裡被當作倉庫使用，使得內部被嚴重毀壞；再加上 1945 年時，教堂遭到砲彈襲擊，外觀嚴重受損。戰後這裡開始進行重建計畫，雖然工程於 1951 完成，然而為了 100% 恢復從前的樣子，仍舊花了多年的工作和努力。

從舊城小巷看過去，非常美麗的景象

─ 旅 - 行 - 小 - 抄 ─

聖殿參觀路線

來到波茲南，一定要來欣賞一下這裡的壯闊之美。如果跟著導遊參觀，一共有 3 種路線，表列如下：

1. 參觀教堂，大約 30～40 分鐘。
2. 參觀教堂神祕的地方（如古老的小閣樓），大約 30 分鐘。
3. 參觀教堂地下樓層，每週六 12:45，在教堂前面集合，大約 30 分鐘。

教堂外壁的雕像

圓頂和人造大理石柱

廣場的另一邊，是波蘭著名的亞當密茨凱維奇大學

1956 年 6 月
受害者的紀念碑
Pomnik Ofiar Czerwca 1956

緬懷罷工烈士

✉ Święty Marcin, 60-101 Poznań　💲 免費　➡ 從火車站出去後，沿著 Roosvelta 路往北邊走，然後右轉 Święty Marcin 路即可抵達　⏱ 30 分鐘　🗺 P.216

1956 年 6 月，波茲南爆發了大規模的罷工抗議，要求改善工作條件，反映出對蘇聯控制的不滿。但是街頭示威活動，卻被軍方鎮壓，有許多人因此喪失了生命。當時波蘭人民共和國政府，打算掩蓋事實，假裝沒有這件事發生。

1980 年 8 月的反共罷工之後，波茲南的團結運動組織，決定蓋一個紀念碑，緬懷這場發生在 1956 年的運動；之所以選在這個廣場，是因為當時，有上千人在這裡爭取自己的自由與權利。

這個紀念碑，除了稱作「1956 年 6 月受害者的紀念碑」，也常被稱為「波茲南十字架紀念碑」。它是由兩個 20 公尺高的鐵十字架組成的。十字架下面，還可以看到一個鷹頭雕像。

紀念碑的建設過程中，一直被社會主義當局阻撓，但總算於 1981 年完成了。現在，這裡每年都會舉行相關的紀念活動。

1. 一旁是波蘭著名浪漫主義詩人亞當密茨凱維奇的雕像／2. 高聳的 1956 年 6 月受害者的紀念碑／3.1956 年，有數千人在這裡抗議示威

波茲南皇宮
Zamek Cesarski

總統住所搖身一變文化中心

✉ Święty Marcin 80/82, 61-809 Poznań ☎ + 48 61 646 52 76 💲 根據不同的文化活動，有不同的票價，可參考官網 ➡ 城堡位於 Święty Marcin 路，從火車站出去後，沿著 Roosvelta 路往北邊走，然後右轉 Święty Marcin 路，走一小段路即可抵達 ⏱ 30 分鐘 🔗 ckzamek.pl
🗺 P.216

波茲南皇宮位在車水馬龍的幹道旁

　　波茲南皇宮於 1905 ～ 1910 年間，由最後一任普魯士國王威廉二世下令興建。該建築成為了「城堡地區」的一部分。該地區成立於 20 世紀初，位於市中心，至今保存下來的城堡地區建築包括附近的亞當密茨凱維奇大學、劇院與音樂大學。

　　1918 年，在波蘭重新獲得獨立後，建築被國家接管，暫時成為波蘭總統的住所。大波蘭起義之後，波茲南在這裡成立掌管前普魯士占領區的政府部門，讓大波蘭地區 (波茲南所在區域) 與其他波蘭地區能順利完成統一。

　　第二次世界大戰時，德國占領了波茲南，納粹總督住進了波茲南皇宮。因為希特勒非常喜歡這棟建築，於是下了命令，計畫將建築改建成更具代表性的樣貌。然而他的計畫沒有成功，二戰末期，在蘇聯解放波茲南的戰爭時，皇宮遭到嚴重破壞。1945 年 2 月，城堡投降之後，這裡變成了關德國戰俘的地方。戰爭結束後，這座建築變成了波蘭軍隊的兵營。

　　1963 年 1 月 1 日，修復完畢的波茲南皇宮，被規畫為文化中心。現在在皇宮裡，有各種文化機構、酒吧、舞廳、電影院和劇院。

　　這裡是全國最大的文化單位之一，每年有超過 2,500 場文化活動在此舉辦，例如演唱會、表演、藝術展覽、文藝研討會、電影放映、藝術實驗等等。知名的 ETHNO PORT 音樂節以及 OFF CINEMA 國際紀錄片電影節，也都在這裡舉辦。

1. 皇宮窗台／ 2. 皇宮塔樓／ 3. 皇宮牆上掛有畢蘇斯基的肖像／ 4. 每年有上千個不同的文化活動在這裡舉辦

具有特色的建築外觀

老啤酒廠
Stary Browar

酒廠改建成歐洲最佳購物中心

📧 Półwiejska 42, 61-888 Poznań　📞 +48 61 859 60 50
➡ 從火車站出發，沿著 Matyi 路和 Królowej Jadwigi 路
往東走，於 Półwiejska 路左轉，再走一小段路即可抵達
🕐 1 小時　http www.starybrowar5050.com/en　MAP P.216

　　雖然名為老啤酒廠，但這裡其實是購物中心。老啤酒廠建於 1876 年，在當時是產量極大的酒廠。到 1918 年為止，這裡每年生產高達 7,000 萬公升的啤酒，相當驚人。

　　第二次世界大戰時，德國人也在這裡生產啤酒。戰後由波蘭人接手，一直到 20 世紀 70 年代末期，這裡都是重要的釀酒中心。但因為在釀酒過程中，會冒出濃濃的黑煙，造成環境汙染，使得 1980 年時，酒廠被迫關閉。

　　啤酒廠關閉後，建築逐漸損壞老去。2002 年時，老啤酒廠藝術和商業中心成立，開始把這裡改造成購物中心，並於 2003 年正式開幕。這座特別的建築，出乎大家的意料之外，大受歡迎，並贏得歐洲最佳購物中心的稱號。

　　2005 年，這裡被國際購物中心理事會(ICSC)，評選為世界上最佳的中型百貨公司。到了現代，許多遊客都會特地前來參觀。

　　進來老啤酒廠，除了欣賞它極具特色的建築風格，也能了解它的文化歷史，欣賞內部的裝置藝術。

1. 內部規畫也是風格獨具／ 2. 裡面有相當多的裝置藝術供遊客欣賞／ 3. 老啤酒廠內最著名的臉孔雕像

順遊格涅茲諾
波蘭歷史上第一個首都

1

✤ 孕育波蘭文化的重要搖籃

格涅茲諾 (Gniezno) 是個歷史悠久的城市，傳說中，萊赫 (Lech) 來到了這裡，在山丘的樹上，看到了一隻美麗的老鷹，守護著自己的巢穴。被眼前景象感動的他，便決定定居在這裡，稱呼這裡為格涅茲諾。這個老鷹的意象，也流傳到現在，成為波蘭的標誌。

從 8 世紀開始，格涅茲諾便不斷地發展。在皮雅斯特王朝 (Piastowie) 初期，這裡也是波蘭政治和文化的中心。西元 966 年，公爵梅什科一世 (Mieszko I) 在此受洗，也象徵著波蘭受洗，從此之後天主教成為了波蘭的國教。

西元 1025 年，波列斯瓦夫一世 (Bolesław

Chrobry) 在這裡舉辦加冕儀式，成為了波蘭第一個國王。波蘭成了王國，而格涅茲諾則成為了第一個首都。

1038 年之後，波蘭將首都遷到了克拉科夫。遷都之後，雖然格涅茲諾在政治上失去了一席之地，還常常爆發災難、疫情、火災和戰爭，然而在教會中，格涅茲諾卻一直保有重要的地位。雅蓋隆王朝 (Jagiellonowie) 時代，格涅茲諾成為了波蘭主教的首都，格涅茲諾大主教甚至被稱為「波蘭主教」。

格涅茲諾是個對了解國家起源，或是研究歷史文化，相當重要的城鎮。這裡見證了許多波蘭歷史上的重要事件，也因此在波蘭人的心目中，格涅茲諾被視為是孕育波蘭文化的搖籃。

2

3

1. 格涅茲諾湖畔／ 2. 波蘭第一位國王波列斯瓦夫一世／ 3. 相傳波蘭的老鷹標誌，即是源自於格涅茲諾

 蜜拉小提醒

如何到格涅茲諾

可從波茲南搭乘火車前往，車程約 30 分鐘。可上官網購票 (From Poznań Główny To Gniezno)，並查詢車次表。

http intercity.pl/en/

格涅茲諾火車站月台

從舊城廣場步行前往格涅茲諾主教座堂

教堂內的彩繪玻璃

格涅茲諾主教座堂
Archikatedra Gnieźnieńska

✉ Wzgórze Lecha, 62-200 Gniezno　☎ +48 61 426 37 78　🕐 開放時間因季節而異，行前請查詢官網　➡ 從舊城廣場沿著 Tumska 路往西北走就會看到　⏱ 1.5 小時　🌐 wzgorzelecha.pl　❓ 沒有英文導遊，進去之前需要到旁邊的售票建築內買票，最後購票時間為閉館前 30 分鐘

這棟巨大的教堂，相傳已經有將近 1,000 年的歷史了。但因為多次毀損，經歷幾次重建，使得它現有的架構，與一開始的時候有所不同。

西元 997 年時，著名的聖人沃伊捷赫 (św. Wojciech)，從格涅茲諾出發，前往普魯士傳教，但不幸在那邊被殺害。波蘭公爵波列斯瓦夫一世 (後來成為第一個國王)，用黃金買回了他的屍體，並將它放置在教堂內。從那時起，格涅茲諾主教座堂就成了崇拜聖沃伊捷赫的地方。

1760 年格涅茲諾經歷了大火，教堂的塔和屋頂嚴重毀損，導致主殿坍塌。教堂因而開始了漫長的重建和修護工作，完工之後的格涅茲諾主教座堂，有了新的外觀，以古典主義風格為主，也多了巴洛克式和洛可可式的裝飾。

1. 從後方仰望教堂／2. 教堂旁的售票處，這裡也是博物館

第二次世界大戰時，德國人原本要關閉大教堂，後來決定把它改作音樂廳使用。在戰爭的最後幾天，教堂遭到砲擊而毀損。戰後的重建工作，讓教堂建築又回歸了原始的哥德風格。

教堂裡有許多祭壇和墓碑，有許多是出自格但斯克大師之手，展現出荷蘭藝術的影響。在教堂旁的博物館，也可以看到許多躲過戰火保存至今的物品，包含中世紀書籍、棺材、肖像以及藝術珍藏品。

如果來到教堂的地下室，還能看到從前教堂的遺跡，了解古早時代教堂的樣子。

教堂內的棺材　　　　　　　　　　　　　　高聳的教堂內部，歷史悠久，一直到現在，都還在使用

格涅茲諾門

這是波蘭境內最特別羅馬式古蹟之一，於 12 世紀末完工，位於教堂南部的中殿。門高 3.25 公尺，青銅門板上刻畫著關於聖人沃伊捷赫的故事。門上方有著精緻的植物、人物和怪獸的裝飾。

1.門的對面，掛著波蘭歷代國王的肖像／2.旁邊掛著一個匾額，提醒大家在第二次世界大戰時，這裡有 138 個神職人員被殺害／3.歷史悠久，壯麗而細緻的格涅茲諾門

波蘭國家起源博物館
Muzeum Początków Państwa Polskiego

✉ Kostrzewskiego 1, 62-200 Gniezno 📞 +48 61 426 46 41 🕐 開放時間因季節而異，行前請查詢官網 ➡ 從舊城廣場沿著 Tumska 路往西北走，到教堂左轉，沿著 Łaskiego 往西北走，到 Trasa Zjazdu Gnieźnieńskiego (比較大的路) 左轉，經過公園一直直走，大概走 10 分鐘即可抵達 ⏱ 1.5 小時 🌐 www.muzeumgniezno.pl ❓ 詳細的展覽資訊可參考網站

西元 1966 年，波蘭慶祝立國 1,000 年，政府提出了興建波蘭國家起源博物館的想法。後來計畫順利執行，1973 年時博物館營運機構成立，開始開放參觀。

館內的展覽，從國家、來源及文化，三個不同的角度來探討波蘭中世紀的歷史。包含超過 500 個展覽品，如 11 世紀格涅茲諾大教堂的藏品、早期波蘭國家生活有關的東西、古代書籍、文件及印章等等。

除此之外，博物館也蒐集了許多中世紀的東西，包含歐洲最豐富的哥德式爐灶、波蘭文藝復興時期瓷磚和中世紀戰爭裝備等等。來到格涅茲諾，不妨考慮來這裡走走，讓自己更加了解波蘭文化。

SPOT 02

波蘭國家起源博物館

門口掛滿了波蘭歷代國徽匾額　博物館大廳

✦ 哥白尼的故鄉：托倫 ✦

1500 年時，第一座橫跨維斯瓦河的大橋完工。從此之後，西部和東部的商人都能隨時過河，促進了交易的便利性，托倫成為了歐洲重要的貿易中心。

後來因為大洪水時代戰爭的影響，托倫受到了嚴重的打擊，發展停滯。在普魯士統治及俄羅斯占領時期，這樣的狀況也一直持續下去。直到 19 世紀，城市的經濟才漸漸開始復甦。

第一次世界大戰後，托倫於 1918 年回歸了波蘭的懷抱。第二次世界大戰爆發後，德國又占領了托倫，持續到 1945 年 2 月 1 日。

戰爭結束後，工業的發展帶動托倫人口快速增長。90 年代後，托倫發展成了重要的文化與科學中心，也越來越受到世界各地遊客的歡迎。1997 年 12 月，托倫被列為世界遺產。

美輪美奐的托倫建築

✤ 廣受遊客歡迎的世界遺產

西元 1233 年，條頓騎士團在這裡蓋城堡，成立了托倫 (Toruń)。它位於維斯瓦河 (Wisła) 旁，因為優越的地理位置，加上托倫特別歡迎來自國內外的商人，使得這裡發展蓬勃，商業活動相當盛行。

中世紀的托倫受到四大公會的管理，分別為釀酒、制革、紡織以及皮貨。13 世紀和 14 世紀下半葉，城市陸續蓋了許多重要的建築，如市政廳和教堂等等。

15 世紀中葉，波蘭戰勝了條頓騎士團，雙方於 1466 年簽訂合約，托倫正式成為波蘭的一部分。

托倫舊城地磚

托倫舊城街道，雖然不大，卻精緻而美麗

蜜拉小提醒

如何到托倫

可從波茲南搭乘火車前往，搭最快的車，車程約 90 分鐘，於 Toruń Główny 下車。可上官網購票 (From Poznań Główny To Toruń Główny)，並查詢車次表。

🔗 intercity.pl/en

托倫老市政廳
Ratusz Staromiejski

✉ Rynek Staromiejski 1, 87-100 Toruń ☎ +48 56 660 56 12 ◐ 開放時間因季節而異，行前請查詢官網 ➡ 位於舊城廣場 ⏱ 1.5 小時 http www.muzeum.torun.pl(點選左下方的 Ratusz Staromiejski，右上方可改語言，選 english 即為英文版)

　　托倫老市政廳，是歐洲最大的紅磚建築之一，也是托倫重要的古蹟。建於 14 世紀末，以哥德式風格呈現。有趣的是，市政廳塔反倒比市政廳還早落成，足足早了一個世紀。

　　幾個世紀以來，這裡一直是行政和商業的中心。附近不但有市場，還會舉辦騎士比武大會，甚至會在這裡公開處決罪犯。

　　市政廳史上最悲慘的事件，發生於 1703 年，瑞典軍隊攻擊托倫時，引發了市政廳的火災，建築外觀和內部珍藏品，都遭到嚴重破壞。後來花了很久的時間，才重建修護完畢。

　　市政廳還有個古老的有趣傳說，有些人認為，這棟建築的配置和日曆息息相關。市政廳塔，代表著一年。市政廳的四個門，代表四個季節。12 個大房間，代表 12 個月，而窗戶的數量，正好等於一年的日數，365 天。來到這裡，推薦可以爬到市政廳塔上，俯瞰舊城。在上面欣賞歷史悠久的托倫，以及維斯瓦河的壯麗全景。

位於市政廳旁的哥白尼雕像

哥白尼之家

哥白尼之家
Dom Mikołaja Kopernika

✉ Kopernika 15/17, 87-100 Toruń ☎ +48 56 621 02 32 ◐ 開放時間因季節而異，行前請查詢官網 ➡ 從舊城廣場往南走，沿著 Żeglarska 路直走，到 Kopernika 路左轉，直走大概 1 分鐘即可抵達 ⏱ 1.5 小時 http www.muzeum.torun.pl(點左下角方的 Dom Mikołaja Kopernika，右上方可改語言，選 english 即為英文版)

　　這裡是哥白尼誕生的地方，有濃濃的 15 世紀風格。漂亮的房子和裝飾豐富牆壁，反映出了哥白尼的家境，以及城市當時的氛圍。

　　館內的展覽，介紹哥白尼的家庭環境、念書求學的經驗，以及哥白尼在其他城市的活動紀錄，最後也介紹他的天文學研究和日心理論。

　　哥白尼認為太陽是宇宙的中心，試著推翻過去大家普遍相信的，地球是宇宙中心的想法。他也寫下了《天體運行論》(De revolutionibus orbium celestium)，一開始只提供給研究宇宙的學者看，直到晚年，才於 1543 年公開出版。

托倫老市政廳

薑餅博物館
Żywe Muzeum Piernika

✉ Rabiańska 9, 87-100 Toruń ☎ +48 56 663 66 17 ➡
從舊城廣場往南走，沿著 Żeglarska 路直走，到 Rabiańska
路右轉，直走大概 1 分鐘即可抵達 ⏱ 1.5 小時 http
muzeumpiernika.pl/en ⁉ 建議可以提早上網買票預約，
確認還有沒有位子，點選網站 BUY TICKET，即可訂票

托倫薑餅 (toruński piernik) 是托倫最有名
的產品，托倫甚至有世界薑餅首都的稱號。
很多波蘭人都說，來到托倫，絕對不能沒買
薑餅就空手而回。

在這個哥白尼出生的城市，烘焙薑餅的
歷史，幾乎和托倫的歷史一樣長。古代托倫
位於歐洲貿易路線的交匯處，是重要的交易
中心。來自中東的商人，帶來各式各樣的香
料，例如薑、丁香、肉桂、荳蔻以及肉荳蔻
等等，托倫人就利用這些原料製作薑餅，薑
餅的文化就這樣開始發展。在情人節的時候，
情侶們會送對方愛心形狀的薑餅；而且就連

鋼琴詩人蕭邦，都是托倫薑餅的忠實粉絲。

薑餅不但好吃，而且用途多元。過去有些
醫生認為，因為薑餅富含多種特殊香料，應
該具有藥用性質，對身體很好，所以把薑餅
當作藥方，開給感冒的病人。

在這個薑餅博物館，你可以藉由動手實
作，來體驗薑餅的製作過程。每個人都能在
16 世紀風格的廚房，用當時的工具和技術，
將蜂蜜、麵粉和各種香料攪拌在一起，揉捏
麵團，做一個專屬於自己的薑餅。

博物館裡也能買到各種關於薑餅的紀念
品，如薑餅模具，和各種形狀口味的經典手
工薑餅。特別推薦糖霜薑餅，以及有水果餡
的薑餅。

薑餅實作課程相當有趣

薑餅博物館

製作特殊圖案的薑餅

薑餅博物館適合大人小孩一同前往體驗

美食指南

Weranda Caffe
享用麵包和起司的好選擇

✉ Świętosławska 10, 61-870 Poznań　☎ + 48 61 853 25 87　🕐 週一～四 12:00～20:00，週五、六 09:00～21:00，週日 09:00～21:00　🚃 從市政廳出發，約 2 分鐘可抵達。沿著 Świętosławska 路往南走一小段即可抵達　http werandafamily.com/en　MAP P.216

　　這間餐廳的風格很像咖啡店，提供各式吐司料理。你可以選擇各式不同的起司，搭配麵包享用，除此之外，還有蜂蜜、火腿、小黃瓜及番茄等等選擇。早上來這邊，你也可以試試看歐式早餐，如優格、水果或炒蛋等等，都十分美味。另外這邊也有提供新鮮的冰淇淋，也很推薦。這間小店的位置優越，就位於永援聖母暨瑪利亞瑪達肋納聖殿前方的小巷，在這邊可以一邊用餐，一邊欣賞這棟美麗的教堂，好好享受波茲南的舊城氣氛。

Pierożak Pierogarnia 是波茲南人相當喜歡的水餃店

可以欣賞波蘭人包水餃的樣子

Pierożak Pierogarnia
變化多端的波蘭水餃

✉ Wrocławska 23, 60-101 Poznań　☎ + 48 500 257 559　🕐 11:00～21:00　🚃 從市政廳出發，沿著 Wrocławska 路往南步行約 3 分鐘可抵達　http www.facebook.com/pierozakpierogarnia　MAP P.216

　　經過這間小店，你會有種錯覺，好像來到了臺灣的鍋貼店。這裡不但供應各種口味的水餃，而且還可以看到店員包水餃的樣子。推薦 ruskie（俄羅斯水餃）、postne（白菜蘑菇水餃）、poznańskie（波茲南水餃，內餡為鴨肉和蘋果），如果想挑戰甜的水餃，可以試試看 owoc sezonowy（水果水餃）。另外也可以沾酸奶食用，讓口感更綿密。因為水餃的口味實在非常多，如果沒有特別不敢吃的食物，也很建議全部的口味都試試看，你會大吃一驚，原來水餃的變化可以這麼多元啊！

位於教堂前的 Weranda Caffe

DOMU
享受輕鬆氣氛的西式餐廳

✉ Wrocławska 18, 61-838 Poznań ☎ + 48 61 424 10 42
🕐 週一 09:00 ～ 22:00，週二公休，週三、四 16:00 ～
24:00，週五 15:00 ～ 02:00，週六 13:00 ～ 02:00 ➡ 從
市政廳出發，沿著 Wrocławska 路往南步行約 4 分鐘可抵
達 http www.facebook.com/domupoznan MAP P.216

　　位於熱鬧的 Wrocławska 路上，很適合在逛
累舊城時來這邊坐坐；這邊的裝潢很有氣氛，
也很適合在這邊與朋友聚會。一邊用餐，看著
人來人往的街頭，一邊和朋友閒話家常，享用
波蘭風格的餐點，是非常放鬆舒服的事情。如
果喜歡安靜一點的用餐環境，也可以選擇坐在
室內，享受內部優雅的氛圍。推薦這邊的番茄
湯 (krem pomidorowy)，味道香醇濃郁，不論
是波蘭人還是亞洲人都會喜歡。也推薦這邊的
披薩，分量很足，兩個人一起吃都可以吃很飽。

可坐在餐廳外，欣賞舊城區街道的夜景

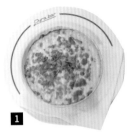

1. 馬鈴薯焗烤是這裡的招牌菜，焗烤下方有各式各樣的
配菜／ 2. 烤馬鈴薯與白起司酸奶 (pyry z bzikiem)

Pyra Bar
便宜實惠的波蘭焗烤料理

✉ Strzelecka 13, 60-101 Poznań ☎ + 48 61 851 67 62 🕐
11:00 ～ 21:00 ➡ 從市政廳出發約 10 分鐘可抵達。沿著
Wrocławska 路往南步行，穿過 Kupiec Poznański 購物中心
旁的停車場，於 Strzelecka 路左轉後，走一小段路即可抵達
http www.pyrabar.pl MAP P.216

　　馬鈴薯的愛好者有福了，這是間專門為你而
生的餐廳，不過千萬要小心，你很有可能會在
這裡吃得太撐喔！位於購物中心附近的 Pyra
Bar，除了供應波茲南當地料理，還提供各種
馬鈴薯焗烤 (zapiekanki ziemniaczane)，這也是
本店最有名的菜，來這邊可以嘗試看看。你可
以選擇各式各樣，與馬鈴薯搭配的配料，還可
選擇大碗或小碗的，以一般人的食量而言，小
碗的就可以吃得很飽。Pyra Bar 的料理不但分
量大，價格也合理，是個飽餐一頓的好地方。

4 Alternatywy
令人流連忘返的波蘭麵疙瘩

✉ Piekary 8, 61-823 Poznań ☎ + 48 730 311 911 🕐 週一～三 12:00 ～ 20:00，週四～
六 12:00 ～ 21:00，週日 12:00 ～ 20:00 ➡ 從舊城區廣場出發，約 15 分鐘可抵達。沿著
Szkolna 路往南步行，右轉接到 Święty Marcin 路，再左轉接到 Piekary 路，走一小段即可抵達
http 4alternatywy.poznan.pl MAP P.216

　　位於地下室的餐廳，每個經過的路人，都會注意到他們新穎搶眼的外觀。
這間餐廳提供許多波蘭家常料理。現代化的裝潢頗有特色，價格不會太高，
餐點很美味。雖然服務稍慢了一點，但依舊很值得來嘗試他們的波蘭麵疙
瘩 (kopytka)，搭配特製的蘑菇醬，讓每個吃過的人都回味再三。

往下走幾階即可享受好吃的
波蘭麵疙瘩

Manekin
大啖波蘭薄餅

有多達幾十種波蘭薄餅可供選擇

✉ Kwiatowa 3, 61-222 Poznań　☎ + 48 61 222 00 01　🕐
週五～六 10:00 ～ 23:00，週日～四 10:00 ～ 22:00　➡
從舊城區廣場出發，約 15 分鐘可抵達。沿著 Szkolna 路往
南步行，接到 Półwiejska 路後繼續直走，看見 Kwiatowa
左轉即可抵達　http manekin.pl　MAP P.216

　　這是波蘭相當有名的薄餅店，店內提供五花
八門的波蘭薄餅 (naleśniki)，不論你吃葷或是
吃素，一定都可以找到自己喜歡的。室內空間
很大，用餐氣氛舒服，讓人相當愉悅。別忘了
加點沾醬 (sosy)，搭配薄餅享用，可大大增添
整體的風味。用餐時刻常常可以看見波蘭人來
這邊用餐，是個非常在地，經濟實惠的選擇。

如果你真的
非常餓，享
用薄餅時，
可以再點一
碗湯，保證
可以讓你吃
得超級飽。

廣受波蘭人喜愛的薄餅餐廳

來這邊吃早餐，是讓人非常開心的事情

Lavenda Cafe & Lunch
蜜拉最喜歡的波茲南咖啡廳

✉ Wodna 3/4, 61-781 Poznań　☎ + 48 61 852 49 95　🕐
週五～六 08:00 ～ 23:00，週日～四 08:00 ～ 22:00　💲
咖啡約 7 ～ 15 波幣，蛋糕約 14 ～ 16 波幣　➡ 從市政廳
出發，約 2 分鐘可抵達。沿著 Wodna 路往東走一小段即
可抵達　http lavenda-cafelunch.pl　MAP P.216

　　如果早餐不知道要去哪裡吃，來到這裡準沒
錯。這間咖啡廳洋溢著浪漫的氣氛，室內不論
是桌椅裝潢，還是燈光音樂，都讓人有種放鬆
的感覺。來這悠哉地吃早餐、喝下午茶、喝
咖啡，絕對是在波茲南的一大享受。除了咖啡
甜點之外，這邊也有供應熱食，如義大利麵等
等。在這裡用餐，可以體驗濃濃的歐式咖啡廳
氛圍，推薦給喜歡享受氣氛的朋友。

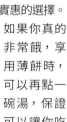

Słodki Kącik
著名的波茲南可頌店

對亞洲人來說可能偏甜的可頌麵包，可以嘗嘗看

✉ Św.Marcin 26, 61-816 Poznań　☎ + 48 61 851 33 19　🕐 週一～五 08:00 ～
17:30，週六 08:00 ～ 15:00，週日公休　➡ 從舊城廣場往西南走，沿著 Szkolna 路
走，到 Święty Marcin 大馬路右轉，走幾分鐘後在右手邊就會看到這家店　http www.
slodkikacik.com.pl　MAP P.216

　　成立於 1958 年，位於波茲南中心的著名波茲南可頌
店，提供各式各樣的精美麵包和蛋糕，其中以可頌 (rogale
świętomarcińskie) 最為知名。推薦可以吃吃看不同種類的可頌。

波茲南甚至有發可頌麵包執照給店家

　　弗羅茨瓦夫是個神祕的地方，也是全國最多橋的城市，城市的精神象徵是小矮人。傳說中，在橋上和情人掛上寫著兩人姓名的小鎖，就能讓兩人的戀情長長久久。

俯瞰弗羅茨瓦夫舊城區

弗羅茨瓦夫

弗羅茨瓦夫

Ogród Botaniczny 植物園

Kościół Św. Idziego 聖吉爾斯大教堂
Plac Katedralny

Katedra św. Jana Chrzciciela 施洗約翰大教堂
弗羅茨瓦夫座堂島

Odra 奧得河

Plac Powstańców Warszawy

Traugutta

Muzeum Narodowe 國家博物館
Purkyniego

拉茲瓦雄卡戰役全景圖

Świętego Marcina
Katedralna

Kościół Św. Marcina 聖馬丁大教堂
Most Tumski 座堂橋
奧得河遊船

奧得河遊船

Bernardyńska

建築博物館

Galeria Dominikańska 百貨公司

Olawska

plac Warszawski

Traugutta

Podwale

Krainśkiego

plac Dominikański

Piotra Skargi

住史来哲山

Most Piaskowy

Hala Targowa 市場大廳

Świętej Katarzyny

Kołtaja

Grodzka
Szewska

Stara Pączkarnia
Łaciarska

Nozowwnicza

The One Hostel

Wrocław Główny 直走往中央火車站

弗羅茨瓦夫大學
plac Uniwersytecki

Uniwersytecka

Kotlarska
Kuźnicza

FC Naleśniki

Stwosza

Bernard

Świętej Marii Magdaleny

Łaciarska
Szewska

Olawska

Kazimierza Wielkiego

Most Uniwersytecki

Grodzka

Grodzka

奧得河遊船

聖耶穌白教堂

Więzienna
Vinyl Cafe

Odrzańska

Świętej Elżbiety

Przedwojenna Rynek

Rynek

弗羅茨瓦夫城市導覽
Restauracja Konspira

Plac Solny

Setka Bar

Świdnicka

Rynek

Krasnalowa Informacja Turystyczna 小矮人遊客中心

Świdnicka

Nowy Świat

漢賽爾與葛麗特

聖伊莉莎白教堂

Ruska

Kiełbaśnicza
Rzeźnicza

Białoskórnicza

Leszczyńskiego

Europeum Hotel

Kazimierza Wielkiego

Podwale

Šądowa

Podwale

Świętego Mikołaja

Boogie Hostel
Ruska

Szynkarnia

Świętego Antoniego

Hostel Mleczarnia

Moon Hostel

Włodkowica

Krupnicza

PURO Wrocław Stare Miasto

Narodowe Forum Muzyki 國家音樂論壇

Podwale

Włodkowica

城市印象

弗羅茨瓦夫曾被多種不同的政權統治，在二戰之前，這裡絕大多數的居民是德國人

　　弗羅茨瓦夫先後歷經波蘭、波希米亞、奧地利及德國的統治，直到二次大戰後，才重新回到波蘭的懷抱。歷經多種政權，不同的民族於不同的時間，在這塊土地上活躍，也因此弗羅茨瓦夫散發著有別於其他波蘭城市的氛圍。

　　來到這裡，一定要在舊城區和座堂島逛逛。前者有著許多景點和美食，後者則是弗羅茨瓦夫最古老的地區。如果時間足夠，也建議搭船，在奧得河上欣賞城市美景。路過座堂橋 (Most Tumski)，別忘了和另一半一起掛上小鎖，讓這座橋的魔力，為兩人的愛情祈福。

　　1997 年 7 月，這裡發生了千年一見的洪災。許多建築、紀念碑、交通工具和公路等都被淹沒。在波蘭人民和政府的努力下，這座城市重新站了起來。現在的弗羅茨瓦夫是波蘭重要的教育與文化中心，身為歐洲第四多橋的城市 (次

於威尼斯、阿姆斯特丹和聖彼得堡)，這裡也常被稱為北方威尼斯。

　　弗羅茨瓦夫也主辦了許多文化活動和大型體育賽事如 2012 年由波蘭與烏克蘭主辦的歐洲杯足球賽、2016 歐洲文化之都和 2017 年第 10 屆世界運動會。

　　來到弗羅茨瓦夫，你可以參觀歷史悠久的古蹟群，並享受一場多文化匯集的旅遊饗宴。

小矮人是弗羅茨瓦夫的象徵

慶典活動

請參考 YouTube 影片，和
蜜拉士愷一起逛聖誕市集

國際音樂節受邀前來表演的
團體 (圖片提供／ Archives
of National Forum of Music)

時間	慶典活動	簡介
4 月	奧得河上的爵士 (Jazz nad Odrą)	弗羅茨瓦夫最古老的音樂節。自 1964 年以來，邀請了許多來自世界各地的知名音樂家前來演出。 http jazznadodra.pl/en
6 月	少數民族節 (Kalejdoskop Kultur)	讓大家能更了解居住在這裡的少數民族藝術家。弗羅茨瓦夫的少數民族包括：德國人、烏克蘭人、希臘人、羅馬尼亞人、蘭科人、猶太人、卡拉利亞人和保加利亞人。 http kalejdoskopkultur.pl
5 月或 6 月初	弗羅茨瓦夫啤酒節 (Wrocławski Festiwal Dobrego Piwa)	弗羅茨瓦夫所有的啤酒愛好者和職業業餘釀酒人，都一定會參加的活動。 http www.facebook.com/festiwaldobregopiwa
6 月中～ 6 月底	弗羅茨瓦夫節 (Święto Wrocławia)	一年一度的弗羅茨瓦夫節，有演唱會、音樂會、展覽等等活動。http www.wroclaw.pl/go/wydarzenia
8 月	國際街頭藝術節 BuskerBus (Międzynarodowy Festiwal Sztuki Ulicznej BuskerBus)	弗羅茨瓦夫廣場，每年這個時候，都會變成全世界街頭藝術家的競演舞台。有現場音樂、火舞表演、肚皮舞、馬戲團、氣球表演及雜耍等等。 http www.buskerbus.com
9 月	弗羅茨瓦夫攝影節 (TIFF Festival)	超越攝影既定印象的文化活動，鼓勵觀眾不斷探索，重新思考攝影的想法。http tiff.wroc.pl/en
9 月	弗羅茨瓦夫小矮人節 (Wrocławski Festiwal Krasnoludków)	這是個慶祝小矮人的節日，可以帶著孩子一起來畫小矮人，用黏土做小矮人，活動都相當溫馨有趣。 http www.wroclaw.pl/go/wydarzenia
9 月中	國際音樂節 (Wratislavia Cantans)	創立於 1966 年，以清唱劇、大合唱以及呈現人聲之美的表演為主。是歐洲最重要的古典音樂節之一，每年吸引數以千計的音樂愛好者。 http nfm.wroclaw.pl/en
9 ～ 10 月	民族爵士音樂節 (Ethno Jazz Festival)	每年有許多著名音樂家與樂團前來表演，吸引國內外民族風格爵士樂的愛好者。http www.ethnojazz.pl
11 月底～ 12 月底	聖誕市集 (Jarmark Bożonarodzeniowy)	全波蘭最大的聖誕市集，好逛又好玩，可以吃到很多道地的波蘭小吃。http bit.ly/2FAHdHz

交通資訊

✣ 怎麼到弗羅茨瓦夫

如果要從其他波蘭城市到弗羅茨瓦夫中央火車站 (Wrocław Główny)，可以搭波蘭國家鐵路 (PKP) 火車。有時候客運是最便宜的選擇，推薦搭乘巴士，有許多不同的上下車地點，大部分都在客運站 (Dworzec Autobusowy PKS)，位於中央火車站後方購物商場樓下，買到車票後記得確認一下。此外，到史萊哲山 (Ślęża) 的客運也從這個地方出發。

弗羅茨瓦夫中央火車站

✉ 客運站：Sucha 1, 50-086 Wrocław

客運

火車站月台

客運搭車月台 (圖片提供／ Raven Yu)

電車站牌

依序上電車的乘客

弗羅茨瓦夫電車

✣ 弗羅茨瓦夫市區交通

弗羅茨瓦夫市區常見的交通工具有電車和公車。景點大部分集中在舊城區，若是沒有計畫到比較遠的地方 (如動物園、百年廳)，全程步行也是可以的。

一般公車和電車的營運時間約為 05:00 ～ 23:00(週末 06:00 ～ 23:00)，其餘的時間有 240 ～ 259 號的夜間公車。6 字頭的公車是到郊區的，而字母開頭的公車代表是快速公車。記得搭乘時都需要打票喔！關於搭乘電車與公車的小提醒，請參考 P.86。

❖ 划算好用的 MPK 票

　　無論要搭公車、快速公車、夜間公車或電車，都可以使用 MPK 票。MPK 票可以在遊客服務中心、郵局、書報攤和售票機購買。以下是各種 MPK 票的種類。

`http` MPK 交通工具時刻表：www.wroclaw.pl/rozklady-jazdy

單次票

車票

種類	全票票價	使用區域
一般車和郊區車 (jednorazowy-linie normalne i podmiejskie/single ticket-normal and suburban lines)	4.6 波幣	2.3 波幣

時間票

種類	全票票價	使用區域
15 分鐘 (15-minutowy/15-minutes)	3.2 波幣	1.6 波幣
30 分鐘 (30-minutowy/30-minutes)	4 波幣	2 波幣
60 分鐘 (60-minutowy/60-minutes)	5.2 波幣	2.6 波幣
90 分鐘 (90-minutowy/90-minutes)	7 波幣	3.5 波幣
24 小時 (24-godzinny/24-hours)	15 波幣	7.5 波幣
48 小時 (48-godzinny/48-hours)	26 波幣	13 波幣
72 小時 (72-godzinny/72-hours)	32 波幣	16 波幣
168 小時 (168-godzinny/168-hours)	54 波幣	27 波幣

購票後上車記得要打票

除了售票機，通常這樣的書報攤也可以買票

弗羅茨瓦夫 2 日遊這樣走

如果在弗羅茨瓦夫的時間不多，建議預留至少 1 天半的時間，才能勉強跑完所有景點，但是行程會比較趕。以下是 2 日遊景點遊玩順序，括號內為建議停留時間。

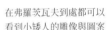

小矮人已經融入了弗羅茨瓦夫人的生活中，無所不在

♣ 第 1 天

弗羅茨瓦夫座堂島(1.5小時) ▶ 奧得河遊船(1小時) ▶ 弗羅茨瓦夫大學(1小時) ▶
聖耶穌名教堂(30分) ▶ 聖伊莉莎白教堂(30分) ▶ 漢賽爾與葛麗特(30分) ▶
弗羅茨瓦夫市政廳(1小時) ▶ 聖瑪莉神女教堂(30分)

♣ 第 2 天

拉茲瓦維卡戰役全景圖(1小時) ▶ 建築博物館(1小時) ▶
動物園(2小時) ▶ 百年廳(30分)

在弗羅茨瓦夫到處都可以看到小矮人的雕像與圖案

另外也有提供免費的導覽活動，以英文介紹各個景點，可參考 P.252 和網站了解詳細的時間和行程內容。 http freewalkingtour.com/wroclaw

奧得河與座堂島

弗羅茨瓦夫市政廳一帶洋溢著浪漫的氛圍

士愷知識家

波蘭的水可以生飲嗎

波蘭自來水的品質雖然越來越好，但還是不建議直接飲用。若是煮沸過後的水，就沒有什麼問題。如果去商店購買礦泉水，有兩種可供選擇，niegazowana 是普通的水，gazowana 則是氣泡水。

弗羅茨瓦夫城市導覽

✉ 於市政廳塔鐘銅像前集合 🕐 請參考以下資料 💲 請參考以下資料 ➡ 位於舊城廣場 ⏱ 1.5～2.5 小時 http
freewalkingtour.com/wroclaw ❓ 不需要預訂，若想參加付費導覽，請準備現金

　　弗羅茨瓦夫的城市導覽，讓你可以跟著專業導遊的腳步，深度認識這個城市。目前有 6 個免費導覽，和 4 個付費導覽。

♣ 免費導覽

01 舊城導覽

全程大概2.5小時。

02 弗羅瓦夫島與橋導覽

全程大概2小時。

導遊會舉著黃色的雨傘，非常顯眼

03 二次世界大戰與猶太弗羅茨瓦夫導覽

全程大概2小時。

♣ 付費導覽

04 小矮人與共產主義導覽

全程大概1小時45分鐘。

01 精釀啤酒

全程約2小時。

05 街頭藝術導覽

全程大概2小時。

02 弗羅茨瓦夫料理

全程約2小時。

06 特別主題導覽

每個星期不一樣，請參考網址。
http www.facebook.com/Free.Tour.Wroclaw

03 百年廳

全程約2小時。

04 猶太墓園

全程約2小時。

集合地點為市政廳塔鐘銅像前

跟隨專業的導遊，與大家一起認識這個城市，也是非常不錯的選擇

熱門必遊景點

1. 座堂島上，高聳入雲端的施洗約翰大教堂／2. 掛滿了情人鎖的座堂橋／3. 情人鎖上面有著兩人的簽名和日期

弗羅茨瓦夫座堂島
Ostrów Tumski

宗教建築遍布

✉ Ostrów Tumski, Wrocław　💲 免費　➡ 從舊城廣場步行，大概需要 15 分鐘。從舊城往北邊走，抵達奧得河邊後，過了 Most Piaskowy 橋與座堂橋即可抵達；也可以從火車站，搭乘 8 號電車前往，於 Katedra 站下車即可抵達　⏱ 1.5 小時　🗺 P.246

　　座堂島是弗羅茨瓦夫最古老的地區，第一個定居的遺跡大約來自於 10 世紀，當時座堂島仍是個島嶼。11 世紀時，座堂島上開始出現第一批石頭與磚頭蓋的建築。

　　當時波蘭當政的皮雅斯特王朝，在座堂島上蓋了一座城堡，並不斷擴大城堡的面積。可惜目前城堡已經不存在了，位於聖馬丁街（Świętego Marcina）上的聖馬丁教堂（Kościół św. Marcina），是至今唯一保留的部分。

　　1315 年，座堂島轉由教會管理。幾個世紀以來，這個地方完全隸屬教會，成為宗教權威的中心。1807 年，教會拆除了城市周圍的城牆，座堂島東邊的河岸，也因此被掩埋。從那個時候開始，座堂島就不再是一個島嶼了。至今位於植物園內的小湖泊，也是東岸僅存的部分。

　　現在座堂島上最古老的建築，為建於 13 世紀初的羅馬式聖吉爾斯大教堂（Kościół św. Idziego）。另一個值得參觀的建築，則是哥德風格的施洗約翰大教堂（Katedra św. Jana Chrzciciela），這間二戰後重建的教堂，目前也是西里西亞的「教會之母」。

　　施洗約翰大教堂有個全景台，可以坐電梯上去，欣賞弗羅茨瓦夫和周邊地區的美麗全景。

　　到了現代，座堂島成了深受情侶、遊客和弗羅茨瓦夫人歡迎的地方。這十幾年以來，情侶們特別喜歡到座堂橋（Most Tumski）上，將象徵愛情的鎖掛在橋上，再把鑰匙丟進河裡，祈求兩人的感情長長久久。

奧得河遊船
Rejsy statkiem po Odrze
乘船綜覽弗羅茨瓦夫

✉ 沿著奧得河邊，設有不同的船站，可參考地圖　🕐 每日 10:00 ～ 20:00，可參考網頁，選取 GODZINY REJSÓW)　➡ 從舊城往北邊走，即可抵達奧得河邊　⏱ 1 ～ 1.5 小時　http www.statekpasazerski.pl　MAP P.246

搭船可以輕鬆地欣賞弗羅茨瓦夫的美，在河上體驗這座城市的魅力。這也是為什麼奧得河船越來越受到國內外遊客歡迎。

Żegluga Pasażerska Wrocław 遊船公司
這間公司提供了以下 4 條遊船航線：

1. Wratislavia 號

從 Wratislavia 船站出發，往 Opatowicka 島，然後回到原站。

2. Nereida、Wiktoria 和 Goplana 號

從 Kardynalska 船站出發，經過國家博物館、和平橋、動物園 (這邊會停船，遊客可以自由選擇是否下船參觀動物園，買了回程票的乘客可以搭下一班船回去)，最後回到原站。

3. Driada 號

從 Kardynalska 船站出發，經過國家博物館、和平橋，直到 Zwierzyniecki 橋 (這邊會停船，遊客可以自由選擇是否下船觀光，買了回程票的乘客可以搭下一班船回去)，最後回到原站。

4. Gucio 號

從 Kardynalska 船站出發，到 Cypel 船站 (這邊會停船，遊客可自由選擇是否下船觀光，買了回程票的乘客可以搭下一班船回去)，最後回到原站。

士愷知識家

波蘭有名的河流

波蘭最長的河是維斯瓦河，全部的流域皆在波蘭內，全長 1,047 公里，流經許多國家公園。而經過弗羅茨瓦夫最有名的河是奧得河，全長 854 公里。它源於捷克，經過德國和波蘭，直到波羅的海。

Wratislavia 號

售票處就在船站旁邊

Goplana 號

碼頭站牌

奧得河遊船站與周邊景點

Przystań Cypel
Cypel船站

Przystań Kardynalska
Kardynalska船站

弗羅茨瓦夫大學

弗羅茨瓦夫座堂島

Przystań Hala Targowa
市場大廳船站

Hala Targowa
市場大廳

Muzeum Narodowe
國家博物館

拉茲瓦維卡戰役
全景圖

Wyszyńskiego

Grodzka

Piaskowa

Świętej Katarzyny

Kazimierza
Wielkiego

Oławska

Traugutta

Skargi

Traugutta

Sienkiewicza

Piastowska

Plac Grunwaldzki

Szczytnicka

Pasaż Grunwaldzki
百貨公司

Plac Grunwaldzki

Curie-Skłodowskiej

Przystań Zwierzyniecka
Zwierzyniecka船站

Wajdy

Wróblewskiego

百年廳

Odra 奧得河

動物園

Przystań Zoo
動物園船站

聖耶穌名教堂
Kościół Najświętszego Imienia Jezusa
藝術品豐富的巴洛克風格教堂

✉ Plac Uniwersytecki 1, 50-001 Wrocław ☎ + 48 71 344 94 23 ⏰
參觀時間請見網頁 (按 Sightseeing)，彌撒時不能參觀 💲 免費
➡ 從市政廳廣場出發，沿著 Kuźnicza 路往東北走到底約 5 分鐘
可抵達 ⏱ 30 分鐘 🌐 www.uniwersytecki.archidiecezja.wroc.pl
🗺 P.246

　　聖耶穌名教堂於 1689～ 1698 年興建，靠近弗
羅茨瓦夫大學建築的南邊。這裡是早期巴洛克式
天主教教堂，相當宏偉，也是西里西亞耶穌會神父
的建築傑作之一。有趣的是，教堂內有個隧道，可
以直接通往大學。弗羅茨瓦夫大學的學生，也常常
來這裡祈禱。

　　巴洛克風格的聖耶穌名教堂內，有不少藝術作
品，包括 18 世紀的耶穌壁畫、建築拱頂上的幻影
畫，以及掛在主壇上面的 8 X 3.8 公尺的《聖母獻
耶穌於聖殿》畫作。祭壇的旁邊則是米開朗基羅
聖母憐子雕像的副本。

聖耶穌名教堂

1. 美輪美奐的教堂內部／ 2. 米開朗基羅聖母憐子雕像副本

弗羅茨瓦夫大學
Uniwersytet Wrocławski
創建 300 餘年的波蘭國立大學

✉ Plac Uniwersytecki 1, 50-001 Wrocław 及舊城內不同的地方 ☎ + 48 71 375 22 15 💲 免費 ➡ 從市政廳廣場出發，約 5 分鐘可抵達。沿著 Kuźnicza 路往東北走，走到底轉即可抵達 ⏱ 30 分鐘 🌐 www.universitas.wroclaw.pl ℹ️ 波蘭的大學，不同的學院未必在同個地區內，可能與住宅或商家混雜在一起 🗺 P.246

弗羅茨瓦夫大學有段漫長而動盪的歷史。1505 年，統治弗羅茨瓦夫的捷克 (波希米亞王國) 國王烏拉斯洛二世，嘗試在這裡建立大學。

不過亞捷隆大學的代表，為了避免弗羅茨瓦夫大學成為他們的學術競爭對手，強烈反對這個計畫。在重重的政治影響之下，建立大學的籌備文件最後沒有得到教皇的認可，弗羅茨瓦夫的大學便無法成立。過了大概 200 年後，大學才終於在 1702 年正式成立。

當時一共有五個學院，包含醫學、法律、哲學及兩所神學院 (天主教和福音派)。這裡原本是皇家城堡，城堡被拆毀後，於 1728 ~ 1739 年興建大學的中央建築。主樓位於奧得河堤，長於 160 公尺，有三層樓，露台上有四個象徵著科學學科的人物雕像。

第二次世界大戰後，弗羅茨瓦夫大學成了波蘭的國立大學。現在，來自波蘭和其他國家的年輕人，紛紛來這裡求學。弗羅茨瓦夫大學，也於 2002 年慶祝成立 300 週年。

目前弗羅茨瓦夫大學是波蘭最好的大學之一，僅次於亞捷隆、華沙和托倫大學。

大學的
露台上，
有著精緻的
人物雕像

1. 弗羅茨瓦夫大學／2. 連小門都相當細緻／3. 每個人物雕像，都象徵著科學學科／4. 華麗的門口

手牽著手的漢賽爾與葛麗特

漢賽爾與葛麗特

Jaś i Małgosia

宛如《糖果屋》角色的歷史建築

✉ Świętego Mikołaja 1, 11-400 Wrocław ┆ 💲 免費 ┆ ➡ 由市政廳出發，約 3 分鐘可抵達 ┆ ⏱ 30 分鐘 ┆ MAP P.246

漢賽爾與葛麗特 (Jaś i Małgosia) 不只是格林童話《糖果屋》中的角色，也是弗羅茨瓦夫舊城廣場角落兩個建築的名字。為什麼呢？因為很多人說，這兩個建築看起來很像在黑暗森林裡迷路，牽著手的漢賽爾與葛麗特。

兩棟建築建於 15 世紀。漢賽爾比較小，顏色簡單，東邊的牆上有維修建築藝術家 Get-Stankiewicz 的肖像；葛麗特比較大，顏色鮮豔，裡面是餐廳和酒吧。

兩棟建築位於聖伊莉莎白教堂外圍，當初是為了給初級神職人員住宿而興建的。中間的巴洛克式大門，之前是墓園的門口。雖然墓園於 1733 年被關閉，但是大門上的拉丁文銘文

Mors Ianua Vitae(死亡是生活之門)，一直留到現在，提醒著我們它的過去。

在大門下面，埋了 21 名沒有服從師傅命令的工匠，目的是為了處罰他們，讓他們的屍體永遠被進入教堂的人踐踏。在建築後面的廣場，有個紀念德國人 Dietrich Bonhoeffer 的紀念碑。這位反法西斯的牧師，於 1945 年在集中營被殺害。紀念碑不但代表弗羅茨瓦夫過去被德國統治的歷史，也是反對極權主義的象徵。

Get-Stankiewicz 的肖像，他是相當知名的波蘭藝術家，也是漢賽爾的設計者

大門上的拉丁文銘文

1. 人來人往的市政廳
2. 裝飾華美的市政廳窗戶
3. 塔鐘前方有波蘭著名作家 Aleksander Fredro 的銅像

弗羅茨瓦夫市政廳
Ratusz

市政廳改建為華麗壯闊的博物館

✉ Rynek 50, 50-996 Wrocław　📞 + 48 71 347 16 91
🕐 開放時間因季節而異，行前請查詢官網　➡ 位於舊城廣場內，可步行前往　⏱ 1 小時　🌐 muzeum.miejskie.wroclaw.pl　🗺 P.246

　　位於弗羅茨瓦夫中心的市政廳，是歐洲獨特的哥德式建築，從 13 世紀末～ 16 世紀，一共花了約 250 年陸續建成。而市政廳中最古老的部分，大約於 1299 年完工，主要是市政當局與弗羅茨瓦夫法院的所在地，持續了好幾百年的時間。

　　市政廳不論是牆面，或是窗戶，都裝飾得非常華麗。1470 ～ 1480 年間，進行了龐大的維修，影響到市政廳最終的造型。第二次世界大戰，也讓市政廳嚴重受損，戰後進行了一連串的重建及維修工作，才讓它恢復原來的樣子。

　　目前市政廳不再發揮市政的作用，而作為博物館，所有的房間都可以進去參觀。在地下室的 Świdnica 酒窖，則是歐洲最古老的酒窖之一，有超過 700 年的歷史，目前是一間餐廳。

　　弗羅茨瓦夫當局也在這裡，接待了世界各地重要的政治人物、君主、神職人員、藝術家等等。對弗羅茨瓦夫而言，市政廳是個具有代表性，非常重要的地方。

市政廳模型

聖伊莉莎白教堂
Bazylika Mniejsza pw. św. Elżbiety
登高遍覽城市美景

✉ Świętej Elżbiety 1/2, 50-111 Wrocław ☎ + 48 71 343 16 38 💲 免費 ➡ 位於市政廳廣場旁 ⏱ 30 分鐘 http elzbieta.archidiecezja.wroc.pl ⁇ 如果查詢 Google，可能會跳出位於舊城外的「匈牙利的聖伊撒伯爾聖殿」，但並非此處，請注意不要搞混。教堂旁邊有個高塔可以上去看城市全景，票價 10 波幣，可能因為天氣因素關閉 MAP P.246

聖伊莉莎白教堂建於 14 世紀初，也是哥德風格的教堂。當初教堂高塔高達 130 公尺高，根據當代的資料，這也是當時西里西亞（弗羅茨瓦夫所在地區）最高也最美麗的塔。

1525 年時成為西里西亞第一個由福音派接管的教堂，一直到 1946 年後，才回歸天主教。第二次世界大戰時，教堂幾乎沒有受損，但是 1962、1975 及 1976 年時，分別經歷過三次火災，以最後一次最為嚴重，後來修復完成，卻也多少改變了它的樣貌。

推薦爬上教堂高塔，觀賞城市全景。因樓梯狹窄，且多達 200 多階（超過 90 公尺高），請量力而為。

教堂內部

教堂模型下方有個小矮人，後方是售票處，左後方是高塔入口

可登上高塔欣賞城市全景

聖瑪莉神女教堂
Kościół św. Marii Magdaleny
中古世紀哥德式教堂

✉ Szewska 10, 50-122 Wrocław 🕐 彌撒時不能參觀
💲 免費 ➡ 由市政廳出發，沿著 Kurzy Targ 路往東步行，
約 3 分鐘可抵達 ⏱ 30 分鐘 ❓ 教堂有個高塔，可以爬
上去看弗羅茨瓦夫全景，全票 10 波幣。開放時間為 10:00
～ 19:00(夏天～ 20:00)，可能因天氣因素關閉 🗺 P.246

　　聖瑪莉神女教堂是弗羅茨瓦夫最古老的教
堂之一，歷史可以追溯至 1226 年。整個教堂
是分階段建成的，高 72 公尺的教堂高塔則是
於 1331 年開始興建，15 世紀 80 年代才完工。
不幸的是，教堂經歷過幾次火災，並遭到第二
次世界大戰摧殘，許多珍貴的文物也因此被毀
掉了。1970 年時教堂維修完成，回歸中古世
紀的風采。

　　特別值得欣賞的是位於教堂南牆的羅馬式
門戶，是在 1546 年時從聖文森特的修道院
(已不存在) 搬到了這裡。另外推薦 9 月參加
Wratislavia Cantans 國際古典音樂節舉辦在這
裡的音樂會。

牆上的裝飾，紀念某
位古代的騎士

聖瑪莉神女教堂

館外的石雕作品

博物館門口，紅磚外牆上也爬滿了植物，非常有特色

建築博物館
Muzeum Architektury
來自西里西亞的藝術造詣

✉ Bernardyńska 5, 50-156 Wrocław 📞 + 48 71 344 82
79 🕐 可參觀時間常變更，出發前請參考網頁 ➡ 從市政
廳廣場步行，約 10 分鐘可抵達。沿著 Stwosza 路往東走，
接到 Plac Dominikański 路後，於 Bernardyńska 路左轉即
可抵達。也可搭乘 2、3、5、10、6、8、9、11、17、
33 號電車或 114、120、D、N、K 號公車，於 Galeria
Dominikańska 車站下車，車程約 3 分鐘 ⏱ 1 小時 🌐
www.ma.wroc.pl/en/info 🗺 P.246

　　建築博物館有固定的展覽內容，以及限定時
間的特展。固定展覽包括窗戶玻璃製品、彩色
玻璃製品、工藝和鎖匠製品、鑄造製品、木工
和石雕製品、木製天花板及彩繪天花板等等。

　　展覽項目大部分為中世紀～ 20 世紀初的作
品，大部分的作品來自西里西亞，但也有不少
波蘭其他地區，以及歐洲其他國家的作品。參
觀這裡，可以讓我們得知社會、宗教和文化環
境，對於建築和工藝藝術的影響。

　　限定時間的特展消息可參考博物館的網頁。

拉茲瓦維卡戰役全景圖 ◇◇

Panorama Racławicka

撫慰波蘭人心的重要畫作

✉ Purkyniego 11, 50-155 Wrocław ☎ + 48 71 344 23 44 🕐 開放時間時常變更，請查詢官網 ➡ 從市政廳廣場步行，約 12 分鐘可抵達。沿著 Kuźnicza 路往東北走，於 Kotlarska 路右轉直走，接到 Purkyniego 路後，再走一小段即可抵達；也可以搭 2、10 號電車或 A、N 號公車前往，車程約 4 分鐘 ⏱ 1 小時 🌐 panoramaraclawicka.pl
❓ 參觀拉茲瓦維卡全景可以帶耳機，聽中文的導覽介紹。熱門季節需要大概提早一個星期訂票，訂票網址：bilety.mnwr.pl (限購非當天的票，當天的票只能在現場買)。若購買全景圖票，可以免費參觀弗羅茨瓦夫國家博物館的固定展覽、位於百年廳 (P.271) 四圓頂之亭現代藝術博物館的固定展，以及民族博物館的固定展 (以上 3 個景點可參網頁：mnwr.pl/en) 🗺 P.246

　　弗羅茨瓦夫的拉茲瓦維卡戰役全景圖，對波蘭人而言意義重大。這個作品主要是紀念 1794 年 4 月 4 日與俄羅斯的拉茲瓦維卡戰役，以及由柯斯丘什科將軍 (Tadeusz Kościuszko) 領導的全國性起義。

　　第一個提出要畫全景圖的人是著名畫家 Jan Styka(1858 ～ 1925)。 他 邀 請 Wojciech Kossak(1856 ～ 1942) 與其他幾位畫家，一起於 1893 年 8 月～ 1894 年 5 月合作繪製，而其中有 70% 都是由 Kossak 完成的。

　　作品的尺寸為 15X114 公尺。作品位於圓形牆壁上，以不均勻的打光技巧呈現，營造出特別的效果，帶我們進入另一個世界。全景圖於 1894 年 6 月 5 日在利沃夫 (Lwów) 首次展出，(利沃夫原為波蘭的城市，二次世界大戰後被美、英、蘇重劃給烏克蘭)，這一年也是起義的百週年紀念。當時，波蘭被占領瓜分，不存在世界的地圖上，因此作品最大的作用是安撫人心，提振士氣。對於波蘭人來說，這是非常重要的。

　　作品展出之後，大受歡迎，也吸引許多遊客到利沃夫欣賞。第二次世界大戰後，全景圖搬到了弗羅茨瓦夫。許多波蘭人都很期待重新開放展覽，但因為畫作在戰爭中有所受損，需要時間維修。

　　展 覽 於 1985 年 6 月 14 日重新對外開放，立刻成為弗羅茨瓦夫最熱門的景點之一。有許多著名的重要人物都曾經來過這裡，包括前教宗約翰保羅二世、荷蘭女王與名導演奇士勞斯基。

也有販售相關紀念品

1. 因為全景圖是以圓形呈現，因此建築物也是蓋成圓柱狀的樣子／ 2. 入口處前廣場／ 3. 售票處

1. 動物園正門
2. 不論是市民或是外地旅客，都很喜歡來弗羅茨瓦夫動物園
3. 可使用售票機購票，也有英文介面

動物園
Wrocławskie Zoo
廣受遊客及當地人歡迎的百年動物園

✉ Wróblewskiego 1-5, 51-618 Wrocław ☎ + 48 71 340 71 19 ⏰ 開放時間因季節而異，行前請查詢官網 ➡ 可搭乘電車 1、2、4、10 號前往，其中 2 號電車從火車站出發，於 Hala Stulecia 站或 Zoo 站下車即可抵達；也可搭乘公車 115、145、146 號前往，其中 145 和 146 號從火車站出發，於 Hala Stulecia 站下車即可抵達 ⏱ 2 小時 http www.zoo.wroclaw.pl(在右上角選擇 EN 轉英文版) ❓ 可於現場或上網買票，購票網址 bilety.zoo.wroclaw.pl MAP P.255

1865 年，弗羅茨瓦夫被德國統治，當時這裡是唯一一個尚未擁有動物園的德國大城市。這一年一群居民和教授提出了建立動物園的想法，動物園就這樣成立了。一開始，動物園裡有 50 種、一共 400 隻動物。

第一次世界大戰時，動物園經歷了重大的危機。在戰後，因為經濟上的困難，動物園於 1921 年關閉，變成一個普通的公園。幾年之後，動物園才恢復營業，並受到城市居民的熱烈歡迎。從那時開始，動物園的規模也逐漸擴大。

第二次世界大戰時，弗羅茨瓦夫動物園被認為是最安全的地方之一，所以其他受到戰火影響的動物園，便將動物轉交給他們保管。

戰爭結束後，波蘭政府接管了弗羅茨瓦夫動物園，並於 1948 年 7 月 18 日重新開放參觀。開放後的第一年內，就有超過 35 萬人參觀動物園，盛況空前。最近動物園甚至慶祝成立 150 週年。一直到現在，弗羅茨瓦夫動物園都是當地相當熱門的景點，受到市民和旅客的喜愛。

享受夏日暖陽的駱駝

代表現代主義風格的百年廳

百年廳
Hala Stulecia

列為世界遺產的現代主義風格建築

✉ Wystawowa 1, 51-618 Wrocław ☎ + 48 71 347 50 47 🕐 開放時間因季節而異，行前請查詢官網 ➡ 位於動物園對面，可搭乘電車 1、2、4、10、16 號，於 Hala Stulecia 站或者 Zoo 站下車即可抵達；或搭乘 145、146 號公車，於 Hala Stulecia 站下車即可抵達 ⏱ 30 分鐘 http halastulecia.pl/en/for-visitors(選 取 右 上 角 的 EN → Visiting → EXHIBITION PLAN) MAP P.255

百年廳是由弗羅茨瓦夫著名建築師 Max Berg 設計的，也是最有名的現代主義風格建築之一，於 1911～1913 年興建。建成百年廳需要特殊的工程技術，即使如此，興建的速度依舊非常快，這讓世界各地的工程師和建築師，都深感佩服。

百年廳完工後，所舉辦的第一個展覽，便是慶祝拿破崙於萊比錫戰役被打敗的百年紀念

(拿破崙投降後，被廢除帝位，流放到地中海上的厄爾巴島)。這也是百年廳這個名字的由來。

到了現代，百年廳已經 (在 2006 年) 被列為聯合國教科文組織世界遺產，每個人都可以到百年廳，更深入認識這裡。來到百年廳，你不但可以了解這裡的歷史，包括建立的過程、轉型和重要活動，同時也能開啟自己對建築領域的眼界。

百年廳中心包含四個部分：遊客中心、歷史室、教育認知室及畫廊。展出內容以多媒體的方式呈現，希望能啟發遊客，讓大家更深入了解這個建築。展覽當中，最有趣的部分是視頻映射。以光影和聲音來凸顯百年廳的驚人魅力，製作出建築物運動、破碎及變形的幻覺，同時也讓我們欣賞其原始之美。

1. 百年廳附近有個公園，也是市民喜歡散步的地方／ 2. 百年廳旁邊有個綠色隧道／ 3. 從遠方看，可以感受到強烈的獨特風格

造訪波蘭神祕之地 史萊哲山之旅

✣ 兩個宗教和諧並存的山頭

史萊哲山 (Ślęża) 不論是在歷史上,以及宗教的觀點上,都頗受爭議。這裡原本是原始斯拉夫宗教重要的據點,信徒們在西元前幾百年,在這邊做了許多具有宗教意涵的石雕。不過自從波蘭受洗,以天主教做為國教後,此處關於斯拉夫宗教的種種事物,就慢慢被抹滅破壞了。

基督徒在山頂蓋教堂(是波蘭最老的教堂之一),建十字架,讓這裡成了波蘭受洗的象徵。2016 年,基督徒在山上慶祝,紀念波蘭受洗 1,050 週年,這讓許多斯拉夫宗教的信徒,同時提出抗議,提醒大家這座山原來是他們的聖地。

現在僅存的石雕,形狀都已經失真。一方面是因為它們歷史悠久,在這邊超過 2,000 年了;另一方面,則是因為波蘭天主教化後,許多人朝著石雕丟石頭,做為贖罪的儀式。

走紅色路線,可以看到三個重要的石雕,分別是山腰的女人、魚以及山頂的熊石雕。它們的身上,都有畫有 X 的標誌。許多斯拉夫人相信,這代表太陽。因為古代斯拉夫人崇拜大自然的力量,視太陽為最崇高的神。

在史萊哲山山頂,你可以遠眺波蘭平原美景,也可以看到天主教教堂,和原始斯拉夫宗教石雕共存的奇景,親眼見證波蘭兩個不同時代。

1. 山頂上的大型十字架／2. 許多波蘭人相信,碰觸這尊斯拉夫熊石雕,會帶給自己能量／3. 山頂草地也是波蘭人喜歡野餐的地方

✤ 旅遊資訊

史萊哲山是波蘭神祕的地方之一，聳立在西南部的平原上，顯得相當孤寂。爬上去看全景，你會發現周遭都是平原，完全看不到其他的山。有的人相信這是個不尋常的地方，具有非常強的磁場。

除了爬山健行，享受波蘭森林的芬多精，你也可以看到傳統斯拉夫文化的遺跡。選個天氣好的日子，一起來這個神祕的地方走走吧！

所需時間

建議至少預留 6 小時的時間。從弗羅茨瓦夫搭客運前往，單程約 50 分鐘。上山約需 2 小時，下山約 1 小時 30 分鐘。

交通方式

於弗羅茨瓦夫中央火車站後面的客運站，搭 Polbus 客運，於 Sobótka PKS 站下車。

客運時間表

請上網頁查詢。

http polbus.pl

✤ 查詢客運時間表步驟解析

STEP 01 於第一欄位 (深藍的 Z)，輸入 Wroc，選擇選單中的 WROCŁAW

STEP 02 於第二欄位 (深藍的 DO)，輸入 Sob，選擇選單中的 SOBÓTKA

STEP 03 選擇出發日期和時間 (Odjazd= 出發時間；Przyjazd= 抵達時間；Godzina= 小時；Minuta= 分鐘) 之後，按 Znajdź połączenie

STEP 04 查看客運時間。請注意：在右邊你會看到票價，但不一定有辦法直接在網頁買

STEP 05 按紅色的 Szukaj 按鈕，即秀出該時段的客運時間表

✤ 購買客運車票

上車時直接和司機買票就好，現金付款，可找零錢。票價為 12 波幣。

STEP
01
抵達火車站後面賣場樓下的客運站。

（圖片提供／Raven Yu）

STEP
02
確認客運時間與月台。

（圖片提供／Raven Yu）

STEP
03
排隊上車。

（圖片提供／Raven Yu）

STEP
04
車票，一個人 12 波幣。

蜜拉小提醒

回程如何搭車

回程也是在 Sobótka PKS 車站搭車 (和下車處相同)，票價同樣是 12 波幣，一樣可以直接和司機買票。可以在 Polbus 網頁事先查詢時刻表，於 Z 欄位填寫 SOBÓTKA，DO 欄位選擇 WROCŁAW。

✤ 上山方式

STEP 01
抵達 Sobótka PKS 車站下車，旁邊是個教堂。

STEP 02
先走到附近的十字路口，沿著 Aleja św. Anny 路往南邊走。

STEP 03
沿路會經過一個戶外體育場，繼續走下去。

STEP 04
會在右手邊看到一間旅館和一個戶外停車場。

STEP 05
可沿著旅館旁的小路往上走，這條路線較為省時 (紅色路線)。

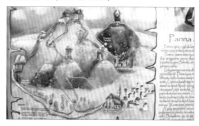

STEP 06
也可以沿著停車場旁的路往上走，這條路較為費時。

STEP 07
若選擇旅館旁的小路，往上走約 15 分鐘後，會遇到一個進森林的岔路，請選擇左邊這條較小的。

STEP 08　耐心往上爬。

STEP 09　抵達山頂後，可看到教堂、斯拉夫石雕和大十字架，這裡也有廁所和餐廳。

斯拉夫熊石雕

上山途中也能發現女人與魚的石雕

蜜拉小提醒

不同顏色的路線指引

在波蘭有時可在路上發現路線指引，以不同的顏色標記不同的路線。城市裡，通常會在路燈上看到它，健行時則可能在樹上或石頭上看到。爬史萊哲山時也可以看到這樣的指引，有各種顏色的路線。沿著紅色的路線走，是最省時的。

沿途設置的地圖也都會標示出各色路線走法

在樹上的路線標誌

✦ 發現了！小矮人尋蹤 ✦

✉ 幾百尊小矮人銅像，散布於弗羅茨瓦夫市區。可以下載免費的 APP：Wrocławskie Krasnale，或在游客中心買一份地圖，查詢小矮人的位置

小矮人 (Krasnale wrocławskie) 幾乎是弗羅茨瓦夫的另類代名詞，對弗羅茨瓦夫而言，小矮人具有相當重要的意義，這一切的緣起，可以追溯到社會主義的時代。當時波蘭政府實施了無處不在的審查制度，並做了一系列侵犯人權的事情，這些作為，在民間引起了相當大的不滿。20 世紀 80 年代時，波蘭人民組成了許多反壓迫的團體。

這些民眾或團體，有時候會在牆壁上，畫上反共的塗鴉壁畫。政府一旦發現，便會加以塗改破壞。弗羅茨瓦夫其中一個組織，觀察到這個現象，便決定使用獨特的非暴力方式，來反對當時的政府。

每當政府破壞反共的塗鴉壁畫時，他們就會在牆壁上畫上小矮人，當作抗議手段。弗羅茨瓦夫的小矮人文化，便是這樣開始出現的。

第一批小矮人是 1982 年 8 月 30 日～31 日畫的。這些小矮人壁畫，吸引了弗羅茨瓦夫市民的關注，也得到大家的喜愛。只要政府塗漆時，小矮人就會出現在牆上。小矮人的形象，便漸漸成為反政府運動的象徵。

後來波蘭的社會主義政府垮台，民主時代來臨。到了 21 世紀初，牆上的小矮人開始以雕像的形式，出現在弗羅茨瓦夫的街頭上。

弗羅茨瓦夫市的領導人，甚至在「漢賽爾」建築的牆壁上，掛上了寫著「小矮人博物館」的匾額。為了不要讓這些小矮人錯過這個匾額，還特別掛在相當低的位置上。

2005 年後，小矮人雕像越來越多，他們也成了弗羅茨瓦夫的著名景點。每一尊小矮人雕像，背後都有他的意義。例如為了提高大眾對殘疾人士的關注，「無障礙弗羅茨瓦夫」（一個關懷殘疾人士的活動）主辦者，便放置了盲人和聾人的小矮人雕像。

目前弗羅茨瓦夫已經有超過 200 尊小矮人雕像了，並且還在持續增加中。來到弗羅茨瓦夫，一定要來看看這些小矮人，了解這段特別的歷史。

我們藏身在城市的各個角落，你能找到我們嗎？

1. 發傳單的小矮人／ 2. 有錢的小矮人／ 3. 退伍老兵小矮人／ 4. 小睡片刻的小矮人／ 5. 用餐小矮人／ 6. 小矮人消防隊／ 7. 位於漢賽爾建築區匾額附近的小矮人，他對弗羅茨瓦夫有滿滿的愛

✦ 一日遊！訪波蘭陶首都 ✦
博萊斯瓦維茨

▶ 從 Wrocław 搭火車約 1.5 小時可達，建議先在 koleo.pl/en 購票

✤ 自 13 世紀起便開始的陶器文化

博萊斯瓦維茨 (Bolesławiec) 是個位於波蘭西南部的小鎮，靠近捷克和德國。是波蘭最古老的城市之一，成立於 1190 年，於 1251 年升格為城市。1392 年被捷克統治，後來因為戰爭的關係，由普魯士和後來的德意志帝國統治，直到 1945 年才重回波蘭的懷抱。

博萊斯瓦維茨及其周邊地區有豐富的黏土礦，很適合於生產陶器，這裡的製陶歷史可以追溯到 13 世紀。來到這裡，你可以參觀

蜜拉小提醒

其他可以買波蘭陶的地方

華沙

01 Galeria Bolesławiec & Studio Ceramiki "pomaluj.art"
✉ al. Jerozolimskie 49, 00-696 Warszawa

02 BOLESŁAWIEC
✉ Prosta 2/14, 00-001 Warszawa

克拉科夫

01 Sklep ceramika bolesławiecka KOPALNIA CERAMIKI
✉ Starowiślna 33, 31-038 Kraków

02 Kopalnia Ceramiki
✉ Starowiślna 43, 31-038 Kraków

03 Mila - polish pottery Cracow
✉ Sławkowska 14, 31-014 Kraków

各種和波蘭陶有關的景點，購買喜愛的波蘭陶作品，甚至自己動手做一個。此外也推薦在舊城散步，舊城廣場上的市政廳建於 15 世紀，至今仍是市政所在地。

每年 8 月會有博萊斯瓦維茨陶瓷節 (Bolesławieckie Święto Ceramiki)，有特殊的慶典活動，可以趁此機會大肆購買各式各樣的波蘭陶作品。🌐 博萊斯瓦維茨陶瓷節：swietoceramiki.pl

博萊斯瓦維茨舊城區　　　　　這裡的建築顏色也很鮮豔

陶瓷博物館
Muzeum Ceramiki
SPOT 01

✉ Mickiewicza 13, 59-700 Bolesławiec　📞 +48 75 644 47 00
▶ 從博萊斯瓦維茨火車站出站後，一直沿著 Chrobrego 路接著 Mickiewicza 路往前走，約 5 分鐘後就可以在左手邊看到博物館　🕐 1 小時　🌐 en.muzeum.boleslawiec.pl　ℹ️ 可持同一張票參觀城市歷史博物館 (地址：Kutuzowa 14, 59-700 Bolesławiec)

陶瓷博物館設立於 1908 年，相當靠近舊城區，雖然規模較小，但卻收藏了超過 2 千件作品，橫跨好幾世紀。這裡的展品都是當

地出產的，有很多都是挖掘出來的。你可以瞭解陶器產業的演進，以及現代的波蘭陶是如何發展出來的。

博萊斯瓦維茨的陶瓷博物館

你可以瞭解波蘭陶從古到今的風格演進

在這裡也可以認識當地製陶的歷史

博萊斯瓦維茨
波蘭陶工廠和商店
SPOT 02

Żywe Muzeum Ceramiki

✉ Gdańska 30, 59-700 Bolesławiec　☎ +48 75 732 20 62　🕐 參觀和課程：請上網確認時間，並事先預約：ceramiczna-przygoda.pl/reservation/　🚶 從博萊斯瓦維茨火車站出站，抵達舊城區後，往西邊走。穿越一片樹林之後，即可抵達。全程約 2.2 公里，步行約需要 30 分鐘。沿路上有路標，不會太難找，也可參考 GPS。如果不想走路，可以考慮搭火車站外面的計程車，約 30 ～ 35 波幣一趟　⏱ 2 小時 ～ 3 天　🌐 ceramiczna-przygoda.pl/en　❓ 上課做的波蘭陶，工廠會幫你燒過之後再寄給你，一般來說需要 1 ～ 2 週的時間。但工廠有可能不能寄到國外，建議參加前確認清楚

　　從正門進去，是間波蘭陶的商店，有非常多不同種類的波蘭陶。有些有著傳統經典的花紋，有些則是現代設計師特別設計的系列。除了碗盤、杯子之外還有各種陶飾品，如耳環或項鍊等等，也有波蘭陶做成的時鐘，選擇非常多樣化。波蘭陶可用於烤箱、微波爐或洗碗機，好看又耐用。

參觀工廠，可以瞭解波蘭陶的製作流程

　　來到這裡，建議參加這裡的參觀活動和課程，看看波蘭陶工廠是怎麼製作波蘭陶的。不但這樣，如果你打算在波蘭待一段時間，你還可以自己親手畫波蘭陶，工廠會在燒好之後寄給你 (有可能只能寄到國內)，這是獨一無二的紀念品。課程的內容有長有短，最短的課程為 2 小時，最長的為 12 小時 (分成 3 天，每天 4 小時)。

如果有時間，很推薦參加課程，自己繪製獨一無二的波蘭陶

請看 YouTube 影片，跟著蜜拉、士愷的腳步一起來探索博萊斯瓦維茨吧

美食指南

FC Naleśniki

經典波蘭薄餅

✉ Kuźnicza 63/64, 11-400 Wrocław ☎ + 48 790 387 905 🕐 週一～週四 11:00 ～ 21:00，週五～六 11:00 ～ 22:00，週日 12:00 ～ 21:00 ➡ 位於舊城區內市政廳附近，可沿著 Kuźnicza 路步行抵達 🌐 Facebook 搜尋 FC Naleśniki 🗺 P.246

　　位於人來人往的舊城市中心，你可能會覺得，這裡是專門給外國遊客，不太美味的店；但這間 FC Naleśniki 會大大打破你的刻板印象，雖然位於觀光客鼎盛的地段，但波蘭人也相當喜歡這裡喔！這裡最經典的莫過於波蘭薄餅 (naleśniki)。這間店提供的薄餅口味相當多元，甜的鹹的都有，不論是葷食或素食者都可以在這邊找到不少選擇。享用薄餅時，也建議加點沾醬 (sosy)，增添薄餅的風味。薄餅不但種類多，分量也相當大，建議來這邊以前先清空肚子，好好大快朵頤囉。

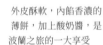

外皮酥軟，內餡香濃的薄餅，加上酸奶醬，是波蘭之旅的一大享受

這裡總是擠滿了享用波蘭薄餅的饕客

喜歡吃肉的人在這裡可以有多種不同的選擇

Bernard

大口吃肉喝酒的絕佳餐廳

✉ Rynek 35, 50-102 Wrocław ☎ + 48 508 054 037 🕐 週日～週四 10:30 ～ 22:00，週五～六 10:30 ～ 23:00 ➡ 位於市政廳附近 🌐 bernard.wroclaw.pl/home.html 🗺 P.246

　　喜歡吃肉，並且喜歡挑戰各種不同肉品的朋友，或許會喜歡這間頗具特色的餐廳。這裡提供了相當多樣的葷食料理，除了豬肉、牛肉及羊肉之外，還有相對少見的兔肉、鵝肉和鴨肉等等。工作人員的服務快速，價格雖然相較於其他波蘭餐廳，高出了不少，但餐廳選用的食材，品質卻非常好。在大口吃肉的同時，也可以點個大杯的啤酒，豪邁地邊用餐邊喝酒。推薦這邊供應的捷克啤酒，味道香醇濃厚，是每個品酒客都讚不絕口的。

Przedwojenna

與朋友把酒言歡的好地方

✉ Świętego Mikołaja 81, 50-126 Wrocław ☎ + 48 791 120 525 ⏰ 週一～週四 15:00 ～ 02:00，週五 15:00 ～ 05:00，週六 13:00 ～ 06:00，週日 13:00 ～ 01:00 ➡ 位於市政廳廣場旁，聖伊莉莎白教堂對面 http Facebook 搜尋 Przedwojenna Bistro MAP P.246

　　這裡不但是餐廳，也是酒吧，是個適合和朋友喝啤酒聊天的地方。位於舊城區熱鬧的區段，就在漢賽爾與葛麗特的對面，離各個主要景點都相當近，地理位置很方便。逛舊城逛累了，隨時都可以來這邊補充能量。這裡也總是高朋滿座，坐滿開心談天的食客。推薦晚上來這邊，來杯新鮮的啤酒，搭配香腸、馬鈴薯等等下酒菜。一邊悠哉地用餐，一邊與旅伴分享旅遊心得，看著來來往往的遊客，好好享受舊城區的氣氛。

這裡總是坐滿了喝酒談天的遊客

弗羅茨瓦夫用餐喝啤酒的好地方

蛋奶素食者可點 Myster Wańczyk 薄脆餅

Szynkarnia

品嘗波蘭西南部特有脆薄餅

✉ Świętego Antoniego 15, 50-073 Wrocław ☎ + 48 793 634 994 ⏰ 週一～週四 16:00 ～ 24:00，週五 16:00 ～ 02:00，週六 10:00 ～ 02:00，週日 10:00 ～ 23:00 ➡ 沿著舊城南端的 Kazimierza Wielkiego 路往西側步行，轉入 Świętego Antoniego 路後約 2 分鐘可抵達 http szynkarnia. com.pl MAP P.246

　　這間鄰近舊城的餐廳，提供許多波蘭傳統料理。裝潢很有氣氛，價格合理，餐點美味。進入店內，首先映入眼簾的是火腿和香腸，有各式選擇任君挑選。但除了肉品之外，特別推薦這邊的薄脆餅 (波蘭文 podpłomyki；英文 flatbreads)，這是波蘭西南部地區特有的餐點，不是每個地方都有的料理，有多種口味可供選擇，可以趁機會好好品嘗。這邊的啤酒也很有名，提供了十幾款選擇，如果不確定要選哪一種，可請店員提供一小杯試喝。如果想試喝每一款，店員也不會拒絕你，大膽開口就對了。

Restauracja Konspira
充滿社會主義氛圍的神祕餐廳

✉ Plac Solny 11, 50-061 Wrocław   ☎ + 48 796 326 600
🕐 週一～週四 12:00 ～ 22:00，週五～日 12:00 ～ 23:00
➡ 位於舊城區西南邊角落，可從市政廳步行前往   http
restauracjakonspira.pl   MAP P.246

　　這是間氣氛舒適的餐廳，提供了許多波蘭
經典料理。食物美味，分量也很足夠，每個人
一定都可以吃飽。菜單設計頗具特色，除了介
紹餐點，也介紹了不少波蘭歷史知識，值得多
花一點時間細細閱讀。推薦波蘭餃子 (pierogi)
和甜菜根湯 (barszcz czerwony)。另外餐廳裡
還有特別裝潢的小房間，裡面的裝潢和布置也
都相當有特色，他們希望能夠讓客人體驗社會
主義時代的氛圍，所以很用心地規畫了這些空
間，用完餐後不妨來看一看。

除了食物之外，餐廳也希望大家了解波蘭反對社會主義的
歷程

來這邊一定要試試波
蘭酸湯，只要 8 波
幣就可以吃得很飽

當地人也相當喜歡的道地餐廳

Setka Bar
酒吧的熱鬧氣氛，餐廳的道地享受

推!

✉ Kazimierza Wielkiego 50, 50-077 Wrocław   ☎ + 48
733 407 407   🕐 10:00 ～ 06:00   ➡ 沿著舊城南端的
Kazimieza Wielkiego 路步行即可抵達   http setkapolska.pl
MAP P.246

　　雖然名為酒吧，但這裡可以吃到相當多波
蘭經典料理，如波蘭餃子 (pierogi)、獵人燉肉
(bigos)、塔塔 (tatar) 等等。特別推薦這裡的酸
湯 (zurek)，味道香濃可口。價格平實，口味
道地，加上氣氛很不錯，所以當地人也相當
喜歡來這邊用餐，這裡甚至也是許多弗羅茨
瓦夫家庭，週末上餐館優先的選擇。想體驗
在地文化，來到這裡絕對不會失望。用餐的
時段常常坐滿了人，在這裡吃飯會是相當不
錯的體驗，值得大力推薦給來弗羅茨瓦夫遊
玩的朋友。

Stara Pączkarnia

想吃波蘭甜甜圈？就來 Stara Pączkarnia

✉ Kuźnicza 25, 50-138 Wrocław ☎ + 48 508 577 886
🕐 每日 10:00 ～ 20:00 ➡ 由市政廳出發，沿著 Kuźnicza
路往北步行，約 7 分鐘可抵達 http starapaczkarnia.pl
MAP P.246

　　波蘭甜甜圈是波蘭人相當喜歡的點心，來波
蘭旅遊一定要試試看。而 Stara Pączkarnia 則
是相當經典的波蘭甜甜圈店，在其他城市也有
機會找到它的蹤跡。許多求學的學生，放假時
都不忘買一盒甜甜圈回老家，和家人一起享
用。每次經過這家店總是大排長龍，深受波蘭
人的喜愛，是非常道地正宗的選擇。路過時不
妨買幾個，好好嘗嘗波蘭風格的甜甜圈。甜甜
圈的口味也不少，如果你是甜食愛好者，可以
每一個都試試看。有趣的是，在某些分店，你
甚至可以在店外，隔著玻璃欣賞師傅們做甜點
的樣子，一不小心就會看到出神呢。

不喜歡排隊的波蘭人，願意為波蘭甜甜圈破戒

有多種口味，加了不同配料的甜甜圈

當地人也相當喜歡在這裡和朋友聚會

店員服務熱情，有什麼需求直接詢問就對了

Vinyl Cafe

弗羅茨瓦夫必訪咖啡廳

✉ Kotlarska 35-36, 50-120 Wrocław ☎ + 48 508 260 288
🕐 週一 12:00 ～ 23:00，週二～四 10:00 ～ 24:00，週五
～六 10:00 ～ 01:00，週日公休 ➡ 鄰近市政廳，可步
行 前 往 Kotlarska 路 http www.facebook.com/vinylcafe.
wroclaw MAP P.246

　　如果你想找尋一個具有鮮明特色、一般旅客
不知道的咖啡廳，來這邊就對了；如果你在弗
羅茨瓦夫的時間不多，只能造訪一間咖啡廳，
也不要懷疑，直接到這裡，肯定不會後悔。這
是一個可以悠哉喝咖啡、吃蛋糕，聽黑膠唱片
的地方，店員服務很好，總是掛著笑容。店內
珍藏了不少黑膠唱片，若找到喜歡的，也可請
店員協助播放。營業時間到非常晚，適合和旅
伴到這裡吃塊蛋糕，喝杯咖啡，細細品嘗弗羅
茨瓦夫的夜晚。

　身為波蘭東部最大城的盧布林，是波蘭歷史上相當重要的地方，見證了波蘭過去的輝煌時光。
文化資產豐富，舊城區小巧精緻，值得一遊。

越過了克拉科夫斯卡門，就像穿越時空，
來到中古時代的盧布林

盧布林
Lublin

盧布林

客運站Dworzec Autobusowy PKS
往盧布林鄉村博物館的車站

Aleja Tysiąclecia
Aleja Tysiąclecia

Niecała

醫院

Staszica

plac Zamkowy

盧布林城堡

3 Maja

Świętoduska

Lubartowska

Zamkowa

格羅茲卡門

Zaczarowana Dorożka

Grodzka

Rezydencja Waksman

教堂廣場

立陶宛廣場

盧布林聯合紀念碑

Krakowskie Przedmieście

舊城廣場

Rybna Rynek

Podwale

aleja Unii Lubelskiej

克拉科夫斯卡門

Bramowa Rynek

Armenia -
kuchnia kaukaska

Kapucyńska

GanBei Bubble Tea
甘杯

Jezuicka

倒楣石頭

特雷尼它斯卡塔

Podwale

Królewska

往馬伊達內克集中營的車站

盧布林大教堂

往盧布林火車站
Lublin Główny

城市印象

　　盧布林是波蘭東部最大的城市,但遊客較為稀少。因為歷史悠久,擁有豐富的文化資產,還是很值得一訪。過去位於波蘭國家邊界,自12世紀以來,這裡就是文化、種族和宗教多元的地方。後來盧布林也成為維爾紐斯和克拉科夫之間重要的貿易中心,並在這數百年之間蓬勃發展。14世紀盧布林正式成為城市。1569年7月1日著名的《盧布林聯合》在這裡的城堡簽署。17世紀開始,這裡發生了與哥薩克人和瑞典人的戰爭,並有疫情爆發。而18世紀波蘭被瓜分後,盧布林被俄國控制。

　　盧布林曾經是猶太人最活躍的城市,最尖峰的時期猶太人占了城市人口的4成,僅次於波蘭人。二次大戰時,大部分的猶太人在集中營被殺,倖存者在戰後選擇移居以色列或西方國家。現代的盧布林,有超過36萬的人口,是波蘭的第九大城市。盧布林也被視為是文化之都,有超過6萬名學生,包括超過6,000名外籍學生。

越過格羅茲卡門,壯觀的盧布林城堡就在眼前

交通資訊

✤ 怎麼到盧布林

火車

盧布林火車站 (Lublin Główny) 位於舊城區南邊約 2 公里的地方。可從波蘭其他城市搭火車前往盧布林，以華沙為例，搭火車到盧布林約需要 2.5 ～ 3 小時。

✉ 盧布林火車站：plac Dworcowy, 20-408 Lublin

http 線上購買火車票：bilet.intercity.pl

客運

客運站 (Dworzec Autobusowy PKS) 位於舊城區北邊不遠處。可從波蘭其他城市搭客運前往盧布林，以華沙為例，搭客運約需要 2.5 ～ 3 小時。

http 線上購買客運票：global.flixbus.com

1. 盧布林火車站／ 2. 客運站

✤ 盧布林市區交通

前往馬伊達內克集中營或盧布林鄉村博物館，購買 30 分鐘票就足夠了

公車、無軌電車

盧布林市區常見的大眾交通工具為公車和無軌電車，如要前往舊城以外的景點，如馬伊達內克集中營或盧布林鄉村博物館，搭乘公車或無軌電車是非常方便的選擇。購票方式和搭乘方式與華沙差不多，上車需要打票，除了在購票機購票，也可在書報攤購買。

盧布林 1 日遊這樣走

如果想要深度遊覽盧布林，建議預留至少 1 天的時間，以下是蜜拉推薦的 1 日遊行程安排，括號內為建議停留時間。

盧布林大教堂(20分) ▶ 特雷尼它斯卡塔(30分) ▶ 克拉科夫斯卡門(10分) ▶ 盧布林地下通道(30分) ▶ 格羅茲卡門(10分) ▶ 盧布林城堡(60分) ▶ 馬伊達內克集中營(2小時)或盧布林鄉村博物館(2小時)

盧布林舊城區的景點距離都很近，步行即可

熱門必遊景點

教堂內漂亮華麗

盧布林大教堂
Archikatedra Lubelska

巴洛克風格的古老大教堂

✉ Królewska 10　☎ +48 81 532 11 96　🕐 國定假日可能會閉館　💲 免費　➡ 位於舊城區偏南邊　⏱ 1 小時　🌐 archikatedra.kuria.lublin.pl　🅼🅰🅿 P.278

　　這裡是盧布林最大的教堂，歷史可以追溯至 16 世紀初，由耶穌會主持興建。1752 年，教堂遭遇大火後重建，1757 年由摩拉維亞知名宮廷畫家 Józef Meyer 在教堂內部畫上壁畫。這裡也是波蘭歷史最悠久的巴洛克風格教堂之一，內部有著華麗的巴洛克風格裝飾，漂亮的拱形屋頂。大教堂內有個地下隧道，埋有去世的盧布林主教，並留有其生前的衣物，也有開放遊客參觀。

特雷尼它斯卡塔
Wieża Trynitarska

登上舊城區最高的建築看盧布林全景

✉ Królewska 10　☎ +48 81 444 74 50　🕐 國定假日可能會閉館，也可能會因天氣因素調整開放時間　➡ 位於舊城區偏南邊的盧布林大教堂旁　⏱ 1 小時　🅼🅰🅿 P.278

　　塔名的原意為三位一體。在中世紀時，原址為盧布林城牆上的城門，後來成為耶穌會修道院的大門，所有人都必須經過這邊才能到大教堂。17 世紀末，被改建成新哥德風格的鐘樓。1819 年大幅修建，高度一舉來到了 60 公尺，現在這裡也是盧布林舊城區最高的建築。你可以攀登 207 個台階，登上 40 公尺高的觀景台，居高臨下欣賞盧布林的全景。這裡也設有大主教宗教藝術博物館 (Muzeum Archidiecezjalne Sztuki Religijnej)，內有宗教相關的收藏品，如雕塑、繪畫、古董燭台等等。

位於盧布林大教堂旁邊的特雷尼它斯卡塔，是舊城區最高的建築

蜜拉小提醒

盧布林的倒楣石頭 Kamień Nieszczęścia

位於特雷尼它斯卡塔附近，有顆神祕的石頭。傳說在 15 世紀時，在這顆石頭上，劊子手砍掉了一個無辜人民的頭。從那時候開始，大家發現只要碰到石頭的人，就會很倒楣。有許多人曾試過用這顆石頭蓋房子，但每次總是有災難發生，最後大家就放棄了。有人也說，在石頭上還是可以看到斧頭留下的痕跡。雖然這只是傳說，很多盧布林人還是建議遊客不要冒險去碰它…… 🅼🅰🅿 P.278

克拉科夫斯卡門
Brama Krakowska

14 世紀的古老城門

✉ Bramowa 2　☎ +48 81 532 60 01　➡ 位於 Bramowa 街西南方　⏱ 1 小時　http zamek-lublin.pl/en，選擇 Branch–Museum of the History of the City of Lublin MAP P.278

　　14 世紀波蘭遭遇韃靼人的入侵襲擾，盧布林人決定蓋城牆抵抗威脅，克拉科夫斯卡門就在這樣的背景下蓋了起來。哥德式風格的克拉科夫斯卡門，是舊城區西南方的出入口，也是城牆的兩個大門之一。幾百年來經歷過多次大火與重建，二次大戰期間更是受到嚴重的破壞，1959 年開始進行翻修作業。1965 年之後，克拉科夫斯卡門成為了盧布林歷史博物館的所在地。

從舊城內部看克拉科夫斯卡門

古代教堂的地基，近看相當驚人

教堂廣場
Plac Po Farze

盧布林舊城區的奇特景點

✉ Grodzka 18　🕐 全天開放　➡ 位於舊城區東北邊，沿著 Grodzka 路往東北邊走即可抵達　⏱ 0.5 小時　MAP P.278

　　雖然名為教堂廣場，但這裡卻沒有教堂，為什麼呢？其實從前這裡的確有間大教堂，但是在 19 世紀時被大火嚴重破壞。後來大家覺得建築難以修復，便決定用爆破的方式將教堂摧毀，但教堂的地基依舊保留了下來，被掩埋在地下，原址成了廣場。20 世紀 30 年代，盧布林政府開始挖掘教堂地基。到了 2002 年，政府覺得應該要好好維護保存這些地基，便開始認真執行維護作業，讓這裡也成為盧布林舊城區著名的風景。

士愷知識家

位於克拉科夫斯卡門旁的珍珠奶茶店

大家來到這個景點，一定會發現城門旁邊有個珍珠奶茶店甘杯「GanBei Bubble Tea」。這裡是當地年輕人的聖地，相當受到學生的喜愛。不管是波蘭人還是外國人，都喜歡來這裡喝上一杯。MAP P.278。

許多波蘭人喜歡在這邊聚會，邊喝茶邊聊天

參考 YouTube 影片，一起喝喝看波蘭店員做的台灣珍奶

盧布林城堡的潔白外觀相當引人注目

盧布林城堡
Zamek Lubelski

盧布林著名的城堡與監獄

✉ Zamkowa 9　☎ +48 81 532 50 01　🕐 開放時間因季節而異，行前請查詢官網　➡ 位於舊城區東北角，沿著 Grodzka 街往東北方走即可抵達　⏱ 1～2 小時　http zamek-lublin.pl/en，選擇 The National Museum in Lublin–(Lublin Castle)　MAP P.278

　盧布林城堡於 14 世紀時，由國王卡齊米日三世下令建造，當時為哥德式風格的城堡。1569 年，議會在城堡舉辦會議，簽署《盧布林聯合》，使波蘭和立陶宛合併，成立波蘭立陶宛聯邦。17 世紀時，城堡因戰爭而被破壞。18 世紀時，城堡被拆除，只留下聖三一皇家教堂 (Kaplica Trójcy Świętej) 和堡壘塔 (Donżon)。

　1824 年，城堡重建，但風格卻改成英國哥德復興式建築，並做為監獄使用。在波蘭重新獨立之前，這裡關了許多想爭取獨立的政治犯。在德國納粹占領時期，這裡則是關了超過 4 萬名波蘭反抗組織的成員，有很多囚犯後來死於集中營。1944 年城堡被解放後，反倒成了反對共產黨政治犯的囚禁地。1957 年之後，盧布林城堡成了盧布林博物館的總部，轉型為文化和展覽的用途。如今來到盧布林城堡，除了看展覽與欣賞建築，你也可以居高臨下，欣賞舊城區的美麗風景。

格羅茲卡門
Brama Grodzka

通往盧布林城堡的門戶

✉ Grodzka 21　☎ +48 81 532 58 67　➡ 位於舊城區東北方，沿著 Grodzka 街往城堡的方向走即可抵達　⏱ 0.5 小時　MAP P.278

　格羅茲卡門建於西元 1342 年，隔著橋與盧布林城堡相望，一開始用於防禦用途，上面有士兵駐守的警衛室。期間經過多次修建，1785 年時大幅改建，以古典主義的形式呈現，成為現今大致的樣貌。格羅茲卡門逐漸轉型成商業用途，與當時蓬勃發展的猶太區連結在一起，因此許多人也稱呼它為猶太門。在二戰期間這裡遭遇嚴重的大火，重建工程於 1954 年完成。目前由盧布林的文化機構 Grodzka Gate NN Theatre 使用。

從舊城端看格羅茲卡門

蜜拉小提醒

盧布林聯合紀念碑
Pomnik Unii Lubelskiej

位於舊城區東側不遠的地方，有一座盧布林聯合紀念碑。這是為了紀念西元 1569 年簽署《盧布林聯合》，波蘭和立陶宛合併成波蘭立陶宛聯邦，為當時世界上最強大的國家之一。MAP P.278

波蘭立陶宛聯邦是當時歐洲的強權

盧布林鄉村博物館
Muzeum Wsi Lubelskiej
體驗波蘭傳統文化

✉ Aleja Warszawska 96　☎ +48 81 533 85 13　◷ 重大節日可能會休館，出發前請查詢官網　➡ 搭乘 18、20、30、37 號公車，於 Skansen 站下車，越過 Warszawska 大道，再往回走一些即可看見入口售票處（也會經過回程車的車站）　⏱ 2 小時　http skansen.lublin.pl/en　MAP P.278

　　盧布林鄉村博物館占地寬廣，是個戶外展覽博物館，相當適合帶小朋友來。來到這裡，你可以體驗一般平民的傳統生活。包含豐富多樣的建築、村莊的相關器具物品，了解過去人們的傳統禮儀習俗和生活方式。這裡也有農村常見的各種動物，如雞、鴨、鵝、山羊等等。你可以從波蘭老百姓的角度，親身接觸波蘭傳統文化與生活。

1. 鄉村博物館門口／2. 農村廣場

集中營入口的巨石紀念碑，形狀有如一群扭曲的身體

馬伊達內克集中營
Majdanek
見證納粹的罪行

✉ Droga Męczenników Majdanka 67　☎ +48 81 710 28 33　◷ 重大節日可能會休館，出發前請查詢官網　💲 免費。若想參加英文導覽，請查詢官網　➡ 從舊城區前往，可於克拉科夫斯卡門公車站搭乘 23 號公車或 156 號無軌電車。從火車站前往，可搭乘 161 號無軌電車，在 Majdanek-pomnik 站或 Majdanek 站下車　⏱ 2 小時　http www.majdanek.eu/en　MAP P.278

　　位於盧布林東方近郊，德國納粹在二戰時設立的集中營之一，總計有超過 200 個建築，規模頗大。從 1941 年 10 月開始，這裡先是羈押紅軍戰俘，接著轉型成以猶太人為主要對象的死亡集中營。猶太人在這裡忍受極端的勞動和飢餓，最後慘遭殺害。一開始納粹先是在附近的森林，以槍擊的方式處決囚犯，後來為了講求效率而啟用毒氣室，並以專門的焚化爐進行大規模火化，總計有超過 36 萬人受害。1944 年 7 月，蘇聯紅軍解放這裡，納粹在匆忙撤離下來不及將證據滅跡，大部分的建築因而完整保存了下來。

　　完整走一趟馬伊達內克集中營，大約長 5 公里。一定要看的是 62 號建築的歷史展覽、毒氣室、焚化爐，以及 45 號建築的攝影紀錄。

美食指南

Armenia - kuchnia kaukaska

善用香料的亞美尼亞料理

✉ Rynek 7, 20-111 Lublin ☎ + 48 506 429 296 ⏰ 週一～四 13:00 ～ 21:00，週五～六 12:00 ～ 23:00，週日 12:00 ～ 21:00 ➡ 位於舊城區 🗺 P.278

1

這間亞美尼亞餐廳，外觀看起來很低調，但內部卻相當有氣氛。用餐的區域位於地下室，如同一個神祕的地窖一樣。內部擺滿了亞美尼亞的裝飾，給人置身異國的感覺。食物選擇多元，以亞美尼亞和喬治亞的料理為主，香料味濃郁。若是不確定該選什麼，推薦 satsivi，這是牛肉浸泡在香料湯汁內的料理。也推薦 brdudź z kurczakiem (z kurczakiem 是加雞肉的意思)，這是口味濃郁的餡餅。

1. 從這裡走進去即可抵達這間亞美尼亞餐廳／ 2.brdudź z kurczakiem

1. 弗羅茨瓦夫的 Hostel Mleczarnia，有著溫新舒適的室內空間 ／ 2. 位於克拉科夫火車站外的時尚飯店 PURO ／ 3. 格但斯克的 Holiday Inn Gdansk，是舒適且交通方便的好選擇

欣賞 YouTube 影片，看看波蘭三星級飯店長什麼樣子

✤ 波蘭 Hotel 推薦

城市	Hotel	地址
華沙	Hotel Bellotto	Senatorska 13/15, 00-075 Warszawa
	Hotel Bristol	Krakowskie Przedmieście 42/44, 00-325 Warszawa
	Hotel SixtySix	Nowy Świat 66, 00-357 Warszawa
克拉科夫	PURO	Ogrodowa 10, 31-155 Kraków
	Mercure Kraków Stare Miasto	Pawia 18b, 31-154 Kraków
	Grand Hotel	Sławkowska 5/7, 33-332 Kraków
格但斯克	Hotel Wolne Miasto	Świętego Ducha 2, 80-834 Gdańsk
	Six Suites	Kołodziejska 2, 80-836 Gdańsk
	Holiday Inn Gdansk	Chmielna 1, 80-750 Gdańsk
波茲南	Hotel Kolegiacki	Plac Kolegiacki 5, 61-841 Poznań
	Hotel Palazzo Rosso	Gołębia 6, 61-834 Poznań
	Hotel Royal	Święty Marcin 71, 61-808 Poznań
弗羅茨瓦夫	Europeum Hotel	Kazimierza Wielkiego 27A, 50-077 Wrocław
	PURO Wrocław Stare Miasto	Włodkowica 6, 50-072 Wrocław
	Hotel Piast	Piłsudskiego 98, 50-017 Wrocław
盧布林	Rezydencja Waksman	Grodzka 19, 20-112 Lublin

✤ 波蘭 Hostel 推薦

城市	Hostel	地址
華沙	Fest Hostel	Oboźna 7/64, 00-332 Warszawa
	eMKa Hostel	Kopernika 3, 00-367 Warszawa
	Chillout Hostel	Poznańska 7/5, 00-680 Warszawa
克拉科夫	Hostel Rynek 7	Rynek Główny 7, 31-042 Kraków
	Cracow Hostel	Rynek Główny 18, 31-000 Kraków
	The Little Havana Party Hostel	Jagiellońska 10, 31-010 Kraków
格但斯克	Grand Hostel	Świętojańska 43/44, 80-001 Gdańsk
	Five Point Hostel	Podmurze 2, 80-835 Gdańsk
	Hotel Universus	Podgarbary 10, 80-827 Gdańsk
波茲南	Retro Hostel	Kramarska 1, 61-765 Poznań
	Sleep in Hostel & Apartments	Stary Rynek 77, 61-772 Poznań
	FOLK Hostel	Klasztorna 2, 61-779 Poznań
弗羅茨瓦夫	Hostel Mleczarnia	Włodkowica 5, 50-072 Wrocław
	Boogie Hostel	Ruska 34, 50-079 Wrocław
	Moon Hostel	Krupnicza 6/8, 50-075 Wrocław

★房價可能會依據淡旺季有所調整，訂房可洽下列訂房網站。　Agoda：www.agoda.com　|　Booking.com：www.booking.com

世界主題之旅 113

波蘭自助超簡單 新第三版
波蘭女孩 X 台灣男孩帶你去旅行

作　　　者　蜜拉(Emilia Borza-Yeh)・葉士愷

總 編 輯　張芳玲
發 想 企 劃　taiya旅遊研究室
編 輯 主 任　張焙宜
企 劃 編 輯　詹湘伃
主 責 編 輯　詹湘伃・翁湘惟
修 訂 編 輯　林云也・鄧鈺澐
封 面 設 計　賴維明
美 術 設 計　April Wei・Zoe Chen
地 圖 繪 製　涂巧琳
修 訂 美 編　賴維明

太雅出版社
TEL：(02)2368-7911　　FAX：(02)2368-1531
E-mail：taiya@morningstar.com.tw
太雅網址：http://taiya.morningstar.com.tw
購書網址：http://www.morningstar.com.tw
讀者專線：(02)2367-2044・(02)2367-2047

出 版 者　太雅出版有限公司
　　　　　106020臺北市辛亥路一段30號9樓
　　　　　行政院新聞局局版台業字第五○○四號

讀者服務專線 TEL：(02) 23672044 / (04) 23595819#230
讀者傳真專線 FAX：(02) 23635741 / (04) 23595493
讀者專用信箱 service@morningstar.com.tw
網路書店 http://www.morningstar.com.tw
郵政劃撥 15060393（知己圖書股份有限公司）

法律顧問　陳思成律師

印　　　刷　上好印刷股份有限公司　TEL：(04)2315-0280
裝　　　訂　大和精緻製訂股份有限公司　TEL：(04)2311-0221

三　　　版　西元2023年09月01日
定　　　價　490元
(本書如有破損或缺頁，退換書請寄至：台中市西屯區工業30路1號　太雅出版倉儲部收)

ISBN　978-986-336-385-9
Published by TAIYA Publishing Co.,Ltd.
Printed in Taiwan

國家圖書館出版品預行編目(CIP)資料

波蘭自助超簡單：波蘭女孩X台灣男孩帶你去旅行 /
蜜拉(Emilia Borza-Yeh), 葉士愷作. -- 三版. -- 臺北
市：太雅, 2023.09
面；　公分. -- (世界主題之旅；113)
ISBN 978-986-336-385-9(平裝)

1.自助旅行 2.波蘭

744.49　　　　　　　　　　　　　　　　109002191

波蘭自助超簡單
(新第三版)

https://goo.gl/W3Bdnb